我祖父的全部积蓄都花在了这所房子上,三代人在那里生活,互相照顾。这所房子给了我们稳定和舒适的生活。我们过着简单而淳朴的日子,但非常注重教育。

我父母在他们婚礼当天的合照。我父亲在社区中见过我母亲,被她开朗的个性和乐观的精神迷住了。他们的父母见面,并为他们定下了婚事。他们的关系很好。

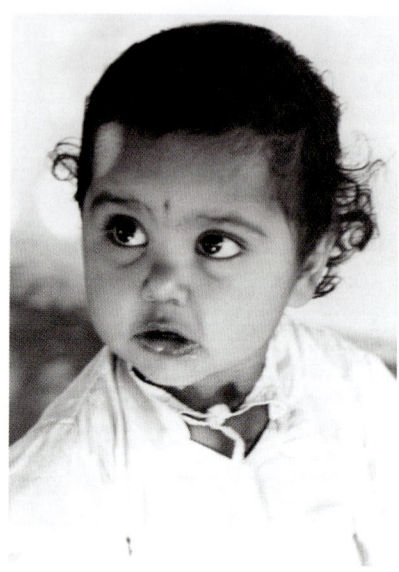

1956年,我不到1岁。我们没有相机,是我叔叔拍了这张照片。我几乎没有出生1年内的照片。

女性会客厅里的秋千。我们坐在上面荡漾、歌唱,母亲和她的姐妹们则会坐在这里喝着南印度的咖啡,讨论她们周围的世界。

我的外祖父母和我的一些叔叔阿姨。我父母就站在我的外祖父母身后。钱德瑞卡(左)和我(右)穿着真丝帕瓦黛,这是我们在特殊场合穿的裙子。

我的祖父萨萨只需坐在椅子上就能调兵遣将。他非常喜欢我们,经常告诉我们要终生学习。他会说:"我80岁了,但我现在依然是个学生。"那时的我大约14岁。

我在圣天使学校学习了12年，经常从一个活动赶往另一个活动。我特别喜欢科学和音乐。约巴德夫人坐在中间，留着短发，她是我最喜欢的老师，极大地激励着我。我站在第三排右数第二个，梳着两条辫子，扎着蝴蝶结。

在出发去耶鲁之前，我在机场与家人告别。我父亲最终说服我母亲让我去美国留学。我对此充满了期待，但也很难过，萨萨没能等到这一天。

我们的女子摇滚乐队"对数韵律"的合照。照片里的是我、玛丽、乔蒂和赫玛。我们从五首主打歌曲开始，在马德拉斯的学校节日和活动中大受欢迎。这张照片中的男孩卡姆利什是一个邻居，他偶尔会打鼓，并负责管理设备。

拉杰和我在他叔叔家的地下室里结婚了,周围都是我们最亲密的家人。这张照片中,我俩的母亲都盯着拉杰,以确保他为我系好了婚礼链。

波士顿咨询公司芝加哥办公室的主管卡尔·斯特恩。在我父亲身患绝症时,他给了我6个月的带薪假。彼时,我不得不离开美国,回到印度帮助我母亲照顾我父亲。

拉杰和我新婚后不久的合照。

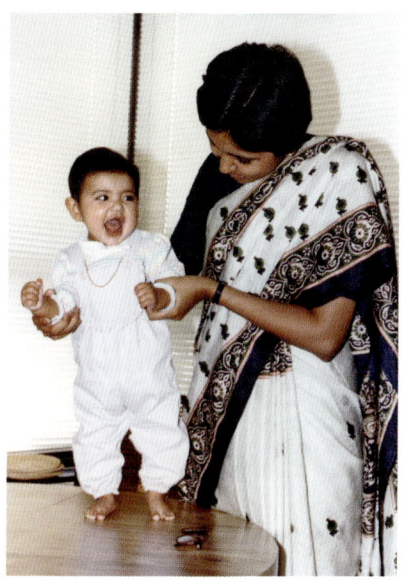

我的第一个孩子普利萨,她让我领悟了更深层次的爱,她是我和拉杰美丽的掌上明珠。我的母亲、拉杰的父母,以及来自印度的叔叔阿姨们会时不时地和我们住在一起,帮助我们照顾她。

当塔拉出生时,我的母爱又一次迸发。我有带薪产假和很好的医疗保险,这是我关键的后盾。但我们发现,养育两个孩子比养育一个孩子要复杂得多。

拉杰为我们的家庭奉献了全部心血和力量,作为父母,我们之间是真正的合作伙伴关系。他总是鼓励我继续前进,为此,他在自己的事业方面做出了许多牺牲。

我在百事公司的第一天,和首席执行官韦恩·卡洛韦在他的办公室里。他是个话很少的人,但他打电话给我,告诉我他认为百事公司比通用电气更需要我。这为百事赢得了我的心。

百事宣布以134亿美元收购桂格麦片公司。我与鲍勃·莫里森、罗杰·恩里科和史蒂夫·雷孟夫共同完成了这次收购。彼时,我刚刚被任命为百事公司总裁,并为自己能加入核心圈子而感到自豪。

拉杰的父母和普利萨、塔拉。我公公非常支持我的事业,我婆婆是一个温柔、可爱的人,她也愿意毫无保留地帮助我。我们几乎每年都回印度旅行,和双方家人一起度过一段时光。

普利萨和塔拉身穿校服。几年来,我不停地工作和出差,虽然我会写很多便签描述我出差的城市,并在我离开时把它们留给女儿们,但我仍然会非常想念她们。

一张来自塔拉的便条,这是她大约6岁时写的,恳求我早点儿回家。后来,她还给我写了一些便条,让我多休息。

普利萨给我的情人节卡片。她知道我的压力很大,并且祝福我的情人节会比看一晚上电视和工作更有趣。

2006年8月，我与史蒂夫和他的妻子盖尔一起宣布我将成为百事公司的首席执行官。我既兴奋又紧张，全家都想知道这对我们来说意味着什么。

我担任百事公司总裁兼首席执行官时的三个助手，从左至右依次是简·尼斯基、安·库萨诺和芭芭拉·斯帕达西亚。她们为我的生活提供了极大的帮助，保护了我，对我的家人非常忠诚。这三位可爱的女士熟练地帮我安排了紧凑的行程，没有她们，我不可能做到这一切。

2007年4月，印度总统阿卜杜勒·卡拉姆为我颁发莲花装勋章。我真希望我的父亲和祖父能见证这一时刻。

希拉里·克林顿在担任纽约州参议员期间到访百事公司，那时我正准备接任首席执行官。在我们相聚的几分钟里，她告诉我，我可以随时给她打电话。我们走在我要求整修平整的路面上，这样职场女性就不会总在鹅卵石路面上被绊倒。

接管百事公司后不久，我邀请其他公司的女性领导者到我家吃晚餐。我们有很多共同点。

可能对"目的性绩效"影响最大的人是马哈穆德·康恩。马哈穆德提高了百事的研发水平，通过其团队的努力，百事的可乐和零食得以在保持口感的前提下降低含糖量和含盐量，此外，他的团队在节约用水和减少塑料的使用方面也取得了突破。

和莫洛·普契尼在一起，他以一种极其与众不同的方式走进我的办公室。他完全理解我想要将伟大的设计融入整个公司的想法。

百事公司2017年的年度报告封面显示,我们超过50%的投资组合集中在"健康类"和"有益类"的产品上。

百事公司的团队工作很努力,也一起度过了许多轻松愉快的时光。我们的卡拉ok派对"火药味十足"。男士们正在表演,接下来是女士们的合唱。

危地马拉的一次市场之旅。我去商店查看百事的产品在货架上的摆放,并且我希望我们的一线员工知道,我非常关心他们的努力。站在照片最前面的是百事拉丁美洲公司的首席执行官拉什曼·纳拉辛汉。

与安妮-玛丽·斯劳特和诺拉·奥唐奈一起在纽约2016年世界妇女大会上亮相。我喜欢在促进女性发展和建立姐妹情谊的活动上发言。

我们在百事公司总部的托儿中心"百事之始"很快就满员了,即使员工需要为这项服务付费。为了所有人的利益,我认为大公司没有理由不帮助员工家庭照顾孩子。

奥巴马总统在金融危机中寻求商界领袖的意见。他是一个很好的倾听者,欢迎我们所有的观点。

和纽约洋基队的德瑞克·基特在一起。1978年世界大赛期间,我爱上了洋基队,当时我还是一名新移民,很怀念能打板球的日子,板球是我年轻时最爱的击球运动。德瑞克和我现在仍然是好朋友。

我母亲尚塔。她总是一只脚踩油门,一只脚踩刹车。她既是我事业的催化剂,也是我的安全网。

2018 年的南非之行是我一生中最难忘的一次行程。我和一群十几岁的女孩待了一段时间,听她们讲述了艰难的生活。在我临走前,她们希望我能拥抱她们每个人,我们花了很长时间拥抱彼此。

在宣布我从百事公司退休的活动上。我感到自豪和感激,并期待着人生的下一个篇章。

我一生的挚爱给了我很多快乐——我的丈夫拉杰和我的女儿普利萨和塔拉。

我很荣幸能凭借艺术家乔恩·弗里德曼的这幅画被纳入史密森学会的国家肖像画廊。

以下节选自我的感谢致辞：

"我希望任何女孩、任何有色人种、任何移民、任何一个看到乔恩作品的美国公民看到的不仅是一幅肖像，我希望他们能明白万事皆有可能，也希望他们能找到一份适合自己的工作，用自己的精神和才能让这个国家和我们的世界变得更好。"

第一选择

百事公司首位女性 CEO 英德拉·努伊
关于职场、商业和个人价值的思考

［美］英德拉·努伊（Indra K. Nooyi）著
代晓（C 老师）译

My Life In Full

图书在版编目（CIP）数据

第一选择 /（美）英德拉·努伊著；代晓（C 老师）译 . -- 北京：中信出版社，2024.1
书名原文：My life in full : work, family, and our future
ISBN 978-7-5217-5818-4

Ⅰ . ①第… Ⅱ . ①英… ②代… Ⅲ . ①英德拉·努伊－自传 Ⅳ . ① K837.125.38

中国国家版本馆 CIP 数据核字（2023）第 159570 号

My life in full: work, family, and our future by Indra K. Nooyi
Copyright © 2021 by Preetara LLC
All rights reserved including the right of reproduction in whole or in part in any form.
This edition published by arrangement with Portfolio, an imprint of Penguin Publishing Group, a division of Penguin Random House LLC.
Simplified Chinese translation copyright © 2023 by CITIC Press Corporation
ALL RIGHTS RESERVED
本书仅限中国大陆地区发行销售

第一选择

著者：　　[美]英德拉·努伊
译者：　　代晓（C 老师）
出版发行：中信出版集团股份有限公司
　　　　　（北京市朝阳区东三环北路 27 号嘉铭中心　邮编　100020）

承印者：　北京通州皇家印刷厂

开本：880mm×1230mm　1/32　　插页：8
印张：9.25　　　　　　　　　　字数：212 千字
版次：2024 年 1 月第 1 版　　　　印次：2024 年 1 月第 1 次印刷
京权图字：01-2023-3046　　　　　书号：ISBN 978-7-5217-5818-4
定价：69.00 元

版权所有·侵权必究
如有印刷、装订问题，本公司负责调换。
服务热线：400-600-8099
投稿邮箱：author@citicpub.com

献给我的丈夫拉杰，
我的两个女儿——普利萨和塔拉，
我的父母，
我的萨萨。

目录

前言 / V

第一部分
家庭是我的资本，亦是我的动力

我的童年世界并未充满着类似于"干得好"这样的夸赞，我收到的更多的评价是"那很一般"，或者"这就是你的最佳状态吗"。我的家庭习惯于真诚以待，而不是予我以虚假的鼓励。

01 接受意味着全力以赴 / 003
02 求学耶鲁：尊重手里的机会 / 029
03 如果他们不能录用真正的你，那这是他们的损失，做你自己 / 051

第二部分
过完整而有意义的人生

女性需要一条清晰的通往有偿工作的路径。金钱的力量可以让每位女性获取属于自己的自由。对女性有偿工作的全然接受意味着人类的进步，让女性在男权世界的支配中得到解放。

04 女性需要一条清晰的通往有偿工作的路径 / 071
05 把想法放到三个不同的篮子里：马上行动、过几周再开始、不值得做 / 085
06 进入了高管招聘的圈层：是两个孩子的妈妈，也是女性管理者 / 099

第三部分

做艰难而正确的决定

做母亲是一份全职工作,做妻子也是,而做高管会远远超越一份全职工作。所有这些都需要我们不断调整优先级。那些成为有偿劳动力的女性,对于整个经济都起着至关重要的作用——减少贫困、提升工资、使国内生产总值进一步增长。

07 加入百事,应对转型危机 / 121
08 职场和生活的平衡没有答案 / 149
09 "目的性绩效"战略框架 / 175
10 重新定位:为了更具体的客户群体进行创新 / 205

第四部分

进退取舍之道

我相信这个世界需要女性发挥同等的决策力,更多的女性领导者也意味着一个更加健康、富裕、平等的社会;我也相信,当有不同经验的人聚在一起时,我们会做出最好的决策,真正的领导力需要从多元化的团队中习得。

11 打破性别歧视 / 233
12 投资我们的未来 / 255

致谢 / 275
注释 / 281

前　言

2009年11月，一个大雾弥漫的周二，来自美国和印度的24位企业家相聚在华盛顿特区。在数小时的友好座谈之后，我发现自己竟然站在了美国总统和印度总理的中间。

为了了解座谈会的最新进程，奥巴马总统和辛格总理走进我们的会议室，然后奥巴马总统逐一把美国公司介绍给印方。"英德拉·努伊——百事公司CEO（首席执行官）。"当他介绍到我的时候，辛格总理激动地喊道："啊！她是我们的人！"

奥巴马总统微笑着，毫不迟疑地回应道："哈，但她也是我们的一员！"

我永远不会忘记这一刻——我获得了源自两位国家首脑的善意，要知道这两个伟大的国家都曾予我诸多馈赠。我依然是那个成长于印度南部小城马德拉斯、拥有幸福家庭的小女孩，年少时的所学与文化仍然深深地影响着我。我也是那个在23岁就踏上美国国土的独立女性，一路学习工作，最终竟然能够领导一家伟大的公司，实现了我认为只有在美国才能实现的美国梦。我既是印度人，也是美国人。

　　回首往事，我发现这样的双重性早已融入我的生命，两种力量互相拉扯，也在推动我步步向前。其实每个人何尝不是如此，我们权衡利弊、小心经营、隐忍妥协，尽一切努力找到自己的生存之道。当然，在这个瞬息万变的社会中，要坚守那些旧有习俗或一直按天性行事也并非易事。

　　家庭和工作一直是我定义自己的两个维度。我在1994年入职百事公司，影响我决定的、一个不绝对但很重要的因素是当时公司总部离我家很近。那时，我的大女儿10岁，小女儿仅1岁半，我先生的办公室也就在附近。考虑到通勤，百事公司的工作邀请就显得非常有吸引力。如果孩子有需要，15分钟内我就可以开车到学校或返回家里。当然，以上并不是我选择百事的唯一原因。百事是一家生机勃勃、乐观向上的公司，从我踏进大门的那一刻起，我就由衷地喜欢上了它。而且我认为，这也是一个愿意与时俱进的地方。

　　值得一提的是，我是一名女性、移民、有色人种。当我进入管理层时，我跟其他人都不同。在我开启我的职业生涯时，男女之间的权力结构与现在的截然不同。在担任顾问和企业战略专家的14年中，我从未有过一位女性老板或女性导师。不过，即使我被男权的习俗排除在外，我也绝不沮丧。当我的努力最终被认可时，我也能欣然接受。但是，当我加入百事公司时，一波又一波受过良好教育且雄心勃勃的女性开始涌入职场，我能感觉到世界正在变化。男女之间的竞争越发激烈，在随后的几十年中，女性以超乎我想象的方式改变着这场权力游戏。作为公司高层，我一直都在尝试预测和应对这一文化变迁。而作为一名女性和两个女儿的母亲，我愿意竭尽所能地推动这些变化的发生。

我的事业稳步向前，孩子们在渐渐长大。我也一直在努力克服那些无处不在的、属于职业母亲的困境。15 年来，我的办公室里一直放着一块只有我的女儿们能够涂写的白板。随着时间的推移，这些如万花筒一般的涂鸦和留言已经成为一种恒久的回忆，承载着我的亲人对我的提醒与鼓励。在我搬出办公室的时候，我用画布把白板的最后一个涂写版本复制了下来。"嘿！妈妈，我超级超级超级超级爱你。XOXOXOX。""坚持下去。永远不要忘记有人深爱着你！""今天要开心呀！""嘿！妈妈，你绝对是最棒的！坚持做你正在做的事情！"这些由蓝色和绿色记号笔画出的卡通人物、太阳和云朵正在图画中快活地呼喊。多么鼓舞人心！

作为一名备受瞩目的女性 CEO，我一遍遍地被要求在大众面前讲述工作和家庭间的冲突。有一次，我提到自己不太确定在女儿们的眼里我是不是个好妈妈——这不是每位母亲心中都会时常涌现的感受吗？印度的某家电视台随即制作了一档讨论节目，我并没有参与这个时长一小时的黄金档节目，但是节目主题竟然是"关于职业女性英德拉·努伊如是说"。

这些年来，我曾遇到成千上万的人，他们会为如何忠于家庭、职场及自身对成为好公民的抱负而焦虑。这些接触于我而言意义非凡，我发自内心地学习并吸收了人们对这类事情的理解。我开始思索，从人类的发展角度来说，家庭是怎样重要的一种动力所在。但同时我也意识到，成家立业、养家糊口是人类诸多压力的来源。

与此同时，我经常会收到邀请，与一群善于自我标榜的 CEO，同时也是这个星球上最具影响力的领袖人物身处一室。我注意到，所有关于人们，特别是女性，如何苦苦挣扎去平衡生活与生计的苦痛故事仿佛在这个房间内彻底消失了。

前 言

这些产业巨头、政治家和经济学家谈论的都是如何通过金融、技术及飞向火星来改变世界。至于家庭——我们大多数人生活的核心，无论是混乱的、幸福的、麻烦的，还是珍贵的，在这里统统被抛于脑后。

这种认知脱轨的影响十分深远。数以亿计的女性每天都在被各种各样的决策束缚，全球各地的高管们却对女性在工作和家庭中承受的压力一无所知。女性很难获得提拔或指引，也很难做到同时把称心的职业生涯、健康的伙伴关系和好母亲的角色收入囊中。放眼当下蓬勃发展的市场经济，我们的社会和经济基本面完全可以支持女性外出工作、赚取薪酬。可是时至今日，那些对女性获取平等来说至关重要的因素，无论从经济地位还是安全保障上来说依然极不乐观。

从广义的角度来说，人们忽视了一个事实，职场仍然极其青睐那些往昔的"理想雇员"——没有家累、只需要填饱自己的快乐单身汉，仿佛职场的首要任务就是榨干我们所有人。而且，无论员工是男性还是女性，只要他们感到自己无法全身心地投入工作，企业的产能、创新力乃至利润就会因此遭到损失。与此同时，组成家庭的愿望也在消失。孩子们的在校时间短暂，育儿和陪护老人的假期缺失，人们必须消耗相当大的精力来处理这些让他们与现实脱节的、源于旧有制度的种种问题。

当然，整个国际社会都深受其害。许多焦虑的年轻人完全不知道如何面对这一残酷的现状，只好选择放弃生育。这不仅会对未来数十年的经济造成重创，而且于我个人而言，每每听到这些故事都会非常难过。尽管今时今日的我已成绩斐然，但是我最大的喜悦还是来自我的宝贝女儿们。我不希望任何人错过他们希望拥有的人生体验。

我坚信工作和家庭的对立必须得到解决。我们应该拿出前所未有的能量与智慧，好好聚焦于"照护"这一基础理念，把它当成登月计划一样的头等大事。首先要确保每位雇员都能享受带薪休假与弹性工作制，有预见性地帮助他们解决工作与家庭的悲喜动荡。然后，用我们最大的慧心，尽快地设计出最为创新、完善的幼儿保育和老年护理方案。

完成这项任务需要超凡的领导力。我认为，一个领导者的基本作用不仅是对现状做出反应，他更应该寻找塑造未来几十年的战略和方法，并帮助其他人接受现状被破坏带来的不适。我们需要来自商界精英和政界首领的智慧，也需要所有热衷于减轻工作和家庭负担的职场人的智慧。带着胸有成竹的达观和责无旁贷的使命感，我们就能改变世界。

改革虽然很难，但一路走来，我认识到，只要有勇气和耐力，加上一定程度的互相妥协，一切皆有可能。2006年，当我成为百事公司CEO之时，我开始了一个雄心勃勃的计划，希望能够化解这个依旧靠销售汽水、薯片的公司与持续变化的市场之间暗藏的危机。我深知我们必须尽最大努力创造出一种平衡，既能支撑起王牌产品百事可乐和多力多滋玉米片，也能开发更多健康的食品。我们既要保证商店和顾客家里的储藏室有方便美味的零食和饮料，又要为对此造成的环境影响负起责任；我们既要吸引和留住每个领域的顶尖人才，又要保证百事公司对25万员工来讲都是很棒的雇主。这一任务被我称为"目的性绩效"（PwP，Performance with Purpose），十几年来我的每一个决策都基于这一目标，周全考虑，不断权衡，以保证百事能成为一家可持续发展的现代化公司。

2018年，在我离开百事公司的前几个月，我开始思考如何继续在未来的日子里发光发热。作为女性领袖的一员，我应该继续帮助人们跨越时代、向前迈进，于是我开始创作本书。我会忠实地描述周遭发生的一切，而不只是写一本自传。我会毫无保留地贡献出我所有的经验和智慧，希望能够帮助大家解决生活和工作中的所有难题。

当然，本书不是那种生活工作问题手册，在我动笔之初，我很快发现关于工作和家庭的各种研究早已完备。无论在世界的哪个角落，无论从事件的哪个角度，那些关于赡养家庭的争论（从产假、早期教育到代际问题）早已经被各种博学聪慧的专家汇总、分析、评价甚至解决。我不必在此一一赘述。

此外，截至目前，被我写入本书中的每一件事都是源于我本人的真实人生。

第一部分

家庭是我的资本，
亦是我的动力

01

接受意味着全力以赴

在我的孩提时代,家里的女性会客厅里有一个巨大的红木秋千。1939 年,印度马德拉斯,我的祖父在一条绿树成荫的道路上建造这座房子时,用四条长长的铁链把它固定在了天花板上。

无数故事就伴随着这座秋千的轻柔摇荡,在印度南部的高温下拉开了序幕。我的母亲和她的姐妹及表兄弟姐妹——身着紫红色、蓝色或者黄色的简单纱丽——在每个傍晚坐在秋千上摇荡。她们端着一杯杯加了牛奶和糖的咖啡,赤裸的双脚一次次碰触地面,以保持秋千持续摇晃。她们计划餐食,比较各自孩子的成绩,仔细研究印度的占星术,为自己的女儿们或其庞大家族中的其他年轻人寻找合适的伴侣。政治、食物、当地的小道传闻、服装、宗教、音乐还有书籍都是她们的谈资。她们高声谈论着,不断变换着话题。

从很小的时候,我就和姐姐钱德瑞卡,还有弟弟南杜一起在秋千上玩耍。我们一边摇晃,一边哼唱我们的校歌——《泰迪熊野餐之歌》《啄木鸟之歌》《祖父的时钟》,有时也会唱披头士和克里夫·理查德的歌,还有从收音机里听到的海滩男孩的曲调——《一周八天》《单身汉男孩》《芭芭拉·安》。我们一起打盹儿，一起嬉笑，一起阅读伊妮德·布莱顿、里奇玛尔·克罗普顿和弗兰克·理查兹的英国儿童小说。我们在闪亮的红砖地面上嬉闹玩笑。

我们的房子宽敞且通风，一到节假日，我的10多个表兄弟姐妹总会聚集在这里，同我一起把自己想象的剧情表演出来，那座秋千便成了让演出更精彩的重要道具。我们的祖父母、父母和叔叔阿姨们也会拿着潦草地写着"单人票"的碎报纸一起过来观看。他们可以随意评价我们的表演，也可以在下面聊天甚至直接走开。我的童年世界并未充满着类似于"干得好"这样的夸赞，我收到的更多的评价是"那很一般"，或者"这就是你的最佳状态吗"。我的家庭习惯于真诚以待，而不是予我以虚假的鼓励。

当然，任何评价都不会影响我们的心情。日子忙碌而欢乐，被珍视的感觉美妙无比。我们运动、欢笑，玩一个接一个的游戏。我们捉迷藏、爬树、采摘生长在房子周围花园里的芒果和番石榴。我们盘腿围成一圈，坐在地上吃饭，母亲则坐在中间，从陶土碗里舀出小扁豆炖肉和凝乳米饭，然后把印度泡菜盛在香蕉叶做的盘子上。

如果晚上有表兄妹来访，秋千就会被拆掉——将油亮的木板从银色的链子上拆下来，搬到后廊存放一夜。我们便在这个房间列队睡觉。男生和女生各一排，身下是一个巨大的色彩斑斓的垫子，每个人都有自己的枕头和棉质床单，有时候也会加上蚊帐。

如果当天有电，我们头顶上的风扇就会懒洋洋地转动起来，假装可以打破这炎热的天气。我们会把水洒在周围的地上，希望水的蒸发能让这个地方凉快下来。

像当时印度的许多房子一样，我们的房子被叫作拉克什米·尼拉亚姆。房子里正对着入口门廊处也有一个很大的男性会客厅，透过一扇扇四方形的大窗户就能轻易看到进进出出的人们。

我的祖父是一位退休的地区法官，他用自己所有的积蓄设计并建造了这座宏伟的、带有露台和阳台的双层住宅。不过，他几乎只待在男性会客厅中：他总是懒洋洋地躺在帆布安乐椅上读书看报，或是在一张带有深蓝色衬垫的木雕长沙发上安然入睡。

祖父总是热情地欢迎来访者，尽管他们大多是不请自来的。男人们聚在房间的两个大沙发上，谈论国际局势、当地政治或时事。针对政府或公司如何帮助大众，每个人都表达着自己独到鲜明的看法。他们使用泰米尔语或英语，抑或两种语言混合使用。孩子们则在其他房间里闲逛、阅读或做作业。我叫我的祖父"萨萨"。我从未见过任何女性当着祖父的面进入男性会客厅并坐下，我母亲也只能在打扫或给来访者送上咖啡或小吃时进去，随后立即离开。

我们家的《牛津英语词典》和《剑桥词典》都是用酒红色皮革装订的，它们被放在一张木桌上。祖父曾经让我和姐姐读《尼古拉斯·尼克尔贝》，这是查尔斯·狄更斯写的一本近1 000页的小说。有时祖父会拿起书，随意翻开，指着其中某一页问："这个词是什么意思？"如果我不知道，他会说："你不是说你已经读过这几页了吗？"我只好立刻去查阅这个词，并且造两个句子以表明我真的已经理解了它的词意。

萨萨是我崇拜和敬爱的人，他的全名是纳拉亚纳·萨尔马，于1883年出生在喀拉拉邦巴尔卡德。在英国殖民统治时期，这里曾是马德拉斯的一部分。当我入学时，他已经七十多岁了。祖父身高约五英尺七英寸[①]，身形瘦削，戴着厚厚的双焦距眼镜，威严坚毅又不

[①] 1英尺约为30.48厘米，1英寸约为2.54厘米。——编者注

乏温和。他总穿着熨烫齐整的浅色半袖衬衫与白色腰布。从没有人敢在他说话的时候插嘴。祖父年轻时学习过数学和法律,然后办理了数十年的民事和刑事案件。他的婚姻对我来说一直是个谜团,祖父与祖母有八个孩子,但在我对祖母生前的印象中,两人似乎从不交流,而且在房子的不同房间居住。祖父把大量心力倾注在了年幼的孙辈身上,他会给我们讲解深奥的书籍或思想,解释几何定理,要求我们详细汇报在学校学到了什么。

我从未对居住在男性会客厅的这位房子的首脑——当然也是整个家族的主宰——产生过任何怀疑。

我们热闹的生活核心是在男性会客厅的另一头,那个有着巨大红木秋千和红砖地面的开放式空间,这里也是我母亲让整座房子保持生机的地方。莎昆塔拉是我母亲的帮手,这位年轻的女子负责用户外的水龙头洗碗及拖地。

我母亲总是处于高速运转状态——做饭、打扫卫生、大声发号施令、照顾所有人,或者跟着收音机一起歌唱。一旦她不在家,家里会陷入一片死寂。没有人喜欢那样。

我父亲则与那个时代和环境中的其他男性不同,他会帮忙做家务和照顾孩子。父亲拥有数学硕士学位,在一家银行工作。平日里他会购买生活用品,帮忙整理床铺,并且乐于在母亲做了他最喜爱的食物时真诚地夸赞。他通常允许我做他的小跟屁虫。父亲是一个安静又具备智慧和幽默感的人。我经常引用希腊哲学家爱比克泰德的一句话:我们有两只耳朵和一张嘴,所以我们能听的应该是能说的两倍。我的父亲正是这句话的真实例子,他善于避开一切紧张的局面而不使之恶化。

父亲每个月都会把他的薪水交给母亲,让母亲自己安排日常开支。母亲把所有的交易记录在一张名为"现金支出"的纸上,并每周对账目进行结算。这是她凭借直觉创建的一套账簿系统,到现在我都为她无师自通的会计能力感到惊讶。

对孩提时代的我们来说,20世纪五六十年代的马德拉斯是一个广阔却相当朴素的地方。这个城市大约有150万人口,每天早上4点,当祈祷的歌声和自行车铃声响彻晴空时,这座沉睡、单调且安全的城市就开始苏醒,直到每晚8点全城熄灯,所有的商店、餐厅、娱乐场所关门闭户,年轻人回家学习。一天就这样结束了。

距1639年英国东印度公司登陆此地海岸已过去300多年,我们居住在这个既保留了古老的印度庙宇,也有19世纪殖民统治时期的办公室、法院、学校和教堂的城市。绿树成荫,宽阔的街道上停满了公共汽车、摩托车、黄包车、自行车和几辆汽车——通常是小小的菲亚特或大使牌轿车。城市的空气干净清新。偶尔我们也会去孟加拉湾绵延6英里①的滨海沙滩——玛里纳海滩。但在大人看来,浩瀚神秘的海洋最好是远距离欣赏为妙。因此我们只能坐在沙滩或草地上,绝不能靠近水边,以防被海浪卷走。

马德拉斯是印度南部泰米尔纳德邦的首府,于1996年更名为金奈,纺织、汽车制造和食品加工及新兴的软件外包行业是这座城市的主要经济来源。这里不仅遍布著名高校,也是印度南部古典艺术的殿堂。艺术家们在这里交流古老的卡纳塔克音乐和婆罗多舞——这是一种充满表现力与节奏感的舞剧形式。每年12月的艺术节闻名遐迩,每到此时,城市里就会挤满游客。我们一边欣赏收音机里的音乐会,一边洗耳恭听这一整月都穿梭于我们家的各种亲戚

---

① 1英里≈1.609千米。——编者注

对每场演出的深刻见解。

我们是一个印度教婆罗门家庭，我们的身边除印度教徒，也有不同信仰的人——基督徒、耆那教徒和穆斯林。在这个充满文化活力、信仰多元的社会，亲密和忠诚是我们家族一贯的信条。

在20世纪中叶的印度，身为婆罗门便意味着我们属于一个生活俭朴、虔诚且极其注重教育的阶层。我们并不算富裕，房子虽大但家具屈指可数，这意味着我们的生活舒适且稳定。几代同堂是我们一贯的家族传统。每个人的衣服都少得可怜——时尚并不在我们的追求范围内。我们尽可能地攒钱，从不在外用餐，也从不度假。我们家的二楼也总是向房客开放，以赚取额外的一点儿收入。尽管经济地位不算很高，但我们深知生为婆罗门是多么幸运。大家都认为我们是有学问的群体，因此我们一直很受他人尊重。

母亲会用适当的仪式庆祝所有的印度教节日，但绝不会庆祝任何人的生日。我的父母从未拥抱或亲吻过我们，也从未对我们说过"我爱你"。爱这个字在我的家族里显得虚无缥缈。我们从不与长辈分享恐惧、愿望和梦想，他们不是那种会进行这类对话的人。当然我们也不是没尝试过，但所有的尝试都会被一句话打断："祈祷吧，神会保佑你。"

母亲最爱的口头禅是"马塔、皮塔、古鲁、迪瓦姆"，她每天都会重复许多次。根据我母亲的解释，这句话的意思是你的母亲、你的父亲、你的老师都应像神明一样被深深敬仰。

她会不断提醒我们要学会尊重。例如，我们不能在长辈面前把脚抬起来；我们学习时不能吃零食，以示对书本的尊重；当老师走进教室时，我们必须起立，得到允许后才能坐下。

与此同时，虽然我们还是孩子，但大人们允许我们自由表达观点，彻底打开思路，并且可以与他们争论。不过，我们不得不接受大人们无数次的打断，这使我们无法说完全部观点，他们经常声称："你们能对这个话题了解多少呢？听我们的就没问题。"

我们在马德拉斯的家总是热闹非凡，充满欢笑、争辩声和喊叫声。同时，这也是一个严苛的成长环境，一旦我不守规矩，就会被打屁股——这在当时的大多数家庭里是很常见的现象。幸福稳定的生活让我学会了如何自我约束与自信表达。我之所以有勇气一步步拓展边界，证明我的价值所在，是因为我是在一种逐渐给予自由但也有着明确框架意识的家庭环境中成长。家是我永远的安全感之源。

每每谈到教育女儿的方式，我童年的家总是会被打上思想先进的标签。排行老二的我皮肤黝黑，又高又瘦，而且精力充沛，喜欢运动、爬树，家里和花园里经常能见到我跑来跑去的身影。这个社会评价女性的标志就那么几个：肤色、长相、性情是否娴静温和，以及能否勤俭持家。有一次，我听到了亲戚们的闲谈，他们在猜测到底有谁会愿意娶像我这样的"假小子"。这些话到现在依旧刺耳无比，但是我从未因此感到难过。虽然我是女孩，但我可以证明自己。我也愿意付出更多辛劳从而获取更多知识。就算和身边最聪明的孩子相比，我的能力也毫不逊色。

在我们家，男孩和女孩被允许拥有同样的抱负。这并不是说男女所面对的竞争规则一样，我能明显感觉到保护女孩和保护男孩的方式截然不同。但在智力和机遇层面，我从未觉得我会因性别而受阻。

这一切都源于顶层思维：来自我们家族对古婆罗门价值观的诠释，来自印度 20 世纪中叶作为新独立国家的繁荣使命，还有我祖父萨萨的世界观。我也如此幸运，我的父亲——我叫他"阿帕"——总是全心全意地支持我们接受教育。他会陪伴我们去上所有的课程，并且如果我们做得好的话，他就会带着自豪的笑容四处踱步。

父亲告诉我，他永远不想看到我向父母之外的任何人伸手要钱。"我们投资你们的教育，是希望你们能自力更生。"他说，"剩下的就看你们自己的了。做自己就好！"

我母亲的想法也是如此。尽管她像那个时代的许多儿媳一样，无论是否做错，只要发生家庭矛盾就会成为长辈责备的对象，但她还是如此坚韧不拔、干劲十足。在处理家庭事务时，我母亲有着相当灵活且强硬的手段。她拥有成为一名出色的 CEO 的潜力，可惜她没有上大学的机会。母亲把自己的缺憾转化为指引我们展翅翱翔的动力，尽管这对她来说并不容易。我一直有一种感觉，母亲在通过女儿们的人生来间接地活出她的自我，希望我们能拥有她从未得到过的自由。

从很早开始我就知道，家庭是人类在这个星球上赖以生存的根本。对我来说，家庭既是我的资本，亦是推动我前行的动力。在美国，我和丈夫拉杰组建了家庭，拥有普利萨和塔拉两个女儿，这是我此生最引以为豪的成就。尽管我生长于一个特殊时代的印度家庭，深受传统观念的影响，但我也明白家庭可以有许多种存在形式。当我们与父母、孩子或与更大范围的群体成员产生深厚联系时，无论彼此有无血缘关系，无论独自前行还是并肩作战，我们都可以茁壮成长。我深信，健康的社会离不开健康的家庭。

我也知道家庭意味着一地鸡毛。我的父母共有 29 个侄子、侄女、外甥和外甥女，14 个来自我母亲那边，我和他们非常亲近；15 个来自我父亲那边，因为过去的种种我无法理解的陈旧矛盾，这边的许多人我都不认识。我把这些情况视为我们余生的缩影，它也教会我，人生就是有许多你必须经历和容忍的困难。

1955年10月,在我的父母结婚4年后,我出生了。彼时我的姐姐仅13个月,我的母亲尚塔22岁,我的父亲克里希纳穆尔蒂33岁。

我的父母并非自由恋爱。母亲高中毕业后不久,一对远房亲戚找到她的父母,问他们是否愿意将女儿嫁给他们的儿子。我父亲在我母亲玩击环网球时注意到了她,这是一项很受女孩欢迎的运动,选手们会将橡胶环在网的两侧来回投掷。我父亲喜欢她展现出的英姿。在几次占卜和两家人会面后,联姻就确定了下来。这场婚姻对在家里排行第六的母亲的好处在于,她将加入一个受人尊敬、受过良好教育的家庭,并在婚礼后立即搬进一栋舒适安全的大房子。

在他们第一次见面时,我的母亲和父亲几乎没有说话。我出生时,他们用父亲每月稳定的收入一起安心地经营着这个家。我祖父有8个孩子,他选定我父亲——他的第二个儿子成为这栋房产的继承者。我祖父相信我的父母在他年迈时会照顾他,他已经发现自己的这个儿媳处处以家庭为重,也很乐于像对待自己的丈夫和孩子们一样全心全意地对待他。

当我大约6岁时,我和姐姐钱德瑞卡会被指派做一些家务事。天快亮的那段时间最为辛苦。很多时候,只要叽叽咕咕的水牛的声音在门口响起,我们中的一人就必须第一时间从共用的床上爬起来。一位本地妇女会带着这头灰色的大动物到来,为我们挤够一天所需的牛奶。我们的职责是盯着她,不让她往牛奶里面掺水。

我的母亲,我叫她"阿妈",用水牛奶做酸奶、黄油和浓香四溢的南印度咖啡,这些是我们素食菜单的主要原料。上午晚些时候,会来一个卖新鲜蔬菜的小贩,他售卖花椰菜、菠菜、西葫芦、南瓜、土豆和洋葱等,种类繁多,价格合理。

7岁后,我会经常被派去几个街区外的杂货店,我需要送去一份送货上门的物品清单,或者把少量的物品带回来。杂货店员会把小扁豆、大米或豆类包进一张卷成圆锥形的报纸里,并在顶部用麻线绑好。量大的订单则会用更多的"报纸锥"送到家里。我们将谷物储存在厨房的玻璃罐或铝罐里,把报纸叠好,将麻线缠成一个球,再把它们放在架子上以便再次使用。这样一来,就不会浪费任何东西。

我觉得阿妈每时每刻都在忙碌。牛奶送到的时候,她已经穿戴整齐地出现在厨房,她会先做好两杯咖啡送到萨萨和我父亲的手中,孩子们则人手一杯名为保必塔的巧克力麦芽饮料。然后她开始做早餐,通常是加入牛奶、糖和豆蔻粉的燕麦粥。在天气炎热的日子里,我们会喝坎吉,这是一种把煮好的米饭浸泡在水中过夜后与酪乳混合的饮料。

早上8点,阿妈会出现在花园里,和我们的园丁尚穆根一起工作,照料花朵,修剪灌木,以及挑选花朵来装饰祈祷间,这是位于厨房里的一间凹室,阿妈说她常在做饭的间隙去那里做日常祷告。她也会一边聆听,一边跟唱卡纳塔克音乐。阿妈总是用一串白色或彩色的花朵装饰她的黑色发髻或马尾辫。在周末时,她偶尔也会把花插进我们的辫子里。

父亲和我们出门之后,阿妈就会转回厨房,为萨萨、钱德瑞卡和我准备午餐。由于炉子是以煤油为燃料,那股刺鼻的煤烟味总能直入鼻喉。尽管如此,阿妈仍然坚持为我们制作新鲜的餐食,然后将其装在洁净的金属餐盒里,趁热送到学校。我们在操场的树下坐好后,莎昆塔拉负责把餐盒里面的食物舀出来。我们不能浪费任何一粒粮食,如果送来的食物吃不完,那么我们就必须在晚餐时解决剩余的,因此我们总是竭尽全力避免这种情况发生。萨萨的午餐则被阿妈放在一个大银盘里,再用小碗盛各种蔬菜和佐料。

下午,她会乘坐黄包车到距离 1 英里的娘家,讨论家庭事务,或者在厨房帮外祖母干活。然后阿妈再回到家里开始做晚饭。日复一日,我们家的每一次烹饪、用餐、打扫都显得与众不同,因为我们从无剩饭剩菜,也没有冰箱。

钱德瑞卡和我在下午 4 点半放学回家,萨萨和阿妈会在门口迎接我们。接下来,直到阿帕下午 5 点半到家之前,我们有 1 个小时的零食和玩耍时间。尽管我们有自己的书桌,由于萨萨会定期检查我们的作业,我们就干脆坐在地上,在他的脚边做作业。如果我们在数学上遇到困难,他就会掏出一堆他早已准备好的练习试卷。一般来说,我们还需要在练字本上练字,练习的内容通常是一个短句:"敏捷的棕毛狐狸从懒狗身上跳过。"因为这个短句里面包含了英文的全部 26 个字母。萨萨深信:"好字造就好未来。"

晚上 8 点左右,我们会一起吃晚饭,但是阿妈会在我们吃完后再吃。饭后我们继续做其余的学校作业,干家务,然后熄灯上床。这里经常停电,瞬间屋子里就伸手不见五指,这时我们会依靠蜡烛和灯笼照明。喜爱黑暗的蚊子在四周嗡嗡作响,准备在我们身上享用饕餮盛宴,此时手打蚊子就成了一项必备的生存技能。我们会在睡前祈祷,当然祈祷的声音必须足够大,这样才能确保阿妈听见。祈祷的内容是我们在学校也会背诵的主祷文,再加一些梵语的祷文。

在我 8 岁时,母亲经历了一场复杂的剖宫产手术,生下一个小男孩南杜。他的出生意味着终于有人可以传承这个家族的姓氏,这让全家都很骄傲和开心,当然我也不例外。依照家里的习俗,母亲和婴儿会在娘家待几个月。与此同时,父亲负责家务,以及接送我和钱德瑞卡。在带着孩子回家之后,阿妈更忙了。尽管她的身体还没有从那么大的腹部手术中恢复,她仍然在照顾新生儿的同时挑起了过去的所有重担。在我的记忆中,母亲从来没有手忙脚乱过,我永远无法了解她是怎么做到这一切的。

如今的金奈,人口已经超千万,但这里一直都很缺水。该地区依靠每年的季风降雨来填满大约数百英里外的湖泊和水库,并通过19世纪90年代安装的管道将水源与城市相连。此外,也会有卡车把水从农村运来,居民们则会带上巨大的塑料桶来领取他们的配额用水。我们家的水也是有定量的。当地的供水公司会在清晨时分打开城市水阀,水流非常细,我的父母会拿出家里所有的锅碗瓢盆接水,然后仔细地将水分配用于烹饪、饮用或清洁。

我们的院子里也有一口水井,井边的电泵能把海水抽到二楼露台的水箱里,然后水会流向卫生间。我们用钢制的小杯子舀温水洗澡,我会蜷成一小团,这样才可以让自己尽可能地淋湿。洗头只能用一点点水,加上皂角粉——这种粉由一种随处可见的藤本植物的树皮和树叶研磨而成。之前我们用食指蘸取稻壳焚烧后的炭灰来刷牙,后来才逐渐过渡到了用高露洁牙粉。大概到9岁,我才用上了真正的牙膏和牙刷。直到24岁那年,我才第一次在牙医那里洁牙。

我们的生活非常单调乏味。首要任务是好好学习并取得优异的成绩,但我和钱德瑞卡晚上也要做家务,比如收拾碗碟,再费力把咖啡豆用研磨器磨成粉,以确保大人们早上就可以喝到咖啡。这还不是最难的,有时候我们需要用最原始的方式搅动牛奶,分离制作黄油。这项任务不仅枯燥,还会使我们的双手肿胀。

从1958年的圣母幼儿园开始,我在圣天使修道院的校园里待了

12年。这是一所离我家1英里的天主教女子学校。几年来，钱德瑞卡和我每天早上搭父亲的自行车或小型摩托车上学。最初我们穿着灰色的无袖连衣裙和白色衬衫，然后是绿白相间、有条纹腰带的圆领校服。

每年5月，阿妈都会买50码①左右的布料，并雇一个当地的裁缝，为我们的新学期定制6套新校服。我能听到她叮嘱裁缝把所有衣服都要做得比我们现在的尺寸大两码，这样我们就能穿得更久一点儿。我们还会定做几条休闲活动时穿的连衣裙和适合日常穿着的帕瓦黛——一种多彩的印度裙子。这些衣服其实都很不合身，但孩子们认为它们是高级时装且非常珍惜。所有衣服都被整齐地叠放在半空的卧室衣橱架上。每逢节日或婚礼，我们会收到一种非常特别的、用真丝制成的帕瓦黛。这些则都被保存在我母亲的衣橱里，很少拿出来穿。阿妈会优先把大部分的服装预算花在我们身上，只给自己买一些简单的东西。

白天，莎昆塔拉会洗男人们的衬衫和腰布、母亲的纱丽，还有我们的制服，然后把它们挂起来晾干。晚上，在做完作业后，我和钱德瑞卡需要把自己的黑色皮鞋擦干净，洗长筒袜，把米粉用水搅拌后在炉子上加热，然后用它给衣服上浆。如果米粉结块，衣服上就会出现白色的斑点。我们俩在实践中逐渐成了娴熟的米浆调配专家。雨天，我们会提前把衣服熨干，避免早上穿湿衣服。但如果停电（这种情况经常发生），我们就只能穿着湿乎乎的制服去上学。当然尴尬的并非只有我们，我想学校里的许多孩子都有同样的苦恼。

我们的玩具很少，因此姐姐和我都非常珍惜仅有的几个娃娃，

---

① 1码≈0.914米。——编辑注

经常在聊天中翻来覆去地讲娃娃的事。我们用迷你的锅碗瓢盆玩"过家家"，还用电线和纸制作简易的医疗设备，玩"医生游戏"。

钱德瑞卡和我从小就非常喜欢上学，学校打开了我们亲密家族以外的全新世界，我们对上学的热情总让大人们称赞不已。学校的安排充满了自由的气息，我们是如此迷恋校园生活，哪怕是有表亲围绕在身边玩耍的暑假，我们也会在卧室的墙上贴上日历，倒数开学的日子。

在家里，我们所有的活动都会受到密切的关注。如果我们想看电影，父母会坚持说他们要先检查影片内容，不过他们似乎永远没有看电影的时间，所以我们也几乎没看过。我们可以去当地的图书馆，那其实只是一个位于几个街区外的小阅览室。阅览室的借阅费用低廉，借阅次数不限，但借走的书必须在第二天归还。（这使我养成了快速阅读的习惯！）阿妈随时都在收听广播，和印度的其他人一样，我们没有电视，当然更别提互联网了。尽管家里访客如云，但除了看望外祖父母，我们从未出门拜访过任何人。家中必须留一个人照顾祖父才行。

学校是一个充满各种新鲜事物的地方。课间时分，荫凉的长廊里总会出现我奔跑的身影——我会冲去参加一个接一个的活动。圣天使修道院由玛利亚方济各传教修会在1897年创立，现已扩建为六个部分，包括礼堂、花园、中庭、无挡板篮球场和一个很少使用的网球场。我经常在下课后留下来打球或者为老师们做志愿者。

我很早就加入了夜莺队，这在国家女童军项目中属于新手级别，因此我穿的制服也有所不同：一条浅蓝色的裙子，搭配一条被戒指系住的橙色条纹领巾。几年后，我非常荣幸地"晋升"为正式女童军。我拼命努力，荣获了缝纫、打结、急救、生火、旗帜信号等十几项被童子军认可的徽章。十一年级时,我甚至参加了一个全国性的童子军盛典,我从这个项目中受益匪浅。童子军教会我团队合作——如何给予、如何索取,以及人们在不同时期应该承担什么样的领导责任。我也学会了信任。举一个非常直观的例子——搭帐篷。我记得每个人都必须用合适的力度拉住绳索,才能让杆子立起来并撑住帐篷。

我们的学校也教授音乐,音乐老师拉扎勒斯女士有一种天赋,她能让每个人从心底爱上那一首首英国的校歌。每周钱德瑞卡和我还会在家上几天印度古典音乐课和舞蹈课——作为未来找到好丈夫的先决条件,这些课程对像我们这样的女孩来说是绝对的必需品。即便在那个时代,钱德瑞卡也是一位极有天赋的歌手,并且是一位努力认真的学生。而我,却满脑子只想着怎么跑出去玩。

圣天使学校的学术课程可并不轻松。教室里的木头桌子排得非常密,可以坐大约30个女生。每天早上8点半开始上课,下午4点放学。课程内容安排得专业且全面,包括英语、历史、数学、科学、地理,以及针线活和艺术等女性必备技能。每隔几周就有一次的考试期让我们深感压力。

老师们温和又不失威严,其中包括专门从爱尔兰来到印度、献身上帝和教育的修女们,她们有着严格的着装要求:头巾必须覆盖在面颊的周围。我们的校长内森修女,还有幼儿园校长本尼迪克特修女总是在走廊里来回巡视,她们也会定期来我家,一边小口地啜饮着咖啡,一边和我的家人们聊天。

每月的最后一天是成绩发放日,萨萨会把凳子移到外面的门廊,以确保第一时间拿到我们的成绩单。如果我们没能拿到班级前三(当然最好是全班第一),萨萨会闷闷不乐。祖父极其重视我们的教育，有时他也会质疑老师对我们的负面评价，当然这不全是因为偏心。

阿妈同样十分重视我们的学习。她会用她特有的方式来考我们，比如拿一本科普教材，里面的内容包括世界七大奇迹、最长的河流及各国的国旗。阿妈总是在男人和孩子们用餐完毕后才开始用晚餐，此时我和钱德瑞卡就坐在厨房，每人用 10 分钟演讲，主题诸如"如果你是印度总理，你会怎么做"。演讲完后，她会奖励给她认为的赢家——她珍藏的一小块吉百利巧克力。如果我赢了，我会用足足半小时来享受美好的舌尖时光。这种充满胜利喜悦的滋味在我心中胜过我如今可以购买的一切巧克力。

作为一名校园辩论手，我报名参加了当地所有让我有机会发表见解的比赛。演说技巧是我的一门选修课，这是一门专注于演讲、诗歌朗诵和公共演讲的课程。我仿佛是天生的辩手，擅长辩论，从不羞于上台。

八年级时，即将 12 岁的我此时必须在文理科之间做出选择，因为下一个阶段的课程体系是由剑桥大学创建的。由此，我开始长达数年且更为密集的物理、化学与生物课程的学习。当然，这也意味着精通英语、数学、历史和古典文学的祖父不能再像过去一样指导我的学习，我只能自力更生。

生物学尤其吸引我，我们需要自己带标本到学校，对蟑螂、青蛙和蚯蚓等进行解剖。我会四处寻找大蟑螂，然后把它们放在一个装有用于麻醉的三氯甲烷的玻璃罐里，这样就能确保我的标本到第二天仍然很新鲜。蚯蚓随处可见，青蛙在季风季节以外相对难找，所以全家人都会帮我一起搜寻。幸运的是，圣天使学校最终与一个标本供应商签订了提供青蛙的合同，我们终得以从捕蛙中解脱出来。

也正是在八年级,我被班主任老师约巴德夫人选入校队,前往新德里参加首届印度联合学校组织会议,该会议为期四天,旨在建立全国学童之间的联系。无论在学校还是在家,这样的机会都足以让人激动到无以言表。我是被选中的年龄最小的学生,我们全家对此极其惊异,并且光速地同意了支付这笔旅行费用。

于是,在约巴德夫人——这个45岁左右、目光炯炯有神的小个子女人的带领下,我和4位穿着圣天使学校制服的女生,在巨大的马德拉斯中央车站登上了蒸汽火车。我们带着干净整齐的小小行李,开始了为期两天、行程2 170千米、一路向北的旅程。接连两个晚上,我们都睡在一个三层铺位的狭窄车厢里。

印度的首都新德里跟我去过的所有地方都不一样。我被草坪和花园环绕的宏伟建筑,还有那些纪念碑完全迷住了。这里有宽阔的、满是汽车的道路,戴着头巾的人,印着印地语的路牌。印地语在印度北部的大部分地区占主要地位,但我完全听不懂。在科学会堂的一个大厅里,我们小组与来自30多所学校的青少年进行辩论,参加文娱表演,进行关于和平与政治的演讲。我们表演了一段源自爱尔兰的舞蹈,主题是"善与恶"。我记得评委们对舞蹈内容大为疑惑,不过他们还是给我们颁了一个奖。我们在一个宽敞但混乱的食堂就餐,休息则是在宿舍里。

成为这个大团队中的一员真正地帮我建立了自信,印度文化的多样性也让我眼界大开。

在我进入青春期的那几年,家里的情况也开始改变。我的父亲成为银行培训学校的一名讲师,三年中的大部分时间他都在到处出差,一个月只能回家两三天。这让我极其想念他。父亲和我之间有着一种特殊的联系,我总喜欢幻想我是他的最爱。他也总会跟我分享他在工作上的许多想法,这让我感觉自己是如此与众不同。

大约在这个时候,我母亲安装了一个新的戈德瑞吉衣橱,用来储存我们结婚时的嫁妆。这个大型金属橱柜是由印度锁匠戈德瑞吉和博伊斯制作的。每当她从家用中节省出一点儿钱,她就会买两件相同的东西,然后把它们收起来给我和钱德瑞卡放好。她在柜子里装满了不锈钢的锅碗瓢盆、银盘、银碟和银杯,还有一些小的黄金首饰。母亲也会以物易物,有时会拿着带着金线的旧纱丽去卖家那里换取新的炊具。我们家有三个戈德瑞吉衣橱,一个放母亲的衣服、一个放家里的贵重物品,还有一个放她两个女儿的婚礼用品。

我并未关注太多这类信息,但我知道,钱德瑞卡——我们家这位有着一头漂亮的卷发和灿烂笑容的大女儿会倍感压力。作为二女儿的我则没有这种担心,反正我有姐姐这个完美的"挡箭牌"。

1968年夏季的一天,父亲在驾驶他的伟士牌小摩托车时被一辆公共汽车撞倒,他被卷入车轮下面,在路上被拖行了一阵。我清楚地记得,当警察来告知我们这起事故时,是阿妈出去应的门,那时我们还没有电话。

随即,我和阿妈跳上一辆电动三轮车,向医院赶去。

当我们走进病房时,看到父亲躺在床上,血流不止,意识模糊。他一只手托着部分断掉的鼻子,脚踝的骨头突出在外,全身都是伤。他看着我们,低喃一切都会好起来的,然后就昏了过去。

经过6个小时的手术及在医院的数周治疗后,父亲回到家中进行康复训练。阿妈是他的理疗师,帮助他复健双腿。账单堆积如山——当时印度还没有国家医疗保险,我父母几乎花光了他们的积蓄。几个月后,父亲重返工作岗位,我们的生活也基本回归从前。这次可怕的事故给他留下了永久的伤疤。

我现在才意识到，如果父亲没有康复，我们的生活将会天翻地覆，甚至举步维艰。萨萨的退休金很少，而我母亲带着三个孩子，根本没有能力赚钱。我的叔叔和婶婶们没有一个能养活我们。当时的印度政府并没有社保体系，因此我母亲很有可能会在我们那所大房子里安排更多的房客，但她也会因此迅速被歧视和偏见包围。因为在那个时代，女性是不能涉足"商业"的。而我们的学业，显而易见，也可能被迫停止。

家庭能有多强大，也就能有多脆弱。每个家庭都可能面临意想不到的困难。如果没有政府或私营企业提供的充分保障，如我父亲所经历的那种灾难事件对人们生活的影响可能长达数十年，甚至波及几代人。

最重要的是，这件事印证了父亲对我的敦促：作为女性，要永远有能力养活自己。

十年级时，圣天使学校来了一个转学生——玛丽·伯纳德，我们成了很好的朋友。玛丽是一位军官的女儿，她风趣又爱冒险。更重要的是，她也上音乐课，还有一把很炫的木吉他。

我也很想学弹吉他，但阿妈从没打算给我买。她很坚决，还有点儿忌讳这件事。她坚称，优秀的印度南部婆罗门女孩不应该弹吉他，也不应该唱英国摇滚歌曲，这是相当不合时宜的。她说我应该专注于学习印度南部的古典音乐和乐器。

但这并不能阻止我。幸运的是，玛丽和我在学校的储物柜里发现了一把旧吉他，我们把它交给了内森修女。令人意外的是，她同意把这把吉他翻新给我使用。与我母亲的态度相反，我认为内森是一位当代思想家，她喜欢披头士，而且她似乎对圣天使学校正在萌芽的新音乐流派感到兴奋。

随即,为了学校的综艺节目,玛丽、我还有另外两个朋友乔蒂和赫玛组成了一个乐队。在我们学习完数学用表之后,修女们为我们的乐队起名"对数韵律"。自此,我们四个形影不离。我们一起练习了玛丽会的五首歌:《旭日之屋》《深情的吻》《生活还在继续》、《绿袖子》和《黛利拉》。我们曾经是一群超级书呆子,但在我们穿着白裤子和花衬衫第一次登台亮相后,学校不得不额外增加两场演出以应对热情的观众。内森修女和本尼迪克特修女满面春风地坐在第一排。我父亲对此也格外感兴趣。父亲已经回到马德拉斯和我们住在一起,尽管从未看过我们的表演,他还是养成了一个习惯:一边踱步,一边哼唱我们的主打歌曲。

"对数韵律"存在了整整三年。我们作为马德拉斯唯一的女子乐队出道,在全市众多的学校节日和音乐会上演出。我们总是以最初的五首核心主打歌曲开场,然后再增加几首其他的,其中包括投机者乐队的经典作品《斗牛犬》和《托基》、南茜·辛纳屈的《这些靴子是为走路而生》,还有俄亥俄快车的《十分美味》等流行歌曲。

我们最大的粉丝和乐迷是我的弟弟南杜。他每场必来,还会帮忙调试设备。我原以为我保守的叔叔婶婶们会疯狂地批评我背离传统的音乐追求,但他们在朋友面前夸赞并炫耀我,而且经常在屋子里低声哼唱《十分美味》。每次家庭聚会,我还必须用吉他表演几首歌曲。

大约一年后,负责邦戈鼓和吉他的乔蒂和赫玛退出了。斯蒂芬诺斯兄弟俩加入了我们,负责打鼓与和声。后来我们与他们一家成了亲密的朋友,一直到乐队解散后很长一段时间都是。

1970年12月,我从圣天使学校毕业,那时我只有15岁。没有毕业典礼,没有大肆庆祝。事实上,我们上学的这些年里,我父母连学校都没进过。老师们和修女们全权负责我们的教育。我把大量时间花在了各种各样的课外活动上，虽然不算顶尖，但最终还是以不错的成绩毕业了。

和那时其他的高中毕业生一样，萨萨和我的父母完全没有参与我的大学择校和录取过程。当我知道他们会为我支付本科的教育和其他费用时，我感到特别开心。但其间漫长的经历——择校、选专业、申请、录取或被拒，这些都需要我自己解决。

钱德瑞卡一直成绩优异，她在我毕业的前一年去了马德拉斯基督教学院（MCC）学习商业，该学院位于30千米外的塔姆巴拉姆郊区。MCC是马德拉斯少数几所男女同校的大学之一，也是印度南部最好的教育机构之一。这所大学将学术成就与嬉皮士文化完美地融合在一起，音乐氛围也超级浓厚。这里有一种缩微版的旧金山嬉皮士区气息，许多人都注意到了这一点。

我认为MCC于我而言也是最好的选择，被录取时我兴奋无比。我选择的是化学专业，不过也需同时学习物理和数学。

化学使我着迷，我喜欢将一种化合物转换成另一种化合物，从一种颜色转换成另一种颜色，创造形状大小各异的晶体，观察沉淀，学习关于宇宙如何运行的最基本的信息。我所在的班大约有30个男生和8个女生，为了跟上进度，我加大了学习的强度。那时，女孩被要求每天穿着纱丽，无论是在上学路上的90分钟，还是在实验室的一整天。这给我平添了许多小问题，因为化学物质会飞溅到衣服上，早上我不得不花很多时间缝补纱丽，以遮盖前一周被烧出的各种窟窿。

让我特别吃力的是"高等数学"这门课。我的大多数同学不仅完成了十一年的中小学教育，还学过一年大学预科。而我却因为参加过剑桥考试，跳过了大学预科课程直升大学。当然除了数学，我在其他大部分的科目中表现都还很不错。我的父母在这个阶段第一次，也是唯一一次在学习方面介入，并给我提供帮助。在听到我因为解析几何、微分方程、拉普拉斯变换和傅立叶级数等问题痛哭之后，他们聘请了一位教授，每周来家里辅导我几次。这对我母亲来说也是一次重大妥协，因为她必须再次面对因我的与众不同而带来的各种非议。她认为请家教只能说明我有问题，而这就意味着我父母也有问题。但是那段时间的家教对我的帮助可谓举足轻重，如果没有额外的补习，我的人生可能会完全不同，我甚至无法确定自己在那些课程上能否及格。

与此同时，我加入了本市最好的辩论队之一——MCC辩论队。我们赢得了许多校际和州际冠军。辩论使我必须钻研学科之外的各个领域——世界事务、政治、社会问题。这很费时间，但我的竞技水平因丰富的材料和高水准的辩友得以提高。如今看来，正是辩论帮我建立了自信，打磨了我说服他人并巧妙反驳对方观点的能力。

印度，毋庸置疑，是一个为板球而疯狂的国家。收音机里一场比赛接一场比赛的解说能让生活完全停摆。我的叔叔们都是板球球迷，他们专门把自己的假期调整到国际板球锦标赛的那五天，并乐此不疲地谈论比赛和球员。因此我也逐渐喜欢上了板球，还叫上我弟弟及他的朋友们一起在我家的院子里玩。

我甚至参加过MCC的一些大学男子板球比赛，有一天，我突发奇想地对我的朋友们说，我们应该组建一个女子板球队。令我大为惊讶的是，这个想法居然实现了。学校允许我们使用男性球员们的设备，一些男性球员开始指导这个由15名女性组成的球队。我们每周练习三次击球、投球、防守，强化规则，也难免受伤，再振作精神。最终的结果是，马德拉斯的几所女子学院也开始打板球，然后我们组织了马德拉斯的首届女子板球锦标赛。尽管只有四支球队，但总比没有强。

我向父亲借了一件白衬衫和裤子，并设法用腰带和别针把它们固定好。南杜仍然是我的设备主管。我至今还记得那美妙的时刻：我穿着白色的板球服，作为开场的女击球手走进球场与斯特拉·马里斯学院比赛，至少有50名观众，包括我的家人、朋友及许多陌生人，他们在场边热烈鼓掌。

钱德瑞卡在MCC的日程与我全然不同，我们两人几乎没有什么交集。她属于人文系一个很酷的男女生小团体，最不愿意被别人看到与一群理工科书呆子在一起，即使我是其中一员也不行。她在大学期间表现极其优秀，在毕业时，钱德瑞卡决定参加一个顶尖的商科硕士项目的考试，这是一个极其勇敢的决定，尤其对女性而言。这个决定也极大地影响了我。

20世纪70年代初，印度一共有四所管理学研究生院，但是其中只有两所属于印度管理学院[①]。其中最好的艾哈迈达巴德分校（IIMA）隶属于哈佛商学院，每年有成千上万名学生来这里参加极其残酷的入学考试，还有如噩梦般的面试，就为了争夺仅有的150个名额。我们的一个叔叔说，入学印度管理学院艾哈迈达巴德分校就如同获得诺贝尔奖。他也告诉钱德瑞卡：被拒绝的时候——并不是"如果被拒绝"——不要感到难过。一贯冷静的钱德瑞卡对此全不在意，她泰然自若地处理了整个申请的过程。

---

① 印度管理学院（Indian Institutes of Management）是由印度总理拨付专项资金兴建的综合性商业经济类院校，与全球顶尖高校与企业深度合作，声誉卓著，目前已有七所分校。——译者注

当我们听说她被录取的时候，全家人对她肃然起敬。因为学校宿舍留给女生的房间少得可怜，钱德瑞卡是少数几个被录取的女性之一。这一切意味着她正在开辟一条全新道路，萨萨随即就支付了住宿押金。

戏剧性的一幕出现了，母亲提出，钱德瑞卡不能去远离马德拉斯的艾哈迈达巴德分校，除非她先把婚结了。

"年轻的单身女孩不会为了学业远离家庭，更别说是去男女同校的大学了。"母亲这样说。当然她也没有错，这个观念在当时是很正常的。但我的祖父直接选择无视她的担忧，而且提出愿意用他的养老金支付学费。

阿妈怒不可遏，她冷冷地说："如果你送她去，我就绝食到死。"

钱德瑞卡吓坏了。但是祖父和父亲对我们说："别担心，如果她坚持这样做，我们会继续照顾你们的。"

谢天谢地，大约一天后，阿妈想通了。她放弃了绝食，并忙着给钱德瑞卡做入学准备，大家也都假装什么都没发生过。

这一幕鲜明地体现了当时印度母亲们所承受的重压：做母亲需要脚踩刹车，以确保女儿们能够平安健康、礼貌端庄；与此同时，母亲们也需要脚踩油门，以帮助女儿们受人尊重、独立自主且充满能量。作为印度传统社会的一员，阿妈的意识让她自然地倾向了刹车，但为了女儿们的梦想，她最终踩下了油门。

几周后，父亲和钱德瑞卡一起坐火车抵达孟买，然后再去艾哈迈达巴德。对于姐姐的离开，我有些难过，但也有点儿开心，因为南杜和我可以拥有更多的卧室空间，我还可以占用她的书桌，那张桌子有一个带锁的抽屉，这样我就可以让我的秘密远离弟弟好奇的视线。

当我结束在 MCC 三年的学习时，我的人生道路又一次受到姐姐的启发。我决定申请印度管理学院加尔各答分校（IIMC）的硕士学位，这是一个以密集的定量分析为基础的商业课程。如我所料，钱德瑞卡并不想让我跟她去艾哈迈达巴德。

"无论是圣天使学校还是 MCC，每时每刻你都在我身边打转，"她大喊道，"我们之间需要距离——你绝不能申请艾哈迈达巴德！"

我回复她——尽管听上去让人难以信服，如果我能去一些更加专注于数学项目的地方，我会更开心。"艾哈迈达巴德的申请太简单了，我要去加尔各答。"我勇敢地反驳了她。当然，事实是我也没有其他选择了！

申请过程令人精疲力竭：包括类似于 GMAT（经企管理研究生入学考试）的入学考试、与其他申请者一起进行的小组讨论，以及一对一的面试。所幸最后我还是被录取了——这让我松了一口气。我想如果我没有被录取的话，自己大概率会被认为是一个失败的家族异类。

这一次，没人反对女儿上商学院，也没人把这个成就与诺贝尔奖相提并论。事实上，大家觉得这一成就简直是无足轻重。父亲带着我乘坐豪拉邮件火车从马德拉斯到加尔各答，这是一段 1 600 千米的旅程。

我超级兴奋，但同时未知的将来也令我忐忑不安。

02

求学耶鲁：尊重手里的机会

1974年8月，我抵达加尔各答，此时这座城市的面积是马德拉斯的两倍，也是世界上人口最密集的地区之一。加尔各答是印度的政治中心，也是英国在印度设计的第一个首都。我和父亲带着两个小行李箱和一个旧手提包，坐着出租车，一路摇摇晃晃地从火车站到学校。城市拥挤不堪，公共汽车和小汽车在繁忙的道路上疾驰。我人生中第一次听到了孟加拉语——这是当地的语言。身边的一切都热闹非凡。

跟建筑大师路易斯·卡恩设计的艾哈迈达巴德分校不同，加尔各答分校只有几座低矮的建筑，位于巴勒克布尔公路干线上。这条曾经的古代商道现在已经变成一条繁忙的四车道高速公路。灰色教学楼很不起眼，教室的墙漆剥落，家具磨损，头顶上的风扇吱吱作响。图书馆坐落在一座名为"翡翠庄园"的破旧的19世纪宅邸里。在季风季节，所有地方都被淹没在齐踝深的水里。这里的环境实在是不怎么鼓舞人心。

我所在的第十一届商科硕士项目的班上仅有六名女生。我们这个六人小团体,加上第十届班上的六位女生挤在一间宿舍里。宿舍非常朴素,简单地放了几件家具,走廊尽头有一间公共浴室。我们在公共食堂和200位男性同学一起就餐,三餐时间极其固定,且没有任何零食。学生们偶尔会偷跑到当地的小餐馆去来点儿咖啡或甜食。

的确,加尔各答分校的环境和食物都相当简陋,跟马德拉斯的家里比起来差异巨大。但是这一切没有给我带来丝毫困扰——一想到自己是在最负盛名的印度管理学院加尔各答分校学习,我就会感觉热情高涨。唯一的遗憾就是我离萨萨太远,91岁的他已经越来越衰弱。我一次次地打电话回家,只为和他聊聊天、说说话。

但是最终我还是离开家了,我没有时间可以浪费了。我花了三年时间,在MCC获得了化学学士学位及良好的思考方式。我深信只要我足够努力,就没有我学不会的课程;我也深信,自己一定不能倒下,一定不能给家族带来耻辱。当然,学习的过程会非常艰难,但我会全力以赴来完成。

那时候我只是一个18岁的女孩,而我的许多同学已经20岁出头。他们大多来自印度理工学院[①]的工程系,而且已经完成了5年的专业学习。我们彼此的家庭背景几乎一致——几乎都来自大城市的中产阶级家庭,英语流利,从一出生就被教育要在学校出类拔萃。我们都上过顶级大学,几乎没人有过工作经验。同学们都开朗且博学,喜欢穿牛仔裤和T恤。大家一起出游、弹奏吉他或谈论政治话题。他们听平克·弗洛伊德、齐柏林飞艇或深紫乐队的音乐,打扑克、喝酒、抽大麻(这在当时很常见)。

---

① 印度理工学院是印度最好的理工类大学,声誉卓著,录取率极低。——译者注

第一选择

我所在的印度管理学院加尔各答分校由政府在美国麻省理工学院的帮助下，于1961年建立。学校斗志昂扬，致力于发展高水平的数学和统计学。我在倾向于社会主义的印度长大，但印度热衷于在这样的学校里培养迎接民主和资本主义的未来的下一代。

我们学校的MBA（工商管理硕士）课程是非常典型的两年学制。第一年上完必修课，第二年则是选修课。我们需要研习金融、营销、运营、战略、经济、团队动力学——所有课程都是以量化分析的方式教授。我们学习供应链管理、标准工厂日程安排、重新制订多个配销中心的生产计划，还为一个综合型的卡车车队准备了路线系统。我们的老师都极其优秀，他们在各自的领域也都享有盛名，还能与学生们融洽相处。

其中的一门必修课是计算机主板布线。在此之前我从未用过计算机，而且加尔各答只有两台System/360大型计算机[①]。我们会得到一张3英尺×3英尺的点阵网格纸，然后必须解决这样一个问题：首先我们需要创建一个流程图，然后用福传语言[②]编写一个程序，再将其转换成一个适用于计算机主板的线路图。对那些电气工程师来说，处理这些任务就跟自然天性一般，而它们对我来说艰难无比。我们所有人的解决方案会被带走，穿过整个城市，输入位于印度统计研究院的System/360计算机。如果线路图是正确的，我们就能得到问题的答案；如果错了，这门课就没有学分。我完全不知道这门

---

① System/360是IBM在1964年4月7日推出的划时代的大型计算机，1964年以前，计算机厂商要针对每种主机量身定做操作系统，而System/360的问世代表着世界上的计算机有了一种共同的交互方式，它们都共享代号为OS/360的操作系统。——译者注
② 福传语言（FORTRAN）：Formula Translation的缩写，意为"公式翻译"。由美国著名的计算机先驱人物约翰·巴克斯开发，这是世界上第一种高级编程语言，适用于数值计算，也为现代软件开发奠定了基础。——译者注

课的用处在哪。

在某些课程上,我苦苦挣扎,但与此同时,我在另外一些课程上就显得游刃有余。我在各种谈话的旋涡中长大,早已学会在众人面前辩论哲学问题。因为萨萨的眼睛容易疲劳,他经常让我给他朗读报纸。我以为我是在帮助祖父,但其实这些报纸萨萨早就读完了,他让我读报给他听只是为了确保我了解时事。

我在马德拉斯上高中时,作为青少年代表,我曾被邀请参加过三个由印度政府和国际发展组织主办的更高级别的学生会议。我对怎么进入代表名单一无所知,但我猜测推荐我的人是 R.K. 巴拉坦,他是一家化学公司的 CEO,曾担任马德拉斯学生辩论赛的评委。有时他会把我拉到一边,给我一些改进表现的建议,所以我猜他应该是在我身上看到了某些闪光点。除了这个,我想不出任何我居然能入选的理由。1971 年 3 月,作为两名印度学生代表之一,我参加了在新德里举办的亚洲青年论坛,议题是国家怎样制定与青年有关的政策。这次论坛包含了一系列关于未来健康、教育、亚洲一体化及青年参与的课程与讨论,与会代表分别来自印度尼西亚、马来西亚、日本、斯里兰卡和其他几个国家。

论坛的最后一天,我们去了金碧辉煌、面积巨大的印度总统府,在总统办公室与吉里总统一起喝茶。我至今还保留着那张金色浮雕请帖,它印有印度国徽,我的名字被手写在顶端——英德拉·克里希纳穆尔蒂小姐。

也是在那一年,我被选中参与莱斯利·萨赫尼(Leslie Sawhny)民主培训项目。该项目在一个偏远的、绿树成荫的军营进行,有更多关于印度历史、宪法、选举自由及媒体的课程和讨论,包括法学家纳尼·帕尔基瓦拉在内的与会专家们在会谈结束后都留在了这个

第一选择

项目中。最令我记忆犹新的是约翰·达尔维准将，他非常了解20世纪40年代中期印度和巴基斯坦之间划定边界的过程。这位英俊而严肃的将军一边讲述着分裂时期的斗争故事，一边一根接一根地抽烟。这一切让围坐在户外篝火旁谈天的内容精彩无比。

我还被选中参加在新德里举行的全国一体化研讨会。在新德里，我们聚焦在一系列与统一印度相关的问题上。哪些问题是邦的问题？哪些问题是联邦的问题？为什么国家的统一如此重要？那一周我们甚至还与印度总理英迪拉·甘地一起喝茶聊天，这真是难忘的高光时刻。

每次研讨会的意图都是培养未来的印度领导人，让他们了解有关法治、资本主义和国家协作的原则。当印度缓慢地向成熟的自由市场民主制度过渡时，这些内容就显得高瞻远瞩且极为必要。上述经历让我的视野更加开阔，基础知识更为扎实，我也更好地理解了这个国家和我的使命所在。

在印度管理学院加尔各答分校的第一学年年末，我得到了在印度原子能部的暑期实习机会。这份工作需要我去孟买。

马德拉斯很安静，加尔各答政治氛围浓厚，西海岸的孟买则是印度的商业中心——这座城市满是高楼大厦和闪亮的公寓。商店都营业到很晚，路上挤满了行色匆匆的上班族。我看到了不可思议的一幕：印度送餐工人们头戴白色帽子，身穿条纹工作服，搭乘自行车、火车或公共汽车，每天将成千上万人的午餐从家里递送到办公室。他们精心调整后的配送系统，现在已经成为世界各地商学院研究物流管理的热门案例。

我乘坐双层巴士去上班，工作地点位于繁华的海滨和孟买印度门附近。中午我会和商学院的朋友见面，周末也会和他们打桥牌。

睡觉则在拉利塔阿姨和哈兰叔叔位于孟买郊区锡安的公寓沙发上解决。他们对我疼爱有加，告诉我父母他们会对我负责到底。我也从未违反过他们制定的晚上 7 点前到家的宵禁令。

我的团队伙伴是印度管理学院艾哈迈达巴德分校的一名学生，我们俩需要核查 6 座核电站的建设时间表，以确认哪些能够按时完工。为了弄明白延迟的原因和制定新的日程安排，在 3 个多月的时间里，我们详细研究了成百上千份各个工厂的设备及工程服务清单。这是一个让人精疲力竭的过程，但我认为供应商和合作伙伴对其所面临的问题给出的评价是真实的，实际上的确是举步维艰。一些发达国家希望从昂贵、老旧且有缺陷的设计中榨取更多利润，于是没有把最先进的技术应用于新兴市场。我们还了解到，大型政府项目的效率十分低下。

这次实习让我对商业与社会之间的相互依赖关系有了更加清晰的聚焦，也让我深信 MBA 学生可以在帮助政府方面发挥建设性的作用。但是，我对于发达国家支持新兴市场的动机并不感到乐观。

6 月中旬的一天晚上，父亲打来电话说我们深爱的萨萨中风了，生命危在旦夕。他告诉我，萨萨躺在沙发上已经不能言语，身体左侧无法动弹。我能想象那样的画面：在家里的男性会客厅，我的父母、姐姐和弟弟照顾着萨萨，身旁的家人和朋友们心急如焚。我立刻订了第二天早上 6 点飞往马德拉斯的航班。

上午 9 点，我坐在从机场赶回家的出租车后座上。在离房子半英里的地方，我看到萨萨的葬礼队伍经过，我父亲赤裸着上身，穿着腰布和他的传统服饰，身后是一群我们家族的男性成员。父亲拿着一个装满了煤灰的陶罐。

没能与萨萨说再见让我崩溃。当我回到家时，令我更愤怒的是，家人们都没有等我就把萨萨的遗体搬走了。那时，有一位印度教士正在做葬礼祈祷，他打破了古老的传统，让我跟着他去了男性才能去的火葬场现场。但是一切都太迟了，我到达那里时，父亲已经点燃火葬柴堆。最终仍无法见到萨萨的我注视了一会儿燃烧的火焰，离开了现场——泪如雨下。直到今天，那一幕仍然深深地印在我的脑海里，这段记忆充斥着巨大的伤痛。

我回到家，和亲戚们围坐在一起，追忆着萨萨的一生。我回忆起他教给我的点点滴滴："接受意味着全力以赴"和"有诺必践"。可靠是萨萨一生的信条。

萨萨喜欢说自己一生都在学习。"虽然我已经80多岁，但和你们一样，我仍然是一名学生。"他说，"如果我停止学习，我的大脑就会开始萎缩，身体也会随之变差。"

如果他发现我们游手好闲，他会说："懒汉吃大亏。"这句话一直勉励着我。直到今天，我始终努力不让时间白白流逝。萨萨仍然是我最伟大的老师，我进入成人世界后依然会经常受益于他曾教授我的人生课程，我对工作的执着、面对挑战时的果敢都来自他的鼓励。

我接受了萨萨的离开，尽管我仍对他想念万分。在很长一段时间里，我们都让萨萨的房间——那个他与我们度过大半生的地方一直保留原样。有时我会走进房间找萨萨倾诉，然后才会想起他已经不在了。

当我在秋天返校时，学校已经搬到位于加尔各答南郊佐卡的全新的现代化校园。暑期在孟买的那间正规的办公室里与各种现实问题打交道的几个月让我产生了一个想法：对毫无工作经验的青少年来说，直接进入商学院是否太早？但事到如今再疑虑这个已经晚了，我的研究生课程已过半。

我开始思考人们如何购物、广告及决策背后的科学,我对这一切产生了浓厚的兴趣,于是我决定主修市场营销。你将如何创新?你如何才能让产品抓住消费者?我选修了消费者洞察、销售分析和组织行为学,每一门课程都具有强大的吸引力。

新的女生宿舍提供的全是单人间,有着宽敞的公共浴室,可容纳的一年级学生人数也稍多了一些。我与其中三位来自德里的女生苏加塔·兰巴、妮希·卢斯拉和曼吉拉·班纳吉成了好朋友。我们的业余生活开始无比丰富多彩:玩了许多场桥牌和乒乓球,还一起和男性朋友去了当地的许多地方。我们变得更加成熟自信。我们也一起学习,相互鼓励着通过那些极难的课程。

我必须在学习上出类拔萃才行。银行、咨询公司、政府机构和行业精英很快就会手握稳定的工作机会出现,他们当然也会审查我们的成绩卡并与我们面谈。印度管理学院加尔各答分校的毕业生是令人羡慕的群体,但我并不是那些著名公司要挑选的"尖子生"。我只能算作一名不错的市场营销专业学生,正在寻找一份兼具优秀培训机制和好老板的工作。

我报名参加了梅图尔·比尔兹尔(Mettur Beardsell)的面试,这是一家位于马德拉斯的纺织公司,隶属于英国曼彻斯特的图塔尔纺织公司(Tootal)。我的面试官是市场总监 S. L. 拉奥和一位人力资源主管。

拉奥先生因其才华、冷酷和对平庸的低容忍度而闻名。他的提问犹如连珠炮一般,也会给予同样快速和严厉的反馈。面试按小组进行,每组开始时约 20 人,然后逐渐淘汰。我在第三轮也是最后一轮面试后离开了,不知道自己的表现如何。

我当晚就接到了人力资源办公室的电话叫我回去,当我得知拉奥先生愿意给我提供一个职位时,我惊呆了。我随即决定放弃其他公司的既定面试。要知道,既能回到故乡马德拉斯,又可以跟着拉奥先生学习,这诱惑的确让人难以拒绝。

许久以后,我问拉奥先生为什么会选择我。他告诉我,当其他面试者竭力留下最佳印象时,我仍然坚持自己的立场,尽管他们试图说服我、打断我,但我从未屈服。

在印度管理学院加尔各答分校,我和男性一起上学,由男性老师教授知识,学习男性的工作方式,以进入那些由男性主导的行业。但是,随着女性运动思潮在全球的扩散,和我一起学习的女性明显地感觉学习氛围越来越舒服。我们有机会畅所欲言,也能受到他人的尊重。没有人把我们视为竞争对手,老师和同学们都希望我们成功。我们曾经是异类——作为第一代进入管理学院和商界的女性,我们是如此独一无二,我们也深知自己未来将面对更大的挑战。

二战后,印度鼓励妇女上学并获得学位。印度的首任总理贾瓦哈拉尔·尼赫鲁在所有社会阶层都大力推行这一政策,目的是提高贫困妇女的识字率,同时不分性别地挖掘最聪明的人才。但年轻女性仍然会受到传统家庭观念和经济状况的限制,不管她们的兄弟能力如何,总是会被放在优先位置。我母亲家有三男五女,她们家的家庭状况只能供姐妹中的一人上大学。不幸的是,我母亲输了。她毫不讳言她对此十分失望,还会夸张地补充说:"我们一定会确保你上大学,即使你父亲和我需要不吃不喝来支付你的学费也在所不惜。"

就算女性从学校中毕业,社会对她的期待仍然是结婚生子、经营家庭,从夫家获取安全保障。女性外出工作往往会令人不满。许多职业为教师、文员、护士或售货员的女性只要一找到合适的伴侣就会辞职。少数女性（尤其是那些来自思想进步或者经济拮据家庭的英裔印度女性）会继续她们的职业生涯。相比之下，婆罗门妇女则不大可能外出工作，即使她们受过高等教育。

一项对比研究表明，印度人尊重并崇拜女性，而且"母亲"仍然是家族中最受尊敬的人。但是，母亲总会以一种奇怪的方式被忽视——无偿和辛勤地为家庭奉献一切，即使在丈夫退休后也得继续如此。似乎没有人对此提出太多疑问，尽管对整个社会来说，母亲的奉献是一切的基石。

我的榜样是几位手握实权的女性。其中最著名的是英迪拉·甘地，她于1966—1977年、1980—1984年两次出任总理，于1984年被暗杀。她的政治主张充满争议，但是我们热爱她赋予印度的个性与优雅。英迪拉·甘地是尼赫鲁的女儿。尼赫鲁的妹妹维贾雅·拉克什米·潘迪特也是一位重要人物，她曾担任联合国大会主席，并在不同时期分别担任印度驻苏联、美国和英国的大使。

在我自己的人生轨道里，所有的那些女教师、学校管理人员和修女——内森修女、本尼迪克特修女、尼格利小姐、皮斯小姐、米纳克什小姐、萨拉瓦蒂小姐、约巴德夫人及其他女性，都向我展示了受过教育的职业女性的良好形象。然而在MCC，只有我的法语教授和化学教授是女性。而到了印度管理学院加尔各答分校之后，这里连一名女教授都没有。

当我和钱德瑞卡上大学时，我的父母和祖父母看到这样一种现象：大家更能够接受女性和男性同台竞争了。如果我们选择像很多朋友那样结婚生子，他们不会有任何疑问；如果我们想在职业生涯中向前一步，他们也绝不会阻止。事实上，他们还很鼓励我们前进。

我们真的很幸运，可以一直坚持自己的雄心壮志。

尽管贫穷、暴力还有古老的男权文化会带来重重阻碍，但在当今世界，教育仍然是提高女性地位的根本所在。教育带来的好处是无穷无尽的，受过教育的女孩或妇女会更加健康，可以对经济做出更多贡献，也几乎不会在自己都还是个孩子的时候选择生育。她们完全可以成为自己社群的领导人。

在发展中国家，那些受过教育的女孩也不太可能在十几岁时就嫁人。其中一部分原因是，教育会带来自信与智慧，她们在家庭中的地位会水涨船高，而且更会受到家人们的珍视。

但是，教育女孩和妇女，并且让她们知道在拿到学位之后拥有更多选择，不仅是发展中国家需要考虑的事情。尽管在美国、欧洲国家和印度的大学和社区学院里挤满了诸多获得学位的女性，但我们仍然没有铺平道路，让最优秀、最聪明的女性担任那些让她们受益、让社会更加繁荣的职位。

尽管那时的我已经拿到管理学硕士学位——这是当时印度管理学院加尔各答分校的叫法，在20世纪70年代的印度，没有哪种职业可以让我一上来就坐进办公室，新人总是需要从一线工作开始。为了梅图尔·比尔兹尔纺织公司，我回到了孟买，在亚历山大缝纫线部门参加了为期6个月的销售培训。那时，我差4个月满21岁。

我记住了公司生产的每种工业和民用缝纫线的颜色编码。我研究了线该如何穿过缝纫机，它们在洗涤时的表现如何，以及哪些类型的线会缩水。无论材质是棉、丝还是聚酯纤维，无论织法是单股、双股还是三股，我对它们的用途和成本都已经非常了解。就这样，我开始了这份全新的工作。

然后，我把样品的袋子扛在肩上，艰难地拜访了整个城市的裁缝和服装制造商。他们是庞大的印度服装出口业齿轮中的重要一环。其中有些是大客户，但更多的是只有五六台机器的小商户，批量生产T恤或马德拉斯布格子披肩、宽松棉质短裤和前面有纽扣的带领衬衫。如果我卖的蓝色缝纫线掉色，或者和蓝色布料不够匹配，就会遭到店员的斥责。那时我还不会说当地的马拉地语，印地语水平也只有初级，但我还是想方设法与大家交流。

挨家挨户推销是一段让人脸红的经历，也让我永远难以忘怀。对那些在服装商店里的裁缝来说，我可能帮助他们交付佳作，但也可能搞砸他们的下一个订单。我明白了商业是从一针一线开始，也明白了顾客是我永远的责任所在。他们购买的不仅是我的产品，还有我的承诺——我必须仔细聆听并为他们提供服务。

我渴望着下一次成交。我擅长销售，享受和不同的人见面，听他们聊自己的工作。大家会试图教我他们的语言、向我展示家人的照片。我开始了解我的客户们，他们都是谦逊、勤奋、有一技之长的人。

我只是不喜欢艰难跋涉，尤其是在季风季节，有一些街道的雨水会一直淹到我的膝盖处。

6个月后，我被调到了梅图尔·比尔兹尔公司在马德拉斯的总部，担任纺织产品助理经理。现在，我在办公室里拥有了一张桌子和一个共用的秘书。我的直属领导是一位产品经理，他是一个强硬但有趣的人，相信延展性任务能助力员工快速成长、挑战自我。我们公司的主要产品原本是专业的白色平纹细布和上等棉布，现在我需要帮助他把重心更多地转移到彩色和印花面料上。

最初的几周很艰难。我干过销售、制造、人力资源和财务，但现在我必须帮忙选择下一季的色板和印花样品。销售部门需要我们在 30 天内做出决定，这样才可以在假期开始销售这些产品。

作为开始的第一步，我要求查看我们在过去几年里生产的所有产品的样品。这样就能确保我没有重复旧的设计，而且我也能知道做得好和失败了的产品是什么样的。我的新助手指着屋子中间的一个大柜子对我说："都在里面。"多年来的样品随意地塞在柜子里面。我卷起衣袖，把所有东西都掏出来，然后盘腿坐在地板上整理。

正在那时，拉奥先生的新上司、印度分公司的新总经理过来了。他刚从曼彻斯特搬来，想认识公司从管理学院招聘的第一位女性。一位坐在工位上的同事指了指我。

身高 1.93 米、满头白发的诺曼·韦德抽着烟斗信步走来，低头盯着坐在地板上的我，很明显他以为我疯了。这是我们的第一次会面，这个英国人后来成了我最有力的支持者之一，引导我度过了接下来的几年。诺曼穿着传统的英国西装，坐着一辆配有司机的白色奔驰在城中穿梭。他把我介绍给他的妻子艾丽斯，跟我谈论他在英国的成年子女们，以及他来印度之前在麦克莱斯菲尔德的生活。他总是叫我"亲爱的"。最终他还给出了让我移居美国的建议。

一天，诺曼不请自来，到我家跟我的父母会面。从那以后，他经常出现在阿妈的咖啡聚会中，坐在秋千上和我父亲长谈。在某种意义上，我认为他在我们这个印度家庭中找到了家的感觉。但于我而言，被比我高三级的上司关注实在并不轻松。我也知道，当诺曼停在我办公桌前和我聊天时，会让某些人心烦意乱。然而我对此无能为力。

我在梅图尔·比尔兹尔公司非常勤奋。连续数月，我带着样品册和价目表与销售人员一起拜访那些货架上摆满了印花和彩色织物的马德拉斯纺织品批发商，以便批量销售我们的产品。我必须和客户们坐在一起,喝咖啡、吃甜点或小吃,有时一天内要拜访六七个不同的店铺。我会花时间向他们介绍我们的系列产品,将它们与不同颜色的衬衫相配,以展示其魅力所在。客户们非常尊重我,因为我是他们见到的唯一一位做这种工作的女性。有趣的是,他们中的一些人(或者他们的妻子)设法找到了我的父母,并送来了一些男孩的生辰天宫图,他们认为这些男孩可以是我的好丈夫人选。

我们的竞争对手是印度北部技术更先进的面料工厂。我们的平面设计师负责展示各种图案——花朵、条纹、几何图形,我则从旁协助,挑选出那些适用于生产服装、裙子或衬衫的图案和流行色。每6周我都会去一趟英法纺织厂进行质量监控,这是我们在本地洽里的生产伙伴。我会在晚上11点搭上公共汽车,这种汽车会在各个城镇停留,行驶缓慢,我需要花上整整一夜,直到第二天早上6点半才能抵达目的地。通常我会在工厂的客房里洗个澡,喝杯咖啡,花一天的时间检查那些从生产线上下来的织物,以确保印花清晰、边缘不模糊。

我了解五色和六色丝网印刷工艺、滚筒印刷工艺及其不同的完工效果,因此如果有问题,在大订单开始量产前,我就会喊停。这个行业高度依赖于对细节的把控,我会表现出自己对高质量印刷的浓厚兴趣,由此来尝试确立标准。最让我觉得难办的是,在拒绝那些没达到我的标准的成品时,会刺伤工人们的心,因为他们会为没达到我的要求而愧疚。下午3点,我会坐公交车原路返回,大约晚上8点到达马德拉斯。那些日子真的十分漫长。

在梅图尔·比尔兹尔公司工作的这段经历让我收获良多——我所承担的责任、拥有的权力和拿到的薪资让我相信自己可以进入全新的领域并获得成功。我的收入不错,而且像父亲一直以来所做的那样，我把大部分薪水都给了母亲做家用。不过，我的第一份薪水大部分花在了南杜身上，我给他买了一辆红色自行车。那时南杜大约 13 岁，我真的很疼爱他。至今我还记得他收到自行车时的表情，在那一刻，我觉得自己是全世界最棒的人。

这份工作还有一些额外的福利，汽车补贴也包括在内。我用津贴买了一辆二手的凯旋使者四门手动挡汽车，它有着猎人绿色的车身和灰褐色的内饰。平时我自己开车上班，到了周末，朋友和南杜则会陪着我，听着车载广播四处兜风。我们会在树荫下飞驰，然后去伍德兰德的汽车餐厅。这家餐厅极受欢迎，服务员们拿着托盘在摇下车窗的汽车间匆忙穿行。

一如既往，22 岁的我并不自由。阿妈严格限制了我的汽油花销，而且要求我周末也必须在晚上 7 点前回家。我住在童年时的卧室，负责自己那份家务。在马德拉斯的传统观念中，绝不允许单身女性独自生活。整栋房子的运转方式数年如一日，阿妈烧饭、打理花园，南杜和他的朋友们在这里进进出出，爸爸做自己的事。钱德瑞卡在孟买花旗银行的新工作蒸蒸日上，她和她的一帮好友们住在公寓，那里的限制可比家里少多了。

只有一点不一样了，萨萨去世后，他那舒适通风的房间变成了大家的休息室。那张长沙发上再次被一张美丽的印花织物覆盖。黑白电视机于 1975 年出现在马德拉斯，我们也买了一台。尽管节目少得可怜，我们的"周末影院"仍然人山人海，女佣和园丁的家人也会来。

还有一个变化，1977 年年末，在我感觉工作相当顺利的时候，印度南部的多个纺织厂发生罢工，这导致我们的工厂直接停产，所有的工作都停摆了。工人们从梅图尔的主生产厂来到马德拉斯静坐抗议，要求管理层听取他们的要求。与此同时，我的工作也陷入了停滞。

大约就在这个时期，可能因为我毕业于印度管理学院加尔各答分校，强生——一家主要从事医疗设备和消费品的公司给我打来电话。他们负责个人产品的高管 C.V. 沙非常精明能干，在与他进行了一次面谈之后，强生公司向我提供了一份在孟买的产品经理工作，主要负责在印度推广娇爽的 Stayfree 系列卫生巾。

诺曼鼓励我接受这份工作。他告诉我，对于我的离开，他会感到难过，但更期待看到我的发展。

1977 年 10 月，我又搬回了孟买。我在强生公司办公室附近的一户人家那里租了一间带家具和卫生间的小卧室。这个家庭也给我立下了严格的规定，要求我晚上 7 点半前必须回家。如果我预计会晚于这个时间回去，我必须提前打电话解释原因。晚归是极其不好的行为，因为他们认为自己有责任确保我的安全。

从事业角度说，这是我第一次进入美国公司。强生在印度的总部办公楼相当宏伟，办公室装修得十分豪华，还会为高管提供相当不错的额外福利。我的收入是以前的两倍，不过我后来也发现，这份工作的工作时长比我在梅图尔·比尔兹尔的工作时长长得多，有时连周末也得搭进去，而这对美资的跨国公司来说很正常。

在那时的印度，女性在经期所需的包装类产品被认为是没必要且昂贵的。大多数妇女会把几块布料叠成一沓，或者把一块布料叠成几折，清洗、晾干后重复使用。强生公司此时已经将娇爽的 Carefree 系列卫生巾推向市场，Stayfree 系列是 Carefree 系列的升级款，这款卫生巾带有粘胶，可以粘贴在内裤上一次性使用。这一产品在美国已经销售了近 10 年，为女性提供了一种全新的自由。

为了让产品在印度能被广泛接受，娇爽的印度团队需要大力度改良产品。卫生巾的每一层都必须由恰到好处的吸收和防水材质制成，这样才能适配印度市场和当地女性的贴身衣物。印度的空气潮湿，这意味着连粘胶的材料都必须更换。包装盒上的女性模特正在海边散步，长发飘飘、身着粉红连衣裙。盒子上的颜色也必须跟全球同系列保持一致。

我们进行了大量研究，邀请了办公室里的数十位女性和她们的熟人，请她们使用一片卫生巾，再将其留在洗手间，以便我观察卫生巾的变形和吸水程度。这样的要求很尴尬，但是好在很多女性信任我们并照做了。我希望这款面向印度市场的卫生巾是柔软亲肤的，并且舒适到恍若无物。这件产品让我有一种使命感，那就是女性可以从不舒服的布料中解放出来，生活质量能因此有些许提升，这应该也是某种形式的解放运动。

我的老板们全是男性，我得定期向他们解释我的研究和进展。这种对话产生的感觉对我来说真是极其微妙，但这些男性会专注地倾听并提出建设性的建议，他们知道这只是工作内容而已。

在当时的印度，给女性个人用品打广告是一种禁忌。我们只能浮于表面地谈论"使用体验"，去学校向年轻的女性解释产品的好处，还要说服父母，特别是母亲们，为她们女儿的"自由"买单。此外还有一个问题：商店里绝不会陈列或谈论我们的产品，它们被藏在柜台后面，用报纸裹上后才会递给顾客。

需要购买卫生巾的女性通常会等商店清场后，才快速而小声地告知店员（几乎都是男人），她想要私人物品。店员明白这是什么意思，但有时会发出某种意味的笑容，让人很不自在。那时的印度没有自助商店。

尽管障碍重重，但在不到7个月的时间里，娇爽的Stayfree卫生巾被我们引入了两个试销市场。我觉得我的努力终于得到了回报。

当我在梅图尔·比尔兹尔和强生忙得不可开交时，我的许多朋友（都是男性）离开印度去了美国，到加利福尼亚州、伊利诺伊州、得克萨斯州和明尼苏达州的大学深造。美国对年轻人有特殊的吸引力，被视为文化和创新的中心。我们听美国音乐，看美国电影，读美国新闻。

去美国攻读硕士和博士，然后开启精彩的职业生涯，这是许多印度理工学院精英学生的选择。从某种意义上说，美国收获了印度顶尖的一批学生，尽管这些学生曾在由印度政府资助的优秀机构中接受教育。这是不容忽视的人才流失，而且不幸的是，这种现象到今天仍在持续。让我惊讶的是，印度政府至今仍未发展更多的创业生态系统，以激励人才留在自己的国家。

从印度管理学院加尔各答分校毕业后，我也一直能感受到朋友们都在向美国迁徙。但是我也很快意识到我并没有去美国的切实理由。

我在美国能做什么呢？

印度的天气非常炎热，但是没有哪里的夏天能比马德拉斯潮湿的夏季更让人难以忍受。10多岁时，钱德瑞卡和我发现英国和美国领事馆的图书馆空调制冷效果相当不错，我们常常在那里躲避酷暑，也相当喜欢馆藏的来自国外的全套出版物，包括杂志、报纸和书籍。

1977年12月，在马德拉斯休假期间，我像往常一样从家出发步行1英里到美国领事馆的图书馆。我开始浏览过期的杂志，1976年9月的《新闻周刊》以吉米·卡特和杰拉尔德·福特为封面。在这期杂志上，我读到了一篇名为"差异的阴影"的文章，主题是关于耶鲁大学新成立的商学院，内容主要聚焦于公私营机构管理。

这篇文章仿佛在与我对话。我一直对于从事跨国业务很感兴趣，但又觉得自己在美国找到工作的概率很低。我也一直在思考，获得一所美国院校的学位也许是向前迈进的最佳途径，但我确实很抗拒再读一个学位。那些我曾经参加过的课程、暑期实习项目激发了我对于公私营部门相互依存的思考。耶鲁应该可以创造一种可能性，把那些我曾经渴望更深入了解的内容融合起来。

在接下来的几个月里，我向耶鲁大学递交了申请，参加了GMAT考试。我告诉了父母这件事，但没人对此持乐观态度。直到我收到录取通知书也没人真正在意。我们根本负担不起这笔开支。

几周后，另一封信到了。耶鲁决定给我提供经济援助：学校为我提供学费50%的助学贷款，20%的学费我需要参与勤工俭学项目自己挣取，剩余部分则直接作为奖学金减免。忽然之间，整个家庭被一种兴奋和紧张的情绪席卷。我可能真的会离开印度——父亲对此感到相当骄傲，母亲则对我要离家那么远而感到恐慌。

意料之中，父母都担心我如何才能偿还得上那些贷款。如果将其换算成印度卢比，我毕业时欠下的债务将远远超过我父亲的年薪。

1978年5月的一个晚上，诺曼在孟买邀请我共进晚餐。他告诉我，工厂的罢工已经结束。他问我是否愿意回到梅图尔·比尔兹尔公司，这一次我会负责整个纺织部门。这是一次极其重大的晋升，我简直不敢相信自己的耳朵，因为我将掌管的是60%的公司。

我把耶鲁的事告诉了诺曼，然后问他："诺曼，你真的认为我应该放弃耶鲁的录取资格，然后回来为您工作吗？"

他回答说："不，你不应该放弃。你去耶鲁肯定会让我感到失落，但是如果是站在对待女儿的角度给你建议，我会说去吧。"

这在我心中是真正的师徒关系。诺曼在印度已经到了被强制退休的年纪，他一定想过在回到英国的前几年把我培养成高管。可与此同时，他并不愿意阻碍我的发展，因此很快支持我走上了另一条道路，他是一位真正无私的导师。

诺曼还扮演了另一个关键角色，他说服了我的父母，让他们相信我在美国可以成功。当我告诉父母，诺曼会让我在梅图尔·比尔兹尔担任一个新的重要职务时，他们俩都立即确信我会接受邀请，重返公司。不过当我提到诺曼认为我应该选择耶鲁时，他们也接受了这个想法。我的父母信任诺曼，此时我也意识到，原来他们也同样信任我。

就在我准备离开印度的时候，两位梅图尔·比尔兹尔的老板又做了一件让我至今仍然觉得出乎意料的事情。

当时，美国驻马德拉斯领事馆每天会批准大约50份赴美学生的签证申请，同时也会拒绝超过半数的申请人。我的面试官是詹姆斯·托德，这让我非常紧张。这位面试官在质询方面是出了名的强硬，所有像我这样的想去美国的学生都很害怕碰到他。当时的申请机制要求大家必须在领事馆建筑群外的教堂路从晚上9点开始排队，我们必须等上整整一夜，才能在早上6点从托德警官那里领到通行许可。我排队的那晚周围空空荡荡，旁边只有一堵可以倚靠一下的墙。晚上10点，大约已有60位排队者，大家都紧张地拿着装有录取通知书的文件夹，忐忑于未来的命运。我是其中唯一的女性。

然后，每隔几个小时，诺曼和拉奥先生就会轮番带着食物和鼓励出现。这让不断壮大的队伍里的其他人目瞪口呆又印象深刻。晚上11点，诺曼坐在他闪亮的白色奔驰轿车里，递给我一瓶热咖啡，并问我是否还需要其他东西。凌晨2点，他的司机又带了一瓶咖啡回到这里。早上5点,拉奥先生为我送来早餐,并祝我好运。我永远不会忘记这两位男士给予我的爱。我拿到了通行许可,随后托德警官也把签证交给了我。

1978年8月,我父母陪我去了孟买,送我坐上了泛美航空飞往美国的航班。数月来,我常常在夜里听到他们讨论我的这一决定的利弊,我想父亲应该最终说服了我母亲,让我展翅翱翔。尽管我走的当天他们表现得若无其事,还兴冲冲地给我鼓励,但我可以想象,当他们看到女儿远走他乡时,会承受多么巨大的忧伤。阿妈后来告诉我,他们曾经悄悄一起抹眼泪。我的伯母、伯父和几个堂兄弟也一起到了机场,为我举行了一场家庭告别仪式。我不知道以后还能不能见到这些亲人,这让我很难过,但最让我伤心的还是与弟弟南杜的分离。

与此同时,我真的好希望萨萨能再出现在这里跟我说再见。

03

如果他们不能录用真正的你，那这是他们的损失，做你自己

在孟买至纽约的航程中，有两件事情让我记忆犹新。第一件是机上音乐，这架波音747SP一路向西，飞越中东、欧洲和大西洋。泛美航空的现代流行音乐频道每45分钟就会循环播放一次所有曲目，包括詹姆斯·泰勒的《多面手》、阿特·加芬克尔的《多么美好的世界》、艾尔·斯图尔特的《猫年》和比吉斯乐队的《活着》等，所有歌曲我循环听了至少15遍。

第二个记忆来自一位年轻的美国商人。我们在经济舱休息室相遇，这其实是一个立式酒吧，位于飞机中部。我可以在那里伸展腿脚，吃点儿薯条和花生。当我告诉他我即将去康涅狄格州的耶鲁大学时，他平静地说："听着，我要帮你一件事。康涅狄格州被称为'Connett-ih-cut'，而不是'Conneck-tih-cut'。"他非常仔细地帮我纠正发音，在那之前我从未听过这个州名的读音，也并不知道它的发音方式跟单词的拼写不同。于我而言，这是我无法忘怀的来自陌生人的善意。

当我降落在约翰·肯尼迪机场时，我惊呆了：停机坪上排列着

无数架飞机,玻璃建筑里有成百上千的、来自世界各地的人穿行其间,一切都是那么整洁有序。我找到了去康涅狄格州的机场班车柜台,和其他几个乘客一起坐进了一辆类似旅行车的小车。当我们默默地沿着95号州际公路行驶时,我惊叹于周围的一切是如此的秩序井然:干净的高速公路、畅通的车流,没有人鸣笛,没有动物在路上游荡。于我而言,一切是如此的不同与陌生。当我们从纽约州进入康涅狄格州时,司机大声宣布:"欢迎来到美国最大的州!"

大约两个小时后,我在耶鲁大学国际学生办公室前下车,当时它就在纽黑文市坦普尔街和特兰伯尔街的拐角处。那是一个周六的中午,街上空无一人。我带着一个鼓鼓囊囊的、没有轮子的手提箱,里面装满了纱丽、衬衫、裤子和一套床单,以及一个装满书籍的随身包,还有450美元现金。在路上我已经花掉了50美元。

下午晚些时候,我带着行李在六个街区中徘徊了两次。此时我独自坐在宿舍里一张光秃秃的床上,房间的天花板很高。宿舍位于研究生楼,建于20世纪30年代,采用了耶鲁哥特式风格:带拱形屋顶的大厅、花窗玻璃,是一座宏伟的14层塔楼。由于我提早了两天到校,我的室友们还一个都没有来。四周空空荡荡,没有电话、没有电视,我不知道去哪里买东西,学校食堂还关着门。

这里和印度完全不同,奇怪的是,这里跟我之前预想的也大相径庭。美国真的会这么安静吗?那些吵吵嚷嚷的出租车,还有尖叫不止的消防车去哪了?时尚街道上的时髦人士呢?那些热情友好的面孔呢?原本应该出现的车水马龙在哪里?我人生第一次陷入了深深的孤独和恐惧。

在抵达美国之前,我研究了所有我能接触到的、来自美国的舶来文化,我也曾为美国公司效力,我以为我已经做好万全准备。但

第一选择

是，如今我在各方面都茫然不知所措，泪眼婆娑，内心除了沮丧别无他物。这一切跟我之前的想象太不一样了，我甚至想第二天就乘飞机回家。

当然，我并没有回家，这段旅程才刚刚启航。如今我终于知道，许多移民的美国梦都始于恐惧、敬畏和孤独。

我相信美国梦，因为这也的确是我的故事。作为公司的CEO，我曾坐在英国首相那间建于18世纪的乡间别墅的木质餐厅里，首相问我为什么30年前选择前往美国，而没有选择英国。"原因是，首相先生，"我回答说，"如果我当初去了英国，今天就不可能坐在这里和你共进午餐了。"

未婚的印度女性也能成功。对我身居印度南部的家人来说，20世纪70年代，我能住进新英格兰那间大学宿舍就是最好的证明。从我出生开始，整个家庭对于教育的重视，祖父和父母对我的信任，还有他们敢于向来自整个印度的文化和社会的压力发起挑战的勇气共同促成了我的展翅飞翔。对圣天使学校的修女老师们，还有曾鼓励我的印度同学们，甚至对雄心勃勃、全新独立的印度来说，我的经历也是一种证明。那时印度也刚刚选出了一名女性总理，这意味着女性可以达到任何高度。

时代的浪潮已然到来。科技、旅行还有通信的巨大进步让公司或其他机构走遍世界，发掘新兴市场和盈利机会。商业教育在美国蓬勃发展，对那些像我一样的学生抛出橄榄枝。

我正大光明地来到美国，手握签证，在名牌大学拥有一席之地。这是我的选择，我亦深知我应该为了前途努力奋斗。或许在商业丛林中会有艰难岁月等待着我，我也必须做好准备，接受所有私人或职业生涯的苦痛，潜心耕耘。我有责任尊重手里的机会。

03　如果他们不能录用真正的你，那这是他们的损失，做你自己

这不是一个艰难的移民故事——我并未历经千辛万苦才来到美国，也不需要从贫困、迫害或战争中逃离。我不知道那种祖国水深火热，变成难民并无家可归是怎样的体验。我会说英语，带着500美元到达耶鲁大学。我熟悉和喜爱印度，那里有给我安全感的大家庭，指引着我的回家之路。

尽管如此，我的确能够感觉到，自己和每一位涌入美国的人都有着某种联系。无论彼此的环境如何，我们都决心努力工作，为自己和家人创造更加富足的生活。移民有的恐惧，我也有，这促使我更加努力并融入当地生活。在美国的早期，我希望家人为我，还有我在美国所能触碰的一切感到自豪。虽然那时的我认为自己只是这个国家的过客，但我希望自己能被看作一个正直、可以为社会做出贡献的人，而不仅是一个负担。

在耶鲁的第一个孤独之夜，我血液里的冒险精神慢慢地升腾。我已经环游世界两天，早就饥饿难耐。于是我出门寻找食物，一直走到了距离宿舍一个街区的、位于约克街和百老汇大街拐角处的哇哇便利店。那里的物品、商标还有包装对我来说新奇无比，我不知道怎么购买，因为我从未见过让顾客自选商品并自行前去收银台结账的商店。因此我观察了一阵其他顾客，看他们是怎么做的。那一刻，我最怀念的是印度南部的美食，我想自己应该买一些凝乳，加上一点儿主食来安慰我的脆弱心灵。

在哇哇便利店上下搜寻一番之后，我仍然没有找到凝乳。我不知道美国人把凝乳叫作酸奶，于是我只好用几美元买了一条白面包、一个番茄，再加上一袋薯片。番茄被我压在面包上，我像啃三明治一样吃完了这索然无味且让人不满的一顿饭。我想念我的红辣椒。

第二天一早，幸运之神降临了。一位纤瘦、戴着眼镜的小个子伊朗学生敲响了我的门。他的名字叫穆森·法德马尼什，攻读经济学专业，住在走廊的另一头。热情友好的他让我终于放松下来，穆森说他理解初来乍到的那种孤独。我很快就跟他分享了我的难处，第一件就是没法找到熟悉的食物。

"这样吧，"穆森说，"最简单的方法就是给你一块比萨，再在上面加点儿红辣椒碎。"我们壮着胆子去了街尾的约克赛德比萨餐厅，这是一家典型的纽黑文餐厅——木质用餐区的墙上挂着裱有球队合照的相框。我从未吃过比萨，更别提马苏里拉奶酪了。穆森给我点了一块，但我吃一口就吐了，看来比萨并不适合我。"毫无疑问，你不喜欢比萨，"穆森告诉我，"但你必须适应——比萨是美国人的主食。"

穆森真的是老天的恩赐。在接下来的几周，他帮我申请到了一个邮箱外加一个银行账户。他告诉我外国学生怎样在美国还有耶鲁生活，以及如何让自己的某些背景和新环境合二为一。此外，他教我要把握并享受每一天。"明天总会更好的！"他说。

大概一个月后，我发现作为素食主义者的我，除了沙拉和面包，在硕士生食堂找不到任何可以吃的东西。这太痛苦了。我的体重持续下降，每天都累得要死，学业负担还越来越繁重。我知道我应该做点儿什么了，于是在住房办公室的帮助下，我搬到了几个街区外位于坦普尔街 420 号的海伦哈德利大楼。

海伦哈德利大楼曾经（现在也仍然是）从外表上看起来异常平庸。这栋大楼建于 1958 年，是女性研究生的宿舍。我至今都很疑惑，为什么只有耶鲁的女生被调到了这里。耶鲁大学建筑系极负盛名的教授文森特·斯卡利曾将这里称作"最平庸的晚期现代主义设计"。在耶鲁校园的各种哥特式建筑及用作点缀的格鲁吉亚式建筑群中，甚至在坦普尔街上，这栋楼都是一个令人惊讶的存在。

大楼内部的设计同样刻板：单人间，每个房间带有1平方米的窗户；洗手间在走廊上，每层有两个用来打电话的房间；荧光灯和灰色地板使本就单调的一切变得更加无趣。但是预算紧张的国际硕士和博士生把这里填得满满当当，对我们来说，这座低调的建筑可以让我们把耶鲁校园和家的舒适链接起来。每层楼都有的大厨房和餐厅为沉闷的环境注入了烟火气，几乎每个人都会做饭，大厅里永远香气四溢——辛辣的印度咖喱、中国菜、牙买加菜……对于其他人的穿着打扮、讲话的语言或方式，我们都毫不在意。

我的邻居罗伯·马丁内斯是一名古巴裔美国博士生，来自新泽西州他非常喜欢我们充满多种文化的宿舍。他是一个相当接地气的人，也是一个精通历史和经济的通才。他喜欢一边吃印度菜，一边与我们的中国和波兰朋友大谈政治。罗伯帮我们购买日常用品，也会开着他的绿色斯巴鲁汽车带我们去几英里外位于康涅狄格州哈姆登的杂货店购物。他还是一位技艺高超的舞者，并且教会了我哈娑舞——这是当时一种很受欢迎的迪斯科舞蹈，以及其他几种集体舞。他友善、热情的态度及同理心帮助了整个海伦哈德利大楼的学生，是我们与美国结成难以置信的关系的纽带。某个晚上，我们一群人甚至为了罗伯聚在一起举行仪式——宣布罗伯为名誉印度人。他成了我终身的朋友。

在我开始使用海伦哈德利大楼的电话之后，生活也变得倍加美好。我买不起私人座机，而这个公有系统尽管只能让我与家人短暂通话，也为我提供了难得的放松机会。马德拉斯朋友们的电话不断向我涌来，无论他们的学校是在伊利诺伊州、俄克拉何马州还是加利福尼亚州，他们陪伴我度过了最初的惊恐时期。

第一选择

不久，我不得不请求大家不要再给我打电话。我感激他们的帮助，但是我有自己的任务需要完成。

耶鲁大学组织与管理学院（SOM）——这是50年来耶鲁的第一个新硕士项目，目的是向由哈佛与斯坦福主导的老派商科教育中注入新能量。耶鲁大学创建了一个将私营企业和公共部门联系起来的联合培养项目，学生拿到的学位叫作"公共部门和私营企业专业管理硕士"。我们班大约有100个学生，许多来自政界、军队或者非营利机构。超过1/3的学生是女性。

我们的教室位于纽黑文的高瓴大道，这两栋美丽的老房子与后面的一排深绿色现代建筑相连。这排建筑看上去很像必胜客餐厅，因此常常挂在我们嘴边的一句话就是："咱们必胜客见！"

美国同学对待一切的轻松态度最开始着实把我吓了一大跳，但随后我越发敬佩他们的这种态度。他们展示出的种种不羁的行为，在印度根本没人敢尝试。过去20年来，我见惯了学生对老师进入教室时的恭谨起立。但在耶鲁，这里的学生把脚跷在桌上，嘴里啃着三明治，随意地称呼教授的名字——"维克"或"戴夫"。他们迟到早退，肆意挑战老师们的观点。在这里，我看到了原来讨论可以畅通无阻到惊人的地步。大家深入挖掘各种议题，对利弊争论不休。这些都是我在过去的人生中从未经历过的。

第一周，我们被要求通过跟身边的人聊天来组队，然后又被告知这八个人就是彼此未来两年的学习小组成员。我们团队三女五男，给小组起名"不要回头"。我们一起通过了北极和沙漠生存模拟练习，那时教授们就在一旁，用单向镜观察我们整个团队的表现，然后给出极其坦率和公正的反馈。那是一次让我重新认识自我的经历。我意识到自己还有很多东西要学：如何帮助别人完成任务、如何监测我的身体语言，还有如何让每个人都参与到团队讨论中来。我必须做到说话清晰明了、言简意赅，当然也会保留一些适当的语气词。在第一次反馈会议之后，我对自己有点儿失望，但在采纳所有建议后，我的表现渐入佳境。

这是我的第二个硕士学位，但这里的学习跟之前在印度管理学院加尔各答分校的完全不同，这里更加注重实践而非理论。这里会用真实案例研究商业问题，我们也经常与来自政府及各行各业的领导一起讨论现实生活中的案例。我周边的同学都有至少两三年的工作经历。课堂上并非教师的单一输出，而是充满着交流的气息。

教员们都超级厉害。系主任威廉·唐纳森是华尔街股票研究公司唐纳森、勒夫金和詹瑞特公司的联合创始人，也曾在理查德·尼克松就任总统期间于国务院任职；微观经济学教授斯蒂芬·罗斯是套利定价理论的创始人；维克托·弗鲁姆和戴维·伯格教授我们个人和群体行为；价值投资专家马丁·惠特曼是我们的投资学老师；教授我们战略营销的拉里·艾萨克森曾在麦肯锡和加利福尼亚州的哥伦比亚唱片公司工作。每位老师都是其所在领域备受尊重的专家，每个人都可以把复杂的事务变得简单易懂。

拉里尤为特别，他对我相当信任，也敦促我主动寻求更多发展机会。他让我从一些基础的营销课程中退出，然后去他的咨询项目工作。我曾经帮他代过一门课，学生是当地的 15 位年轻女性，她们正在试图重返工作岗位，也想要重温一些关于营销、消费者细分和广告方面的知识。在这些女性身上，我看到了希望与恐惧并存的矛盾。她们相信自己学到的新技能可以帮助她们重返职场，但也担心自己找不到工作，或者并没有为新工作做好充分的准备。我教授她们知识，更重要的是帮助她们树立信心。

每周一次的午餐时间，助理院长会跟学生见面，倾听大家的想法和疑虑。一所学校的管理层居然愿意听取学生对生活质量的意见，对此我真的无比惊讶。印度教育机构的情况与美国可以说是天壤之别，印度管理学院加尔各答分校与这里唯一的共同之处就是商业世界只有男性。我们未研究过女性领导人的案例，也没有女性教授，总之女性不曾出现在我们的任何教材里。

我的第二学年课程可以用神奇来形容——金融、战略、博弈论、贸易和多边组织。我们精读了伯顿·马尔基尔的《漫步华尔街》，剖析了剃须刀制造商吉列的崛起案例，分析了纽约大都会艺术博物馆、马萨诸塞州伍斯特市克拉克大学的财务困境。我们学习了政治性民意测验，并与服务于亨利·杰克逊的民意测验专家埃里克·马德进行实地交谈，杰克逊是曾于1972年和1976年竞选总统的美国参议员。

我喜欢学校布置的各种极具挑战和价值的作业，学校里的社交活动同样极具感染力。而我，绝对是个局外人。我相当清楚，那些毕业于常春藤盟校，或东北地区寄宿学校的年轻人有着他们自己的小团体。他们中的许多人都是预科生，身上自然散发着一种源自私立贵族学校的气质：脚蹬斯佩里帆船鞋，冬天去滑雪旅行，春秋季的周末则前往科德角海滩或长岛度假。我是公认的聪明勤奋，我想大家也很喜欢我，但是很大程度上我其实是隐形的，因为国际学生，特别是来自发展中国家的国际学生，通常会被归类为这种形象：勤奋努力但毫无个人风格，口音搞笑且社交无能。我们没有遭到过明确的歧视，但也从未深受欢迎。我并不害羞，但只要开口就会小心翼翼。

让我倍感不安的是自己的形象。在离开马德拉斯之前，我带着一堆美国杂志，找当地的裁缝给我缝了几件衬衫和上衣。我本以

03 如果他们不能录用真正的你，那这是他们的损失，做你自己

为这些衣服可以代表美国潮流，但很快，我发现这些衣物很不合身且十分丑陋。于是我去了位于教堂街的克瑞斯吉折扣商店，这家商店是凯马特连锁店的前身。我在那里买了三件长袖的易于打理的涤纶衬衫与我的牛仔裤搭配。几个月后，钱德瑞卡到纽约的花旗银行工作，她带我去曼哈顿亚历山大百货公司买了一件亮蓝色羽绒服——这件衣服真是冬天下雪时的救星。

拥有克瑞斯吉折扣商店的衬衫和亚历山大百货公司的羽绒服让我自豪了一段时间，这也是我能负担得起的全部，好心的朋友随后告诉我，我的衣服其实给我招来了不少嘲笑。

主要问题是，我没有更多的钱可以花在衣物上。我的奖学金和贷款总额约为每年15 000美元，我大致算了一下，学费、住宿和饮食开销几乎就要占据全部。于是我找了一份前台工作，每周有三四天在海伦哈德利大楼的前台接听总机电话。从午夜到清晨5点，时薪3.85美元。之所以选择这份夜间工作，是因为它比白天的工资多50美分。而且那时的平均时薪才2.65美元，我的工资比平均水平高出1.2美元呢。每当电话铃在前台响起，我就会用蜂鸣器呼叫宿舍，然后把电话转接到大厅的公用电话上。整个晚上，我都可以看到学生们身着睡衣拖鞋，冲向大厅接听电话。与此同时，我得照看前厅、整理邮件，同时完成我的作业。

每4个月左右，我会寄100美元到马德拉斯。家里并不需要钱，但能为家庭做贡献的感觉实在很棒。我总是为南杜预留20美元。之前南杜从来没有收到过零花钱，在收到这笔可以随意支配的巨款后，他简直要爱上我了。

在美国的第一个秋天，我也爱上了纽约洋基队。这个伟大而不合常理的爱好一直延续到了现在。1978年的美国职业棒球大联盟总决赛在洛杉矶道奇队和1977年的冠军——纽约洋基队之间展开。此时，海伦哈德利大楼的公共休息室里人山人海，虽然躺椅破旧不堪，沙发磨损严重，但这里有附近唯一一台电视，大家聚集在这里观看季后赛。作为一名曾经的板球运动员，对美国棒球一无所知的我相当想念那些击球运动。但是，某个晚上我变得开心起来。因为有几个人让我跟他们坐在一起，并教了我棒球赛规则。从此我开始尽我所能地阅读关于雷吉·杰克逊、罗恩·吉德里、巴基·登特等球员的故事。我为洋基队赢得比赛而欣喜若狂。当听闻队长兼捕手瑟曼·芒森于1979年夏死于飞机失事时，我哭了。

这时我了解到原来有一种社交方式叫作"运动社交"——那些对特定运动的细节或选手的讨论——其实统统与事业相关。当学生们清晨聚在一起时，他们谈论体育；当参加面试时，面试官会跟你讨论体育。如果你当下不了解棒球或橄榄球的话，那你就没法融入其中。

这种觉悟似乎与我从父母那里得到的嘱托有关，几个月前我离开印度时，我父母曾说："做你自己，但也要尝试融入。"

寒假过去不久，我们的暑期工竞争就开始了。我需要一份薪水，我也是一个好学生。教授们已经做好准备给我写很好的推荐信，他们认为我勤奋好学，而且很好相处。他们也觉得我在很多事情上都有独特的全球视角，这恰恰是美国公司迫切需要的。许多公司会在这段时间来到耶鲁，我一定得给它们留下深刻的印象。

唯一值得担心的是，我没有西装。带着当时的全部积蓄——50美元，我又去了克瑞斯吉折扣商店，挑选了一套深蓝色涤纶套装——一件两粒扣的夹克和配套的休闲裤，然后又挑了一件蓝白条纹的涤纶衬衫。照理说我应该试穿这些衣物，但是我从未进过试衣间，因为仅凭一道帘子防偷窥，脱掉衣服站在后面的体验感实在是太差了。

于是我只好把这些衣服举在镜子前面比画。休闲裤还行，夹克貌似有点儿大。但我记得阿妈的建议是买大几号的衣服，因为我会"成长到合适的尺寸"。我当时已经24岁，但就在那一刻，我忘记我已经发育完全。我买下了这些衣服，用光了所有积蓄。我为这次大采购相当自豪，这是我有生以来最大的一笔支出。

离开克瑞斯吉折扣商店后，我看到了一家鞋店，但我已经弹尽粮绝。不要紧，我想。我的橙色麂皮乐福鞋有着厚实的塑料底，既然它能坚持一整个冬天，那么现在肯定也没有问题。我可以把脚塞到桌子底下，这样就没有人会注意到了。

面试的那天，我穿上了整套衣服。衬衫很合身，但休闲裤比我预想的短很多，夹克松松垮垮地挂在我身上。但是这就是我的全部，没有任何办法，现在去换尺码已经来不及了。我到了SOM的办公大楼，大家都聚集在招聘办公室，等着跟未来的雇主见面。这里全是我的校友，男士穿着合身的布克兄弟牌西装，女士们则身着真丝衬衫、优雅的羊毛裙和西装外套。

我听到一片倒吸冷气的声音，大家都齐刷刷地向我看来。我假装若无其事。

那天我面试了印西尔科公司，这是一个位于康涅狄格州的集团，管理着经营预制装配式住宅建筑和办公用品的相关公司。面试很顺利，但我离开房间时，脑子里只有尴尬和挫败感。

我奔向大厅，找到负责职业规划的主任简·莫里森。我坐在她的沙发上，泪流满面。"看看我的样子，"我说，"我就穿成这样去面试了。每个人都在嘲笑我。"

第一选择

简非常实事求是:"是的,这身是很糟糕,很糟。"

我告诉了简我的财务困境,还有我怎样精打细算地购买了这套行头。"我真的想要融入进来。"我解释道。

然后她问我在印度面试时穿什么衣服。一件纱丽,我是这么告诉她的,而且我的房间里有很多。简的建议是:"下次面试就穿纱丽。如果他们不能录用真正的你,那这是他们的损失。做你自己。"

印西尔科公司当晚录用了两个人,其中一个就是我。我忽然意识到自己原来身处一个全新的环境——这可能就是一个典型的美国任人唯贤的例子。这家公司尽管看到了我可怕的着装,但他们仍然因为我说过的话,还有我能做出的贡献录用了我。我有 3 周时间考虑是否接受这一工作邀约。

我的第二场面试的雇主是咨询公司博思艾伦汉密尔顿。咨询被认为是充满抱负的职业。工作时长和差旅频率可以用残酷来形容,但是报酬丰厚。传统观点认为,与常规的公司职业生涯相比,咨询工作可以带来 3~5 年的领先优势。尽管我已经手握一个工作邀约,这次面试机会实在令人难以割舍,我决定抓住这次机会。

我当天穿着我最喜欢的带有奶油色花朵的绿松石色真丝纱丽和同色衬衫,与我会面的是一位来自得克萨斯州的博思艾伦咨询公司的合伙人,他立刻就让我放松下来。他使用了一个商业案例,严格地对我进行评估。这让我不再担心自己的穿着和长相,因为我觉得他只是在评判我的能力。

博思艾伦聘请我去芝加哥打暑期工,那里的实习生来自哈佛、斯坦福、西北大学和芝加哥大学。我加入了一个全男性的团队,负责为印第安纳州的一家食品原料公司制定战略。这群很棒的男士让我参与了所有的讨论和审议,给予我辅导和全力的支持。

我每天穿纱丽上班,但一直没有机会去拜访客户。在那时的印第安纳州波利斯,穿着纱丽去参加客户会议的确是过于惹眼了。我完全理解并接受我的同事们把我留在后方,这貌似是一个需要为衣着付出的小小代价。

我很高兴能在美国成为一名职业女性。

工作对我来讲是唯一的选择。工作的好处很多,有偿工作的好处更是显而易见,人类因经历挑战而成长、因完成任务而自豪、因分享共同的梦想而收获良多。而且,金钱也是每个人的必需品。

我深信,无论对自身成长还是家庭发展来说,女性选择离家工作都是非常有必要的。然而不知为何,有些人就算已经身处高度发展的社会,仍然对于是否应该鼓励女性外出工作疑虑重重。貌似他们的观点与这种想法有关:工作会让母亲疏于照顾孩子,孩子也会因此而受苦。让整个社会一起坚持旧有的落后观念,对某些地方来说,比改变轻松得多。

我并不这样看。事实上,职业女性的孩子们[1]反而在学校表现得更好且更加独立,也会把自己的母亲视为宝贵的楷模[2]。除此以外,我们有清晰的证据表明,那些成为有偿劳动力的女性对于整个经济起着至关重要的作用[3]——减少贫困、提升工资、使国内生产总值进一步增长。

于我而言,更直接的原因是,女性需要一条清晰的通往有偿工作的路径。金钱的力量可以让每位女性获取属于自己的自由。对女性有偿工作的全然接受意味着人类的进步,让女性在男权世界的支配中得到解放。

我很高兴来到芝加哥进行暑期实习,但我也对毕业后在哪里落脚抱持完全开放的态度。

在拿到桑德堡村一栋高层的一居室转租合约后,我与另一位来自耶鲁的暑期实习生同学金伯利·鲁珀特搬了进去。这套公寓曾租给芝加哥公牛队的一位篮球队员,公寓里的鱼缸已经数周未打扫,壁橱里放满了超大号男士运动鞋,水槽里全是脏盘子。手持租赁协议的房东似乎很高兴,他终于找到了可靠的、会为了住下而好好打扫的租客。最初,房东大开口的衬衫、脖颈上的大金链子,还有漫不经心的说话方式让我有点儿害怕,可随着接触的增多,我越来越喜欢和尊重他。他是一个乐于助人的房东,我们也是保持公寓整洁的模范租户。

经过一天的擦洗和搬家,我们能俯瞰城市景观的客厅成了7位博思艾伦汉密尔顿实习生的完美夏季活动中心。

我在伊利诺伊州还有另外一个重要的人脉——拉杰·努伊,一位在达拉斯学习的朋友坚持让我见见他。拉杰是一位来自印度门格洛尔的年轻工程师,刚刚在达拉斯大学获得硕士学位。我被告知他会帮我安顿下来。

拉杰在一家叫作伊顿的工业公司工作,这家公司位于芝加哥的郊外。他的办公室位于伊利诺伊州的卡罗尔斯特里姆,他独自居住在一个离办公室很近的简陋一居室里。我邀请他过来,很快他就成了我们小团体的固定成员之一。我们一起在芝加哥的公寓里聚会,拉杰也会带我们去他的小区游泳或打网球。拉杰是一个聪明、博览群书、胸襟宽广的人,长得也很帅,笑起来极其好看。每个人跟他相处得都很融洽。重要的一点是,他充当过我们所有人的司机。

到8月底,我们小团体的大部分人都已经返回学校,但我还必须再工作一周。一个周五的晚上,拉杰和我去了位于一个街区外的桑德堡剧院,这个老电影院上映了一部发生在火车上的动作

03 如果他们不能录用真正的你,那这是他们的损失,做你自己

片——《银线号大血案》,由吉恩·怀尔德和理查德·普赖尔主演。我们很喜欢这部闹剧,一起大笑个不停。

随后我们一起步行去了餐厅,当晚餐结束的时候,我们决定结婚。

是谁求的婚?是谁提起了这个话题?在求婚之前不是应该约会吗?那几个月到底发生了些什么?我不知道。直到42年后的今天,我们仍然会为这些问题争执!

在我飞回纽黑文之前,拉杰带我去见他的贾雅阿姨和拉梅什叔叔,他们住在伊利诺伊州弗洛斯莫尔,离这边大约一小时车程。拉梅什·阿迪加是一名血管外科医生,他在芝加哥南部的一个郊区医院工作,他的妻子贾雅则是一名家庭医生。他们在20世纪60年代的移民潮中来到了美国中西部。这天是我第一次见到他们俩,当时拉梅什的姐姐和母亲也在家。

老实说,在我们宣布我们的爆炸性喜讯时,拉杰的家人们都很担心。过去他们一直想给他找个新娘。要知道拉杰的确是一个好对象:身材高大,受过良好的教育,在美国已经站稳脚跟。而站在那里说着泰米尔语,并非他的母语坎纳达语的我,对他们来说如此陌生。而且我们俩连星盘都还没有检验和配对过。

当然,好消息是我来自一个勤奋、诚信、受过高等教育的中产阶级印度教家庭。当拉杰后来表示无论其他人怎么想,他都一定要与我结婚之后,那些反对的声音也很快消失了。他的亲戚们很快就看到了我们是如何完美地互补,并给了我发自内心的拥抱。

与此同时,我给我父母打电话,告诉他们我即将与一个叫拉杰·努伊的人结婚,也给他们讲了一些具体的情况。他们的惊恐和担忧可以理解,毕竟我父母从未见过拉杰,也并未审查过他的家庭,但他们也意识到他们别无选择。再一次，我的父母相信并默许了我的判断。

一个月后，我们的两对父母和其他亲戚在马德拉斯举行了正式的订婚仪式——我和拉杰并不在现场。我父母认为我的公婆很棒，并且由此推断我和拉杰也会是合适的一对。

在耶鲁大学的第二年，我的生活充满了憧憬和迸发的现实——无论是我的婚姻还是工作。我希望得到一份在波士顿咨询公司的工作，这个公司被视作顶级的战略咨询公司，而且即将在芝加哥增设办事处。这样一切就很完美了，我想。到秋天的中旬，在经历了六七次面试之后，我拿到了梦寐以求的录用信。

暑期工作的经历似乎提高了我在 SOM 学生中的地位。更多的学生对我表示了欢迎，但我还是保持了一贯的谨慎。我仍然没有产生归属感。

拉杰和我通过电话交流，每隔几周我们会在周末见面。我会飞往伊利诺伊州，并在他的小公寓完成我的项目和功课。我们花了几个月来精心计算婚礼成本，然后得出结论：客人不能超过 40 人，而且婚礼的举办地只能定在他叔叔和阿姨的地下室里。在支付完鲜花和牧师的费用以后，我们俩一个多余的人都请不起了。

5 月下旬，我的父母和南杜从印度赶来，他们与钱德瑞卡还有拉杰在纽黑文汇合，然后一起观看我的毕业典礼。典礼当天阳光明媚——对我来说这天如此美好。我父母激动而喜悦地见到了我未来的丈夫，他们爱他。

我即将进入一个精彩的全新阶段，但不知为何，对于离开耶鲁和学术生涯，我有点儿伤心。这所学校让我所有的期待都梦想成真——现在我已经非常了解私营部门、公共部门和非政府组织该如

03 如果他们不能录用真正的你，那这是他们的损失，做你自己

何通过协同创造和谐社会。我也更多地了解了美国，并做好了在美国伸展拳脚的准备。我花了好些力气才找到自己的位置，但我也在此过程中遇到了许多美好、聪明、值得信赖的思想家。我的很多同学都拥有精彩无比的职业生涯，而且彼此一直守望相助。事实上，我觉得我们在 SOM 建立的友谊在经过了 40 多年后的现在，比以往任何时候都要紧密。

跟大家道别后，我们全家挤进了两辆租来的汽车，驱车 850 英里前往芝加哥，准备参加我和拉杰即将在几天后举办的婚礼。我母亲带来了我的婚礼纱丽，还有一些当我还是个小女孩时就开始为我收集的珠宝。

在弗洛斯莫尔，贾雅阿姨和拉梅什叔叔那低矮、木质的地下室里，我和拉杰举行了婚礼。结婚仪式持续了近一小时。随后我们享受了一顿由当地餐厅送来的印度自助晚餐。罗伯·马丁内斯——我在海伦哈德利宿舍的邻居，还有教授拉里·艾萨克森都来参加了我们的婚礼。

如果我们在印度结婚，我们的婚礼至少会持续一天半。我的父母，还有双方的亲戚对于我们没那么做感到非常失落，但我并不在乎，我非常开心，要知道两个家庭相聚了——每个人都是远道而来——这的确是我们巨大的快乐源泉。

在接下来一周的某个时候，拉杰的父亲 N. S. 拉奥先生把我们俩拉到一旁，他对我们讲的一段话让我深受感动：他祝我们好运，建议我们努力工作，向我们保证两边的家人时刻准备着为我们减轻负担。

然后他直接对我说："英德拉，不要放弃你的工作。把你接受过的所有教育都用上，我们会尽一切努力支持你。"

第一选择

第二部分

过完整而有意义的人生

04

女性需要一条清晰的通往有偿工作的路径

莫林是密西西比河边的一座小城,隶属伊利诺伊州,位于芝加哥以西 165 英里处,地处美国中心区域,四周环绕着玉米和大豆农场。西维斯橡胶公司也诞生于此,这家拥有 60 年历史、专门生产橡胶工作靴的公司,此时正面临新的海外竞争者。西维斯是我的第一个企业管理咨询客户。

在婚礼结束一周后,我乘坐一架小飞机抵达莫林。与我同行的还有杰出的阿伦·斯普恩先生,正是他当时招聘我进入了波士顿咨询公司。接下来的几个月,我两地奔波,每周有两三天住在平价酒店;同公司运营、销售、市场经理沟通;走遍工厂的每个角落,和装配线上的工人聊天,尽我所能地获取橡胶和工作靴的相关信息。

管理咨询是全球众多商业事业的源泉。作为一位年轻的 MBA,我在波士顿咨询公司 6 年来学到的东西是其他任何地方都无法给予的。这份工作是如此激动人心,我的身边总是围绕着富有思辨精神的、高素质的专业人士。许多公司会聘请跟我们类似的咨询公司,以帮助他们找到许多业务问题的本质答案:商业的价值驱动因素有哪些？它们会怎样改变？创造长期价值需要匹配哪些策略？公司应该怎样投资？公司架构应该如何组织？我们在不同行业多年来积累的思维方式与实践经验，是客户向我们购买服务的原因。

管理顾问们一直都在掘地三尺，竭尽所能地了解某个行业，或者某个特定商业范畴的技巧与科学。作为战略咨询的先驱，波士顿咨询公司创始人布鲁斯·亨德森在1970年创建了"增长矩阵"。依据市场份额与增长率，这一经典模型将产品分为现金牛、瘦狗、明星及问号4种类型。从进入公司的第一天起，我们就被告知不要一味地迎合客户，而是要基于数据和客观事实分析，集中解决客户的实际问题。先揭开公司的棘手现状，再和领导者坐下来详细研究我们的分析报告，最后明确接下来的发展计划。于我而言，尽管需要面对许多公司的内耗与争斗，但这一过程中我们会尽量抛开办公室政治，抱持着"坦诚是最大的精明"的态度。

这份工作对我来说尤其适合，我喜欢从细微处切入，深入研究产品业务，找出增长与盈利的杠杆，然后从全局的角度做出决策，考虑如何更好地重新定位公司或某项业务。每个项目我都亲力亲为，因此总是忙得不可开交。我睡得不多，长时间工作对我来说也不是难事，尤其是当我需要聚焦于分析时。

当我加入波士顿咨询公司的时候，芝加哥办公室正在疯狂扩张。很快，我们就从门罗街搬到了威客大道的一栋拥有玻璃外墙的大楼里，并占据一整层，110层高的西尔斯大厦就在我们对面。每年春季我们都会招聘数十位毕业生，以应对潮水般涌入的新业务。由于只有少数几位高管能抽出时间做员工培训，大家只好自学成才或彼此帮助。靠着计算器和2B铅笔，我们完成了所有复杂的商业模型，填满了成百上千张纸质表格。图表都是手绘的，还要加上精细的说明，这样才能确保在演示过程中不会出错。在没有计算机和Excel软件的年代，这一流程极其辛苦。我们常常需要把文档按版块分开复印，再用胶带粘起来，共享给同事和老板。

我们手上的项目种类繁多，我的业务范围主要覆盖银行信托、燃料添加剂和染色剂行业。以律商联讯为例，这家公司的主要业务是出售其计算机数据库中的新闻与法律信息。我在15个城市组建了焦点小组，目的是调查那些使用过该公司服务的用户，了解其支出和收益，以及找出他们不满意的地方。这些事无巨细的消费者分析会被我们转化成整合营销计划——包括服务和定价的层次。最终，这一切都会用收益与利润模型呈现出来。

在我职业生涯的早期，特灵公司聘请波士顿管理公司作为咨询顾问。这家位于威斯康星州拉克罗斯[①]的公司主要生产工业暖气、通风和空调系统。我们团队的领导是一位苏格兰裔美国人，他带领的成员包括我、一位犹太人还有一位意大利人。

几周后，特灵公司的总裁跟这位合伙人商讨进展，他开玩笑地问道："你知道这是威斯康星拉克罗斯吗？你竟然送了一队犹太人、意大利人还有一个印度女人过来？这是什么情况？"合伙人的回答非常自信："你问我要最好的团队，这就是最好的团队。"

特灵公司的总裁比尔·罗斯是一位慷慨体贴的人，他后来告诉我，这一回答让他非常开心。我参与特灵的这个项目3年多时间，也逐渐了解了中西部美国人特有的胸怀。

我的工作是帮助特灵加速增长和提高利润。前几个月，我们跟分布在大型办公楼、小商业街或者公寓房里的特灵承包商沟通，然

---

① 威斯康星州位于美国中部，相对洛杉矶和纽约来说，移民较少。——译者注

后跟总承包商、技术服务人员及负责城市建设的官员交流,这一切都是为了更加了解特灵这家公司,从而给出符合他们要求的解决方案。我们还分析了过去3年中特灵每一次竞争失利的原因。这些极其细致的工作给客户留下了深刻的印象。

随着我慢慢适应咨询这份工作,我也发展出了自己的调研模式。为了一家制造柑橘处理机的公司,我跑遍了巴西和佛罗里达州的果汁工厂,了解了不同商业机器榨汁的奥妙所在。我买了很多书来弄清这个行业的术语、原理及解决问题的相关技术,如今我依然保留着那本写满注解的橙汁加工教材。

为了一家日本公司,我们不得不调查整个美国市场,从而找出最先进的高速灌装生产线。为了总部位于伊利诺伊州斯科基的希尔制药公司,我深入了解了它们在1965年研发出的人工甜味剂阿斯巴甜,帮助其制定扩大生产规模的方法。我为这家公司做的第二个任务是研究在接下来的一二十年间可以商用的零卡甜味剂。我的化学背景在这里派上了用场,但为确保专业性,我还聘请了一位甜味剂专家,请他和我一起去加利福尼亚州和欧洲的实验室考察。

但那个时候的我从未想到,橙汁、灌装设备和甜味剂会在我接下来的人生中扮演越来越重要的角色!

面巾纸和卫生纸也曾是我的研究方向,我们给全国所有的纸巾生产线建立了成本模型,包括生产速度、损耗、原材料及成本。我对舒洁面巾纸和泡芙面巾纸的差异,恰敏、适高及超市自有品牌卷纸的差异了如指掌。作为威斯康星州格林湾一家酒吧的常客,我经常在那里一边喝柠檬水,一边聆听竞争对手工厂的工人们对纸巾生产线种种问题的抱怨,然后从中总结经验教训,再发给我的客户。我走访了德国、瑞典和芬兰的设备制造商,以了解下一代纸巾制造设备及流程。同样地，我也聘用了一位专家，他是迈阿密大学俄亥俄校区的纸品科学家。这位专家跟我一起四处走访，让我懂得了很多专业知识。

我自此开始接触专利领域，也明白了公司怎样基于专利发展。我废寝忘食地对这一领域进行深度研究。在此期间，我使用了巴特尔研究所的分析架构。巴特尔是一家旨在运用科学解决社会问题及追踪业内技术投资占比的组织。为了洞察整体的竞争环境，我们对纸巾行业近30年的数据进行了全面分析。

我一直在出差。每周我都会穿梭于机场，拖着行李箱和一个哈特曼牌的西服袋。这个袋子重到让我的右肩都有点儿错位，直到今天我还留着它作为纪念。每周我都有三四晚出差在外，周末则深入分析数据、绘制图表，准备PPT（演示文稿）。持续学习的状态导致我的体力下降，但是精神极度亢奋。

有一个晚上，我到了威斯康星州的尼那小城，因为附近的奥什科什市正在举办航空展，当地的酒店全部爆满。我决定花3小时开车回芝加哥，第二天再开回来。可刚开到丰迪拉克县附近，警察就因超速把我拦了下来，要求我支付125美元。罚金只能用VISA信用卡支付，但我身上的信用卡是美国运通的，于是我被带到了丰迪拉克警察局去给丈夫打电话。忽然我瞟到警局的牢房里有一张整洁的小床，然后——我做了一件现在都觉得不可思议的事——我问警察能不能让我在那张床上睡一晚，第二天再让拉杰带着现金来接我。那时的我已经累到只要有张床给我睡就行，也实在是不想开车回芝加哥第二天再开回来。警察让我打完电话马上回家，第二天，我用支票付清了罚款。

由于我对工作的全情投入，我与拉杰失去了许多本应夫妻共度的美好时光，当然拉杰对待工作也非常努力。我们认为这就是实现人生价值的代价——当然我们也会担心好运气溜走，晚上我们会快速地通个电话，了解彼此当天过得如何，每次通话我们都觉得如隔三秋。

在卡勒斯美公寓，我和拉杰开始了我们的婚姻生活。我们省吃俭用，从报纸上剪下各式各样的优惠券。那时的我们已经做到月收支平衡：每个月先拿出一部分还我的学生贷款，然后放一部分到储蓄账户里，最后给我们两个在印度的家里寄100美元。其实家人们并不真的需要我们寄钱，但是能寄钱回家让我们感觉相当美妙。

我买了两件领口有蝴蝶结的米色衬衫，加上两套驼色和黑色的埃文皮科内的羊毛套装；我把这些上衣和裙子互相搭配，这样我就可以搭配出四套组合。每周这四套衣服都会被我装进随身行李，带去阿普尔顿市的尼那小城、威斯康星州的拉克罗斯、路易斯安那州的巴吞鲁日或者纽约。每次当我到达驻地时，这些衣物都皱到面目全非，因此开会前我只好在酒店房间里疯狂地熨烫它们。

拉杰仍然在伊顿的一家电子控制元件制造厂做工业工程师。他衣橱里的衣服也很少——两三件衬衫、几条裤子还有几条拉梅什叔叔给的旧领带。每晚他都会把衬衫清洗晾干，第二天早上再熨平。从家里出门上班的时候，他总是穿得一丝不苟。

虽然拉杰已经拥有一个硕士学位，但他意识到MBA文凭可以帮助他在管理岗位上走得更远。不久，拉杰就开始了MBA的学习，每天傍晚坐火车去芝加哥大学市中心校区上课，晚上10点半左右回家吃晚饭。学习的第二年中途，他决定辞职，这样后两个学期就可以全身心投入学习。拉杰于1983年毕业。

社交于我们而言少得可怜，每天忙得昏天黑地，也不真正认识什么人，事实上我们从未收到过任何邀请。周末有时候我们会去拉杰的叔叔阿姨家拜访，或者在二十六街的康妮比萨吃带番茄酱的馅饼，我们也会去德文大道，那里有每位 5.99 美元吃到饱的印度自助餐。我们自己做饭的时候依然会用小米辣或者红椒粉给食物调味。

如果要外出游玩，我们会寻找那些费用最少但时间最长的娱乐方式。我们在公园剧院欣赏了美洲乐队的演唱会，这是我们在美国看的第一场现场演出。我们在瑞格利棒球场看了好几场芝加哥小熊队的棒球比赛；当纽约洋基队来芝加哥比赛的时候，我们在科米斯基体育场现场观赏了芝加哥白袜队与他们的对决。

我们也会裹着保暖内衣和最厚的毛衣外套，坐在芝加哥军人球场最便宜的位置上，观看芝加哥熊队的橄榄球比赛。其实无论穿多少层都没有用，密歇根湖上吹来的寒风会灌满整个体育场，几分钟内就能把我们冻成冰棍。在得克萨斯州待过一段时间之后，拉杰又成了一个狂热的达拉斯牛仔队球迷，我不得不恶补橄榄球比赛规则，这样才能在周末和他一起享受比赛。

大概过了一年，我们决定买套房子。我们在芝加哥西部小镇格伦埃林选了一处都铎风格的房子，带三个卧室。这是一个全新的街区，几乎没有草坪，树丛也才刚刚长成细枝。这栋房子的价格是 12.5 万美元，首付最低 5%。当时我们仅有 3 000 美元存款，拉杰的叔叔借给我们 4 500 美元。尽管凑够了首付，但由于我们出的钱实在太少了，我们还必须购买一份住房抵押贷款保险。彼时的房贷利率是 17.5%。

这个利率并不划算，但对当时的我们来说，美国梦意味着应该买一套房。我们相信这栋房屋的价格会上涨，因此这也算是对未来的一种投资。在搬进去之后，我们已经没有什么钱来添置家具，因此只布置了早餐区、客厅和主卧，房子的其他地方则继续空无一物。我们在当地的五金商店迅速购买了一台托罗牌割草机，这一切让我们感觉自己已经融入美国生活。

我的父母在参加完我的婚礼后就立即返回了马德拉斯。父亲说他盼望着有一天可以回来和他未来的外孙子、外孙女一起在美国旅游。我非常思念他们，但是拨打到印度的国际长途实在昂贵，而且白天拨打的价格更高。因此，每周我会找一个晚上10点半以后的时间跟父母和南杜聊上半小时。我们也用同样的方式和拉杰的家人保持联系。

我的弟弟南杜极其优秀，他在印度州级高中考试中取得了马德拉斯第一名，然后申请了耶鲁大学。他很快就收到了半奖和助学贷款。我的姐姐不久前也被麦肯锡咨询公司录用，于是她从印度搬到了纽约。我和姐姐决定共同承担弟弟大学学费的剩余部分。1981年8月，南杜搬到了德黑文，成为耶鲁大学1985届的学生。我和拉杰为未来存款的计划此时只能先搁置不提。

不久之后，可怕的一天到来了。1983年1月，母亲打电话给我，说父亲患黄疸已近一个月。他瘦了50多斤，这比他体重的1/3还要多，而且腹痛到需要手术才能缓解。父亲压根不想告诉我们，因为怕我们跑回去看他，也怕影响我们的正常生活。尽管我们每周都在通电话，但他一点儿都没有让我们察觉他生病了。

钱德瑞卡、南杜和我决定马上回印度，我们先在孟买碰头，然后一起回马德拉斯。担心又害怕的我们一下飞机就直接冲去医院。看到父亲的时候，我们的心都碎了。他被疼痛折磨得跟过去判若两人，却还一个劲儿地叫我们别担心。病床上父亲显得那么虚弱，让我回忆起他出车祸的那段日子。在过去几个月里，母亲又一次独自承担了那么多的焦虑。我知道我必须为她而坚强，但是看着父亲疼痛难忍，却仍然一心只为儿女考虑，我几乎也快崩溃了。

那座大房子里挤满了前来支持我们的亲戚。经过4个小时的手术，医生告诉我们，父亲患了胰腺癌，病情危重，预后很差。

也是在那个时候，我得到了在我早期职业生涯中最有价值的员工福利。波士顿咨询公司芝加哥办公室的主管卡尔·斯特恩给我打来电话，给我6个月的带薪假期来照顾父亲。卡尔是一位温暖、睿智的管理者，他刚刚从伦敦搬到芝加哥，完全理解咨询这份工作有多么辛苦，因此也愿意尽力为手下创造良好的工作环境。他告诉我，希尔制药公司的甜味剂部门主管——我的客户之一，说愿意等我。另一个客户也同意暂停项目，等到我回去之后再重启。

我不仅应该感恩上苍，也应该感谢卡尔和波士顿咨询公司对我的价值的认可，感谢他们慷慨地、让我在最关键的时候去承担做女儿的义务。如果当时没有这份带薪休假，我应该会中断职业生涯，从公司辞职去照顾我的家人。但是，那时拉杰还是个全职学生，在他找到新工作之前，我们一定会有很多难以解决的、不容忽视的经济困难。

公司给我的这项福利真是万分重要，要知道我原本是一个绝不会主动提出带薪休假的人。作为年轻的咨询师，我没有任何理由要求公司来帮我渡过难关。

这段人生经历凸显了带薪休假是怎样让员工渡过难关的——包括生育、疾病或者其他诸如此类的状况。带薪休假可以让许多人的职业生涯发生剧变。当然，如果你没有亲身受益，你就无法真正了解这样的福利有多重要。

陪父亲做完癌症手术后，南杜和钱德瑞卡回了美国，我则留在马德拉斯，带父亲做术后治疗，陪伴和安慰母亲。然而印度当时的医疗水平无法再继续延长父亲的生命，四周以后，我们决定带他去芝加哥。拉杰的叔叔帮我们联系了可能帮助到父亲的最好的医院。而且我有自己的房子，他可以在家休养。表面上看，父亲一直很乐观，也希望能在美国获得治愈的机会，但他内心真正的想法，我已经永远无从知晓。

拉杰买了床和床垫放在楼上的空卧室里，我跟父母途经迪拜和纽约，舟车劳顿之后终于抵达了格伦埃林。南杜暂时从耶鲁休学一学期，和我们待在一起。钱德瑞卡每周末都会从纽约过来，每天也会跟父亲通四五次电话以确认他是否安然无恙。几周内，我们见了无数专家，但他们都认为父亲已经毫无治愈的可能。眼睁睁地看着最爱的人病情持续恶化，这种折磨简直让人难受到无法想象，我有时会把自己锁在房间里失声痛哭。6月的一个下午，父亲在楼上的卧室里永远地离开了，而我就坐在他旁边。他才61岁，还如此年轻，辛劳一辈子的他为了退休一直在存钱，希望有一天可以和爱人环球旅行，但他的这些愿望都无法实现了。父亲是我的头号粉丝，也是我的全世界：他陪我捉迷藏，哼唱我在"对数韵律"乐队时的歌曲，带我去加尔各答，专程到孟买送我去耶鲁。尽管我们为这一天的到来已经做了数月的心理建设，但我还是彻底崩溃了。

父亲去世的那天，刚好是拉杰从芝加哥大学 MBA 毕业的日子，我们都缺席了拉杰的毕业典礼。

母亲和弟弟一起回了印度，南杜作为父亲唯一的儿子需要主持葬礼仪式。服丧13天之后，他们把他的骨灰撒进了印度的圣河。

也就在这段时间，我发现自己怀孕了。在父亲过世前不久，我把这个好消息告诉了他。那时他已经非常虚弱，即使在最后的日子里，他还在敦促所有人好好照顾我。他本来可以成为一位非常好的外祖父。

父亲的病情恶化得实在太快了，波士顿咨询公司慷慨给予我的6个月带薪假我都没能用完，他就去世了。3个月后，我回到了工作岗位上。伴随着持续不断的孕吐，我开始处理所有项目的落地事宜。我北上去拉克罗斯的行李箱里装满了零食，因为每隔两个小时，我都需要吃点儿东西来防止呕吐。在20世纪80年代的拉克罗斯小镇，素食实在是非常难找，再加上怀孕这个新的挑战，我只能自己带上所有东西——有备无患。

接下来的一周，我又再次前往特灵公司，带着我的特殊装备：一些加了佐料的蔬菜和米饭。这样不管是在办公室还是酒店房间，我都可以安静地吃上一顿热腾腾的饭菜。就这样过了几周，有一天我走进茶水间，发现墙上突然多了一张日历。日历上面写满了我的日程安排，以及为我制订的详尽餐食计划，这些是办公室的秘书们齐心协力完成的。接下来的几个月，只要我一走进办公室，准备好的三明治和汤就会出现在我面前。同事们的善意令我终生难忘。

为了我和特灵公司的最后一次会议，特灵的CEO比尔·罗斯包了两架飞机，把整个公司的管理团队带到我们位于芝加哥的办公室。通常来说，我们应该在特灵公司的会议室碰头。但彼时怀孕9个月的我已经无法出差，于是比尔做出了这样的决定，以确保我不会缺席最后一次项目说明会。

父亲去世时，母亲才50岁。由于她的三个孩子都在美国，第一个外孙也即将出世，她来到美国跟我和拉杰一起生活。尽管我们在格伦埃林只生活了不到一年，我们还是决定挂牌出售这栋房子。这里充满了痛苦的回忆，而且通勤时间长到让人身心俱疲。那时，拉杰在伊利诺伊州的道纳斯格罗夫找到了一份新工作,惠普公司聘请他做制造系统的销售主管。

我们搬到了东俄亥俄街高层公寓的15层,那里可以俯瞰密歇根湖。这栋楼是新修的,而且非常漂亮。以前在印度的时候,母亲大部分时间都待在家里,现在她可以步行到街对面的商店,享受人声鼎沸的热闹气氛。我在公司的同事比尔·埃尔克斯的家和我家只隔了一个街区,我母亲很快就把他的妻子莱斯利认作干女儿,她俩相处得极其融洽,莱斯利也经常到我家来。搬到这里还有一个好处,这栋楼离公司很近。我通常会搭乘"闪电出租车"回家,这种出租车可以在办公楼外等到午夜。一位叫作帕特森的司机成了我的朋友,他在我怀孕期间帮了我大忙。他通常都会在办公大楼的门口等到我出来为止,无论我工作到多晚。

1984年1月一个寒冷的夜晚,我在家里发现羊水破了,似乎马上就要分娩。本来我已经定好了一位郊区的印度裔妇产科医生,这位友好的医生承诺会陪伴我度过生产的每一个阶段,但是现在我只能去一所离我之前房子不远、大概需要一小时车程的医院。拉杰那个时候正在加班,他说他会在医院与我会合。于是我叫上了公司同事鲍勃·所罗门,他也是我的朋友,他曾经自告奋勇要求在拉杰不在的时候来陪伴我。几分钟后,鲍勃和司机帕特森出现在门口,我和妈妈上了车。当时外面的温度是零下15摄氏度,体感温度还要比这冷得多。

我在产房里待了18个小时,与此同时,我的亲朋好友都在外面盼望和等待着。莱斯利也到医院陪着妈妈。

最终,经过剖宫产手术,美丽的普利萨·努伊出生了。

从这个孩子的第一声啼哭开始,我和拉杰就爱她胜过世上的一切。接下来的整整 5 年她都睡在我俩中间,或在我旁边的小床里。我有 3 个月的带薪产假,还有一位对新手妈妈来说价值连城的得力助手——我的母亲。拉杰没有产假,必须立刻回去上班。在这个问题上,我们毫无怨言,也不曾纠结。

普利萨是我和拉杰双方家庭的第一个孙辈,于是她立刻成为两家的掌上明珠;她出生时的那些细节——时间、经度、纬度,都被送回印度进行星盘推演,以便我们能了解她的未来。预测结果将在几周之后寄回,所有人都确信她的未来无限光明。

我们买了一台巨大的、带三脚架的录像带式摄影机,记录了普利萨的每一次爬行,乃至打嗝。拉杰的父母 6 个月后从印度过来,在美国待了好几个月。拉杰一下班就会飞奔到家,把女儿放进婴儿推车,带到附近的公园里玩,对她无限宠溺。钱德瑞卡会在每隔一周的周末过来和普利萨玩,她平时也经常打电话过来,只为了听听普利萨咿咿呀呀的儿语。而南杜的每个假期都是和我们一起度过的。

成为母亲以后,我的生活发生了翻天覆地的变化,我从未经历过如此汹涌澎湃的、发自内心最深处的爱意。我们从此真正变成了一个完整的家庭,拉杰和我共同照顾我们的女儿,永远不再孤单。家里总是有许多人跟我们一起生活:亲戚们,还有其他照顾普利萨的人。

我们不断壮大的家庭就像一条美丽的纽带,这一切都是我想要的。

从我怀孕开始,我从未想过辞职。3 个月的产假一结束,我就回到了工作岗位,完全没有任何纠结。这不算是一个出于感性或者理性的决定,对我们来说,这就是基于经济状况所做的正常决策而已。我们需要两个人的收入才能应付家庭开支,还要为未来或其他不时之需进行储蓄。我能回去工作全靠一种倚仗：我母亲可以在家照顾普利萨，她把这一块完全地承担起来，这样我就没有了后顾之忧。

家人的帮助还远不止于此。接下来的几年，我跟拉杰都在事业上取得了很大的成功，这完全归功于我们拥有来自两家的众多家族成员的支持。

不过，这并不意味着我没有经历过那些孩子不在身边的、持续的痛苦。生产3个月后，我停止了母乳喂养，我也错过了普利萨第一次走路、第一次说话。但这就是现实，我重新回归了在波士顿咨询公司时的工作节奏：经常去美国中西部出差、会见客户，全力以赴地投入工作。

1986年5月的一个周五下午，我开着我的红色丰田凯美瑞，从芝加哥以南大约115英里的胡普斯顿回家。我在一座山上的停车标志前停下，高速路在这里分岔了，我停下来看了看两边的路，决定左转。

我再睁开眼时，发现自己躺在伊利诺伊州坎卡基县一家医院的重症监护室里。

05

把想法放到三个不同的篮子里：
马上行动、过几周再开始、不值得做

我花了整整 3 个月才从车祸中恢复。遍体鳞伤的我部分髋骨因为撞击而断裂，同时还伴有内出血、颈椎损伤和脑震荡。出事后的第一周，拉杰去警察局取回我的东西，警察带他去看了我的红色小车。整车面目全非，拉杰被吓到双腿战栗。这辆车没有安全气囊，司机座位被撞成一团，我放在后座的皮质公文包也未能幸免。我的幸存可以说是个奇迹。

坎卡基医院的医生发觉我在内出血，建议我切除一个肾脏，但是拉杰的叔叔反对这个方案，并且把我转到他工作的地方，那是位于伊利诺伊州黑泽尔克雷斯特的一所大医院。后来护士告诉我，每个小时叔叔都会来探望我。甚至有一天晚上，由于我的颈部和背部肌肉痛得厉害，他穿着睡衣就跑过来为我进行治疗。其他家族成员也再次在医院会合：正在波多黎各出差的钱德瑞卡立马飞来了芝加哥，南杜从纽黑文赶来，拉杰则夜以继日地守在医院。当母亲把两岁的普利萨带到医院时，她躺在我旁边一直大哭，不愿离开我半步。我躺在陌生的房间，全身插满管子的模样把她吓坏了。

几周后，我回到了自己的公寓，家人们每天都在悉心照料我。我做了理疗，重新学习那些因脑震荡而忘记的某些人的名字。长时间地看电视或者阅读于我而言是不行的，我也被告知，由于内伤几年内我都不能要孩子。出人意料地，我平静地接受了这一切。有普利萨真好，她叽叽喳喳的小奶音总能激励我。

康复需要更多休息，我的生活节奏前所未有地变慢了。我的睡眠时间变长了，天气好的时候我盼望着回去工作，天气不好的时候则庆幸自己还全须全尾地活着。这次事故是我的错，因为我在十字路口转弯时根本没有看见对面的来车。正如出庭的警官所陈述的那样，这个路口的标志极其模糊，他已经目睹数起在那里发生的车祸。

波士顿咨询公司再一次站了出来，他们照发的薪水和极好的医疗保险支撑我渡过了这场磨难。但是，这段远离工作的时间也让我重新思考了我的人生优先项。现在我有了女儿，无尽的出差和长时间的加班已经不再让我快乐，我想要离家庭更近一些。

与此同时，一位猎头主管一直在给我打电话，敦促我考虑一份在摩托罗拉汽车电子部门的工作。最终，我推着一个四脚铝制助行架，走进了他们在绍姆堡的公司总部。

20世纪80年代的汽车和货车行业正在经历转型，从笨重的金属机械野兽转变为今天我们所驾驶的轻型智能款式。作为一家专门为政府部门生产对讲系统、传呼机、半导体、手机、卫星系统的公司，摩托罗拉同时也在为汽车开发一系列新系统，包括发动机电子控制、防抱死制动系统和智能导航等。汽车电子元件部门的主管叫格哈德·舒尔迈，他是一位德国工程师，也是一位商界人士，拥有麻省理工学院的MBA学位，在欧洲曾经就职于博朗、吉列和索尼公司，江湖传言格哈德十分严苛。他需要一位新的公司战略主管来帮他整合摩托罗拉公司的巨大资源，引领私人交通工具领域的全面升级。

从看到格哈德的第一眼起，我就知道他十分优秀。整个面试都紧扣核心，他没有问我关于电子元件或者汽车的问题，反而一直关注我在商业战略上的思路：我会如何探究是什么驱动了一个我一无所知的行业？如何在一个充满战略的时代与时俱进？我的人脉资源有多广？我喜欢格哈德，他有一种了不起的能力，能用语言描绘出未来世界。他想了解的其实只是我们在工作上能否契合。会面结束后不久，摩托罗拉就向我抛来了橄榄枝。

我断断续续地与格哈德一起工作了8年之久，他是我的老师和教练，给我批评也给我支持。我的职场生涯因他的智慧得到极大滋养，家庭也备受他的照顾。这一切赋予了我未来能够晋升到CEO的底气与能力。从他身上，我学到了如何将繁事化简、如何就问题进行高效沟通。格哈德甚至为我张罗了许多机会：他曾经推荐我去麻省理工学院担任教职，尽管学校最初想聘请的是他本人。

幸运之神再一次眷顾了我，我遇到了这样一位亦师亦友、始终给予我全力支持的领导。当然我在工作上也投入了极多的时间。对格哈德，我的忠诚始终如一。

1986年年末，我走路时仍然一瘸一拐，我开始开车上下班。每天早上，我从芝加哥市中心的家中出发，开车前往30英里外的摩托罗拉公司。几周以后，母亲告诉我们她不想再经受芝加哥的冬天。在这里，呼啸的寒风还有降至零下的温度会持续数月之久。温柔飘落的雪花可能很美，但她觉得自己犹如笼中之鸟，她很想回印度待几个月。拉杰和我对此表示完全理解，给她买了回去的机票。普利萨则难过极了。

05 把想法放到三个不同的篮子里：马上行动、过几周再开始、不值得做

那时我们并没有请保姆。

阿妈一直与我们同住,无论是我的孕期,我们为人父母时的适应期,还是我在经历那场可怕车祸后的恢复期,因此我从未担心过普利萨是否安全、是否被爱,我也不用担心她的食物、衣服或者她能否得到真正的照顾。阿妈会倾听、与孩子交谈、接送孩子、给予她鼓励,还会给她报名早期教育课程。我和母亲随时都保持联系,从而也能知道她们俩白天是怎么过的。我们的女儿完全处于一个充满奉献精神的家庭中心。

但是如今,至少在这个寒冷又黑暗的季节,我和拉杰只能自力更生了。对于双职工父母的保障体系在这里完全没有,我们也很难找到负担得起的托儿所。接下来的 5 个月,日子会艰难无比。

我们立刻就把需要保姆的消息告诉了所有的亲戚、朋友还有邻居们,接下来也有几个人过来面试。但是,跟许多父母一样,我们无法对碰面的这些人产生信赖和联结感。与此同时,那些训练有素的高端保姆又太过昂贵。

谢天谢地,一位叫作瓦姗塔的女士表示愿意提供帮助。她曾与我们在印度音乐会上碰过几次面,她的房子位于伊利洛伊州的橡树园,距离我们的公寓大约 20 分钟路程,拉杰上班的路上正好会经过她家。瓦姗塔和丈夫有三个女儿一个儿子,都是 10 多岁。她说我们可以每天早上把普利萨带去,然后下班回家的时候我或者拉杰再把她接走就行。现在回想起来,她允许我们晚上的任何时候去接孩子是最让人感恩的一件事。

于是,每天早上 6 点半,我们就开始给普利萨全副武装:雪地服、帽子、连指手套、靴子,然后再往她的包里装尿布、玩具、乳霜还有一些小零食。7 点左右,拉杰会带着普利萨,冒着芝加哥冬天的寒风,走到街道的另外一头去发动汽车。

到了晚上——大部分时候都是拉杰——穿过厚厚的雪堆,抵达瓦姗塔的屋子前门。我不太有时间去接普利萨,因为我在摩托罗拉的第一年经常出差。我必须和芝加哥的高管们一起去菲尼克斯,那里是摩托罗拉位于亚利桑那州的冬季总部。有好几次,我被困在奥黑尔机场停机坪的飞机上,对于要很晚才能接到我的女儿这件事感到万般烦恼,有时候我甚至晚上九十点才能到达瓦姗塔家。

普利萨喜欢瓦姗塔,但是她讨厌每天一早就要在寒冷中出发,很晚才能回家。有几个早上,她拒绝离开家里,并且为此大发脾气。那个冬天绝不能称为我们的快乐时光。到春天的时候,拉杰和我对这一切已经疲惫不堪,我们必须做些改变了。

我们选择搬回格伦埃林,那里的房子有四间卧室、前廊和两个停车位,还有一间未装修完的地下室,靠近公园和一家蒙台梭利学校。这里是一个全新的开发区,离我的办公室更近,房子的空间也足够容纳住家保姆或者前来拜访的家人们。

就这样,我们的第二次美国郊区生活开始了,只不过这次的房子里面每个房间都有家具,还有一个活蹦乱跳的3岁小姑娘。她喜欢探索屋内的隐蔽位置——楼梯、各种角落,也喜欢在浴缸里面把水泼来泼去。住在马路对面的马克和戴维是她的朋友,三个孩子在一起看了很多《忍者神龟》的动画片。我从来没有真正理解过它,但是拉斐尔、多纳泰罗、米开朗琪罗和莱昂纳多这四位动画片里的主角成了我新晋的好朋友。

拉杰和我也询问了我们在印度的父母、叔伯婶娘们,想知道他们是否有时间来美国帮我们照顾普利萨。在一些亲戚同意之后,我们就开始用一张巨大的全年挂历来为他们做行前安排:旅行日期、机票、签证,每个人进出美国所需的文件资料必须提前几个月就要弄好。

接下来的几年,我的公婆和亲戚们轮流来美国与我们居住。偶尔我们也会雇用当地的保姆帮助普利萨适应学前课程,帮我们做饭,还有做一些家务。晚上,拉杰和我接管孩子。我们没有任何社交生活。周边的邻居们都很友好,但也在忙着让他们的工作和家庭生活步入正轨。

印度的亲戚们每次会来两三个月,他们睡在有独立卫生间、位于中间楼层的明亮卧室里,负责照顾普利萨的饮食起居。坦白地讲,平时他们哪里都不去,都是窝在家里疯狂看电视。周末我们会带他们去芝加哥周边转转,一起开车去购物中心或是看电影。安静的郊区生活的确让人不适应,他们一定也很想念家里那些来来往往的客人和热闹喧嚣的气氛。我们给他们买了周游美国的套票,这是一种专供外国游客使用、可以让他们在美国全国旅游观光的机票,但是根本没有人使用过,他们来到格林埃林只是为了和我们在一起。

这些人都曾在印度政府有着体面的中层工作,之前也没怎么休息过,因此他们才能攒下悠长的假期来到这里。他们的妻子从未外出工作过,对自身也并未有太多期许。但是,帮助我们这个成长中的家庭被这些夫妻视作一种共同的、作为长辈的责任——当然也是一种乐趣。他们能感觉到,我们的成功离不开他们的付出。

对我来说最重要的是,他们也放下了印度的一些传统观念,譬如女性在家里必须负责让每个人吃饱穿暖、干净愉快。如果我下班回家累了,他们会叫我去休息。我一直在坚持工作——正如拉杰的父亲在婚礼之后敦促我做的那样——大家都以我为荣。作为一位接受过教育、精力充沛、在美国商业世界跋涉的女性,我的职业生涯也是我的家人与他们的印度熟人朋友的谈资。努伊是印度门格洛尔附近的一个小村庄，我公婆很喜欢我带着这个名字追逐美国梦，他们甚至把这个小镇标注在了地图上。

无论是过来的亲戚，还是我母亲，我们都没有给过报酬。当母亲与我们同住时，拉杰和我会支付她的所有生活开支，但从未向她付钱——无论是照顾孩子、做饭、打扫卫生还是其他的。母亲为了维持这个家的正常运转付出了许多，但如果我们提出要付酬，她就会觉得这是莫大的侮辱。

那个冬天，在拉杰和我把孩子送去家庭托育的时候，我们也经历了一系列混乱、焦虑、争吵和疲惫，但我明白问题其实很好解决：这样的安排不会持续很久，我们的工作稳定，宝贝也很健康。此外，在普利萨的童年时期，有大家庭可以倚仗是我和拉杰的幸运，家族所拥有的照护体系让我们的小家庭得以蓬勃发展，我们也能够在职业生涯中不断进步。

但是，那些成千上万没有这种豪华保障体系的家庭又该怎么办呢？双职工家庭每天都会承受这些痛苦，而且会持续数年——不仅要经历暴风雪，还可能面对失业、离异、疾病……以及无数我们都会面对的艰难险阻。这些让我思考，为什么国家不能把重点和优先级放在提供便利、实惠、优质的托儿服务上呢？

可信赖的家庭支持让我可以全情投入地在摩托罗拉工作。在我坐在位于老汽车电子大厦的新办公室的第一周，当我在阅读近期的战略报告时，我发现格哈德在18个月里炒掉了在我之前的三四个战略主管。这可不是个好兆头！我向人力资源主管询问了这件事。

"呃，那是因为他们没法跟格哈德共事。"他说，"他一分钟就会有一个想法，没有人能够跟得上这个节奏，但是我们希望你能留

05 把想法放到三个不同的篮子里：马上行动、过几周再开始、不值得做

下来。"

这个信息太重要了,格哈德需要我跟随他一路快跑,帮助他推行他想在这家公司实现的愿景。每天早上,格哈德会带着他的新思考来我的办公室停留一小会儿,然后我会着手把这些想法放到三个不同的篮子里:(1)马上行动;(2)过几周再开始;(3)不值得做。一段时间之后,我会再次整理这三个篮子,让他看到我的进度。格哈德从不过问我如何,以及为什么对他的想法进行判断与排序。

格哈德录用我这个门外汉是因为我曾接触过许多行业,也有将战略架构与发挥企业价值相结合的能力。此外,我还是一个直言不讳、愿意挑战现状的人。

但我的确对汽车和电子一无所知。因此,每周两次,两位社区大学的教授会到我的办公室给我上课:一位告诉我汽车如何工作,另一位讲授固态物理学和电子学。什么是微处理器?什么是半导体?什么是电子发动机控制?什么是变速器?什么是化油器?如果没有这些额外的培训,我根本不可能成功。我必须刨根问底、快速学习,这样才能理解摩托罗拉的整个产品组合,尤其是车用电子设备部分。

摩托罗拉公司于1928年在芝加哥成立,以开发汽车音响起家。60年后,一大批最聪明的人才聚集在摩托罗拉,帮助其实现了技术革命。他们与美国国家航空航天局合作,共同打造了将阿姆斯特朗的讲话从月球传回地球的设备。他们还为苹果和其他计算机制造商设计、制造微处理器与半导体。1971年,摩托罗拉公司发明了第一部手持移动电话。当我入职的时候,这种电话已经迭代到了DynaTAC 8000——这也是第一个有商用价值的型号。它的尺寸跟一本书差不多,电池续航时间为30分钟,价值3 995美元。作为摩托罗拉员工的我在拿到这款手机时，内心真是万分自豪。我裙子的腰带上也别着一个寻呼机，身处执行岗位的我理应随时被呼叫。这是一种体现个人重要性的标志——即使呼叫你的只有亲朋好友。

在接下来的两年里，我与格哈德协同工作，重新定位了持续增长的车用电子设备部门。然后在他的建议之下，CEO办公室让我领导了一个覆盖全公司的项目，我们把它叫作"移动人机控制与通信"。

我爱上了这项工作带来的责任感和深远的影响力。预算很丰厚，我组建的团队包括了几位摩托罗拉核心高管，还有7位MBA学生。为了参加我们的这个项目，这几位学生将暂停学业一学期。我们有许多想法，都是关于技术如何重塑未来的：在车上装载内置娱乐与导航的仪表盘、移动电话、家庭远程控制系统……清单上的功能一直在增加。我们必须思考，摩托罗拉未来几年该如何制定投资策略。

跟10位高管进行的全天会议是我的高光时刻。他们热切希望部门之间能够合作，期待会议中提到的方案能够落地。从个人层面来讲，看到自己的工作成果如此受欢迎让我的内心非常充实。

1988年年末，33岁的我被提升为摩托罗拉公司战略规划部门的负责人。我开始与CEO办公室一起工作，并感觉自己已经被纳入核心圈子。后来成为公司CEO的克里斯·加尔文此时负责公司的职能部门，他鼓励我去争取副总裁的头衔，这对整个公司的女性来说都是少见的殊荣。

我搬进了那栋褐色砖墙和玻璃相间的总部大楼，我的办公室位于6层。公司给我配了一辆车，还有一个地下车位。过去的每一个冬夜，我在开车回家之前都必须先清扫挡风玻璃上的积雪，这项福利让我总算免于这一烦恼。工资也有一点儿提升，但这并不是我的主要关注点。真正让人兴奋的是，我可以承担更多责任了。

05 把想法放到三个不同的篮子里：马上行动、过几周再开始、不值得做

我主要负责重振公司战略部门,这在摩托罗拉是一个不受重视的行政部门。我招聘了6位员工,包括来自波士顿咨询公司的前同事,以及一些来自其他部门的人。全心投入工作的我爱上了管理,也爱上了向大家解释我们将如何发展摩托罗拉,以及挑战硅谷的公司。

作为一名管理者,在自己的团队里我会非常坦率,以此确保我们所有决策的正确性。我会在一些会议中直言不讳地评论他人,有时也会指出某个部门的策略行不通的原因:"你的策略毫无意义。""你假设的财务回报在你的财务模型中根本无法实现。""这个既不普遍也没有作用。"

某个时期,CEO乔治·费希尔注意到了我的沟通风格,并把我拉到一边对我说:"扔手榴弹的时候小心点儿,即使你是善意的,这种方式也可能让人反感。"乔治会指导我采取不同的说话之道,例如:"请给我讲讲这一切是如何结合起来的?在我看来,这个技术平台需要大量的投资和耐心。您提出的快速回报是否明智?"尽管我很讨厌这种柔和的、全新的询问方式,但我发现它的确卓有成效。我很感激乔治与我的这次直截了当、一对一的建设性谈话。总体来说,我从中受益良多。

尽管如此,一段时间之后我发现,日复一日的策划工作开始变得乏味。我需要跟结构复杂、将多兵少的CEO办公室打交道,也要和很多部门总裁,以及其他充满善意但深信自己也理应对摩托罗拉的公司战略施加影响的经理们打交道。我找到了借助拥有非正式权力的员工配合我完成工作的方法,但这一切实在是太浪费时间了。

1989年年末的一天,格哈德打电话给我,告知我他即将离开摩托罗拉。他接受了位于苏黎世的艾波比股份有限公司(ABB)的工作邀请。ABB是一家雄心勃勃的新公司，由瑞典通用电机公司和瑞士的勃朗-鲍威利有限公司合并而成。ABB将与通用电气、三菱等公司竞争，成为世界上最重要的重型电气设备制造商，他们的经营范围包括发电、传输设备和工业控制设备。格哈德会去瑞士工作，目前，他的妻子海尔格将和他们的3个孩子留在芝加哥。

我有点儿难过，但并不惊讶。几个月前，格哈德开始管理摩托罗拉的欧洲业务。我知道全球产品部门并不喜欢他直截了当的风格，也不愿意配合，于是沮丧的他开始另谋出路。由于我的飞速成长得益于格哈德的教导，我祝愿他一切顺利，也承诺一定会与他保持联系。我知道我会非常想念他。

与此同时，总部公司的战略团队被委以重任——对摩托罗拉的每项业务进行完整的投资组合分析。我们夜以继日地研究公司的优势和劣势，找出我们应该投资哪些领域，以及哪些长期技术最值得押注。我发现之前所有关于"未来"的工作都得到了回报。我们有一些很棒的想法可以付诸实践。

将近1年后，我的团队向公司高层做了一次长达6小时的报告。我们对公司从上到下进行了详细的评估，并制订了明确的行动计划，这一切实在是让人自豪无比，这是迄今为止我做过的最大、最全面的工作。整个讨论既令人兴奋又发人深省，每个人都对此表示赞赏。公司高层告诉我们，他们会在几周内向我们反馈推进思路。

格哈德再次打来电话，他已抵达苏黎世，并且希望我也去ABB工作。我告诉他我没法搬到苏黎世，也无法跨国通勤。他理解我的想法并表示认可，但是既然我不愿意接受这份工作，他问我能不能为他找一个能帮上忙的人？他已经要求猎头为他另寻一位"英德拉"，猎头完全不理解这是什么意思，只好给我打电话，让我来描述工作

05 把想法放到三个不同的篮子里：马上行动、过几周再开始、不值得做

内容。

我答应帮忙并开始审查候选人，在格哈德的要求下，我甚至飞往伦敦与几个将要负责战略分析的候选人见面。我相信他们一定很困惑，为什么要去 ABB 工作的他们会由一位供职于摩托罗拉的人面试。但这并不重要，因为格哈德把所有人拒之门外。当他在苏黎世的秘书试图弄清楚格哈德的要求时，也经常会给我打电话。我们开玩笑说我是她的"格哈德翻译"。在我的帮助下，她渡过了最初的艰难时光。

时间又过去了几个月，我一直在等待下一步有关之前投资组合分析的行动指示，但摩托罗拉的老板们一直告诉我要保持耐性。我每晚都会跟拉杰抱怨，这也是他第一次看到我的焦虑与挣扎。这于他和我来说都极不寻常，那个通常意志坚定的我现在变得相当沮丧。

考虑到摩托罗拉的文化，或许我应该清楚，做出有关整个公司未来的重大决策的过程是缓慢而谨慎的。但我的耐心在流失，而且感到压力重重。我不知道此时的耐心缺乏到底是一种恶习，还是一种美德。

格哈德又打来电话，说 ABB 一直在大举收购，数百家世界各地的、规模较小的工程和设备制造公司已被他们收入囊中。目前这家公司的年销售额约为 200 亿美元，员工数量已经扩展到 20 万名。现在 ABB 正在收购一家位于康涅狄格州斯坦福的燃烧工程公司，这家公司生产发电系统和其他工业设备。格哈德正把公司的美国业务纳入他的职责范围，由此，他将负责 ABB 约 1/3 的业务。他和海尔格也将搬到康涅狄格州。

我是否也应该去呢？

与此同时，拉杰在惠普公司的表现极其亮眼。作为一名销售主管，他很满意自己的工作。他是最早一批获得公司总裁俱乐部奖的人，该奖项授予销售主管中最优秀的0.1%。他和那些他视为亲密朋友的人一起工作，他热爱这份工作和这里的环境。

普利萨在格伦埃林的蒙台梭利学校安顿下来。大多数晚上，我们两人都会在适当的时间到家，一起吃晚饭、陪我们每天都在茁壮成长的女儿玩耍、给她讲故事。有些周末，拉杰会带她去莫顿植物园，在那里他们会与鸟、树和花建立联系。其余的周末，我们会去科学博物馆或芝加哥市中心的谢德水族馆。我们的生活既稳定又有趣，院子里亲手种下的树苗也日渐茁壮。是的，我在工作中屡屡受挫，但我们的生活是如此安宁。

然而，格哈德仍然没有放弃邀请我和他共事。在和我谈话后，他联系了拉杰，提出了康涅狄格州的计划，并列出了我们应该搬家的所有理由：靠近纽约和我姐姐、学校更好、房子更漂亮、薪水更高、老板和公司以行动为导向。他的确是一个合格的推销员。拉杰接听了电话，耐心地听完——这是他对一位杰出人物的真诚敬意。

某个晚上，拉杰问我摩托罗拉的投资组合分析会不会出什么问题，我告诉他情况不妙。问题在于摩托罗拉的领导层结构：从结果来说，每位部门总裁对这些决策的影响力都比我大得多，而CEO办公室必须在重大战略上与他们达成共识。作为一个扮演顾问角色的部门，我们提出的建议可能需要花费数年才能被实施。可这样一来，在这瞬息万变的环境中，那些建议还能有多少时效性呢？

"好吧，"拉杰说，"那我们搬家。我希望你快乐，但很明显现在的你并不快乐。"

我的丈夫把我的幸福和事业放在了讨论的中心，这真的令人感动不已。在经过深思熟虑后，他愿意让妻子和女儿搬家到千里以外，而他先单独留在芝加哥，以后再来找我们，天知道他会单独留下来到什么时候。他知道，他将不得不向惠普申请更换工作地点，或跳槽到另一家公司。他只希望我的事业得到充分的保障。

拉杰的无私是非凡的。因为从很多方面来说，他改变了那个时代的传统。他是一个雄心勃勃、受过良好教育的人。此时的他 30 多岁，正在自己的公司里步步高升，拥有极其美好的财务和职业前景。同时作为一位身在美国的外来移民，他不但要担负来自家乡亲朋的种种期许，也会被他在这个新国家所认识的人牵绊。如果为了我的事业而改变他的生活，那他就必须跟这一切抗争。拉杰的勇气，还有对我、对家庭的忠诚是我如此崇拜他的原因，与他相遇是我这一生中最美好的事情。

当我决定离开摩托罗拉时，克里斯显得很沮丧（他的祖父创建了这家公司，父亲曾担任 CEO）。一个周末的早晨，他来到我家劝我留下。他最具说服力的论点是，我不应该因为一个人（格哈德）而离开一家公司（摩托罗拉）。我告诉他尽管我不想离开，但我不觉得我在这里有任何影响力。

我想要的只是看到我的工作成果而已。

06

进入了高管招聘的圈层：
是两个孩子的妈妈，也是女性管理者

1990 年年末，我和母亲带着普利萨搬到了一套位于（美国东北部的）康涅狄格州斯坦福草莓山大道的两居室出租公寓里。这栋楼是一座巨大的水泥块：墙壁很薄，地毯也很破旧。6 岁的普利萨现在连个可以撒欢的地方都没有，至少目前如此。

按照计划，拉杰在惠普公司等待被调往美国东北部。在那之前，他每个月会花两个周末从芝加哥到斯坦福来看我们。他很热爱自己的工作，表现得极其出色，也已经为升职做好准备。拉杰对调职表示乐观，但不幸的是，几个月后，我们得知康涅狄格州那个更高的职位要过一年才会空出来。虽然拉杰可以接受两地奔波，但我不希望他离开我们这么长时间。普利萨想念他，我也觉得自己无法应付没有他的生活。

拉杰非常勉强地同意了搬到康涅狄格，但觉得自己前途一片迷茫。这是一个艰难的选择，也是一种为爱做出的牺牲。他辞去了一份很棒的工作，要知道他的公司一直在科技革命中占据主导地位，而且彼时他在那里有极大的发展潜力。

几周后，我们卖掉了格伦埃林的房子，对于搬到离纽约更近的地方极其满意。我的姐姐和弟弟就在附近，我母亲在那一地区也有更多的印度朋友。我们对新英格兰非常熟悉，这里离耶鲁只有一个小时的车程，我可以更多地与 SOM 打交道，甚至可以去洋基体育场现场看比赛了。

再次和格哈德共事令人喜悦——我很满意这个可以和他共同商量、决策并采取行动的工作环境。我们的办公室在一幢豪华的大楼里，四周树木环绕，有宽阔的走廊和房间。我的头衔是负责战略和战略营销的高级副总裁，职责范围包括 ABB 在北美和全球工业部门的所有业务。我是 ABB 公司前 50 名的高管之一。

那个时期的 ABB 简直是一台收购机器。它在康涅狄格州收购的燃烧工程公司曾是一家标志性的美国公司，在其全盛时期，几乎所有的美国公用事业都由它提供蒸汽发电和电力传输设备。可是这家公司如今只是一个正在亏损的蒸汽涡轮机制造商，还拥有成千上万的员工。ABB 希望扩大其在北美的版图并完善发电业务。事实上，我认为这是一个糟糕的收购行为——尽职调查没有充分完成，问题随处可见。格哈德必须以一种雄心勃勃的、放眼欧洲集团的世界观来简化整个运营层次。

ABB 的 CEO 珀西·巴尼维克是一位年轻的瑞士高管，他在苏黎世工作，于 3 年前策划了瑞典通用电机公司和瑞士的勃朗-鲍威利有限公司的合并。珀西的经营风格很独特：他将公司分散到数百个法定实体中，并将控制权完全交给高级经理。但如果高级经理不能达成预期的交付，他就会带着雷霆之怒从天而降。珀西曾被评为欧洲"年度 CEO"，他的管理风格在媒体上被大肆吹捧。每个人似乎都对珀西印象深刻，还带着一点儿敬畏。我离他太远了，不用惧怕

第一选择

他，观察和学习他的行事方式即可。

我们最大的竞争对手是通用电气，此时带领这家公司的是传奇的 CEO 杰克·韦尔奇。通用电气的总部离我们在斯坦福的办公室只有 20 英里。ABB 带着羡慕和恐惧研究了通用电气的每一步行动。杰克·韦尔奇领导下的通用电气是一家值得效仿的公司。唯一让 ABB 的所有人都感到困惑的是，它的大部分利润来自通用电气金融公司，这是一个极具风险的策略，如果金融市场出现波动，可能会影响通用电气的业绩。同时，这也说明了通用电气的估值并不是由其制造业务驱动的。我们选择这家公司进行对标是错误的。

我再次深入行业的复杂旋涡之中。这次的业务范围是与制造有关的全球工业设备，涉及纺织、造纸、石油和天然气行业，及一般工业制造业。客户如何购买驱动器、电机、可编程逻辑控制及各种仪表？他们应该购买成套的系统或子系统，还是应该购买独立的产品，然后让内部工程师来进行整合？之前我在波士顿咨询公司接受的培训，尤其是我在特灵公司工作时获得的那些复杂的暖通空调系统方面的经验帮助我厘清了思路。

我开始研究 ABB 产品的具体细节，也开始定期去欧洲出差。我的主要目的地是瑞士苏黎世、德国曼海姆，以及瑞典韦斯特罗斯，我会去那里参观工厂，同时与全球的同事和客户通力合作。

在北美，这些工作只多不少。除了工业客户，我们还需要跟公用事业的客户打交道。未来 20 年对电力的需求可能会达到什么程度？未来哪些公共设施需要发电？蒸汽发电机还是汽油发电机？现有的设施使用年限是多长？我建立了一个行业咨询委员会，请专家们帮忙制定战略。设备供应商和公用事业往往联系密切，我们也需要用这种方式更有效地了解客户。与此同时，我的团队已经变成一个紧密、高效、温暖的整体。

在这一过程中，我还得到了安妮塔·格里芬的帮助，她为我计划旅途、安排日程，为所有人的工作提供了良好的助力。在我宣誓成为美国公民的那天，她在办公室里为我策划了一个惊喜派对，现场有小旗帜、蛋糕，还有红、白、蓝色相间的帽子。她理解这个日子对我的重要性：我很高兴成为美国公民，但与此同时，我必须放弃我的印度国籍。印度是我出生的国家，也是我的身份认知中最核心的一环。这一切让人悲喜交加。

那时我一边忙于战略工作，一边担任格哈德的重要助手。由于他是 ABB 执行董事会的成员，经常需要去苏黎世的总部工作，所以在美国的我就成了他的传声筒，把信息传递给那些试图让他的伟大想法奏效的经理。我们一天会沟通数次。

格哈德用英语交流，但他的风格是德系的，他喜欢简单明了的框架、逻辑清晰的数据，以及言简意赅的陈述。有时候，他会坐在会议室里听完整场会议，然后当着所有人的面对我说："我想你之前根本就没有看过这些给我的材料。"通常我能预料到这个场面什么时候将会发生，因为那时他的耳朵会变红。我是唯一注意到这个细节的人。

这类评论的结果是，我必须先过一遍同事们即将提交给格哈德的大部分工作。他们很感激我的意见，这种方式也让我得以了解那些并不由我直接负责的工作。我在行使这项权力时非常小心，首先我要确保大家明白我并不是唯格哈德马首是瞻，其次我需要格哈德明白我完全不想搬弄是非。

然而，这个角色有一个缺陷：摩托罗拉的克里斯·加尔文说得对，我对格哈德的忠诚让我实际上是在为个人而非公司工作，我在

第一选择

ABB的事业成功与否、能成功多久都与格哈德完全绑定。

我们都不喜欢草莓山这个地方,于是,几个月后我们一边寻找可租住的房子,一边努力存钱准备买一个长久的居所。拉杰和我仔细考虑了下一步方案,我们打算在想买房的区域先租一栋房子,然后再在那里落地生根。

我们选择了康涅狄格州费尔菲尔德县,很大程度上,这是一个住宅型的社区。这里与大都会北方铁路火车站相连,每天有成千上万的工人从这里进出纽约。该县沿大西洋海岸延伸了30英里,从纽约州沿线的格林尼治到布里奇波特,蜿蜒青翠的道路旁边伫立着许多大房子。介于两地之间的是达里恩、新迦南、诺沃克、费尔菲尔德、西港等较小的社区,以及另外6个体现新英格兰郊区生活的城镇。它们都有良好的学校、公共图书馆、古老的教堂,还有秋天会出现在门口台阶上的南瓜。

在考察了很多次后,我还是没能找到合适的、正在出租的房子,于是格哈德给了我一个建议。他和海尔格已经在新迦南找到一处临时住所,但海尔格和孩子们要几周后才从芝加哥搬过来。那么,拉杰和我为什么不先住到那里去呢?他们可以之后再另找一处房屋。

格哈德和海尔格租的地方漂亮极了——比我们想要的更大——有郁郁葱葱的树木和可爱的院子。拉杰和我对这里十分满意,尽管租金更高,我们还是乐意接受。但是,当格哈德通知房主,他们把这里转租给了印度裔的房客时,对方却反悔了。"该房不再出租。"他们说。

我们能猜到房主拒绝的原因,但拉杰和我不想计较,当务之急是找到一栋房子,我们没有时间和精力考虑房主拒绝的原因。后来,格哈德一家也没有租住那栋房子。

我们在达里恩一个叫诺顿湾的社区里租下了一处房屋。周围的湿地中有很多鸟儿和花栗鼠，普利萨很喜欢追赶它们。房子宽敞、现代化，有少量构造需要维修，但对仅把它当作中转住所的我们来说，一切都很完美。这里的每个房间几乎都能看到波光粼粼的湖水。

不久，拉杰就在位于斯坦福的毕马威咨询公司找到了一份工作，专注于电子行业的供应链管理。不到一年后，他跳槽到毕马威旗下的柏亚天管理咨询有限公司。他在那里工作了9年，最后成为公司合伙人。这份工作给了他极大的激励。

普利萨在新迦南乡村学校上一年级，和我们住在一起的母亲也会去姐姐那边小住。姐姐现在结婚了，住在纽约，女儿刚刚出生。南杜已经从耶鲁大学毕业，目前正在马萨诸塞州剑桥市的麻省理工学院攻读博士学位。很快，我再次怀孕，尽管恶心的晨吐问题又像以前一样发作，但这消息让我们狂喜不已。有一次我昏倒在办公室里，因此不得不在家待了几天。格哈德让他的司机弗兰克在我家的车道上随时待命，以防我需要司机送我去医院。当我让弗兰克离开时，他表示拒绝："舒尔迈先生不会同意我这么做。"

再一次，还是同一种情况，我们需要给普利萨找寻可靠且能负担得起的育儿服务——某位能够照顾小学生的保姆。

现在我们决定通过一家信誉良好的中介公司来雇用住家保姆，希望找到一个经历过筛选、值得信赖，还可以开车送普利萨上学的人。一位来自纽约州北部、20多岁的年轻女性最终入选。尽管普利萨经常趁我们不在时偷偷看电视，我们还是对这位保姆持积极态度。我们告诉她要多和孩子相处，多陪她读书和玩耍，但一切毫无改变。有一天晚上，保姆和她的一位朋友去纽约参加聚会，第二天她告诉我们，在举行聚会的房子里发生了一个涉及她朋友的案件。她说虽然自己并未参与其中，但警察可能会过来对她进行盘问，于是我们只好辞退了她。

我们又去了那家中介公司，每次他们介绍保姆都会收取相当高的费用。我们从数据库中又挑选了一位，希望她能工作更长时间。这位保姆来自美国中西部，通过审核她的简历和照片，我们认为她是个和蔼可亲的人。在电话面试中，这位保姆听起来既能干又有条理。然而，几周后，我们发现她根本达不到这份工作的要求。她很善良，但她没办法为普利萨和她自己安排好充实且合理的日程，于是她也只能离开。

我们对这些保姆的工作表现感到很绝望，并且不再相信中介拥有足够的资源能帮我们找到可以舒适地融入我们家庭的人选。在整个过程中，如同其他数以百万计的双职工父母一样，我们感到非常担忧和紧张。我们放弃了寻找保姆，母亲时不时地过来帮忙，我们也在附近找了一位退休的女士，请她在我们需要的时候帮我们照看普利萨。如果拉杰和我没有时间，格哈德的司机弗兰克也会帮忙开车送普利萨去学校。

对我和拉杰来说，这段时光充满了希望、压力、兴奋和恐惧。我在怀孕过程中经历了晨吐的巨大痛苦，还有工作的极端劳累。与此同时，我还要尽全力不辜负大家的期望——成为一名伟大的高管、母亲、妻子和女儿。母亲的同住给我们带来了很多好处，但随着时间的推移，这也带来了一些麻烦。她有自己的教育方式：孩子睡觉和吃饭的时间相当随意，看电视的时间同样如此。拉杰想让普利萨的生活更有规律和纪律意识，但母亲一直提醒我们，她养育过三个孩子，很清楚自己在做什么。我不想惹她生气。拉杰想让普利萨的生活更有规律是对的，然而我无法改变我的母亲。我试过干预，但

06 进入了高管招聘的圈层：是两个孩子的妈妈，也是女性管理者

没能成功。

那时候家里的气氛真是紧张无比。

在亚洲和世界其他地区的家庭文化中,几代同堂是非常自然的事情[4],这对工薪家庭来说也是一种巨大的优势。在子女有需要的时候,父母能够施以援手,孩子和祖父母之间也能够建立联结,普利萨和我的母亲还有拉杰的父母也建立了一种类似于我与萨萨那样深刻而长久的关系。这样的家庭模型既适合照料老人,也能支持年轻人外出闯荡世界。

我很清楚其中的种种不易,以这种方式生活需要方方面面的调整。每个人的隐私空间会被限制,冲突会被激发,长者会被伤害,婚姻内部也可能出现裂痕。这样的结果显然不符合人们的预期。因此,为了维持健康的关系,整个家庭必须在界限和行为上达成一致。

在某些多代同堂的文化中,那些身兼母亲、女儿或儿媳妇数职的女性被夹在家庭中间,尤为艰难。这些女性可能在外工作,但同时肩负着成为一名优秀的家庭主妇、母亲以及照顾长辈的重任,她们迈出的每一步都可以被挑剔和指摘。女性的薪水可能会被违背自己意愿地存入某个家庭基金,这种基金往往不会让她随心所欲地支配个人开支。最终,她会因为没有达到所有人的期望而感到内疚,也无法拥有自主决策的自由。

随着人口的快速老龄化,以及对支持年轻家庭的真切需求,如何从根本上和实操性上找出多代人同住的最佳方式变得迫在眉睫。如果能通过开发新型建筑、与社区基础设施相连接,让工薪家庭既能减轻压力又能享受住在一起的美妙好处,这无疑会成为一个真正的福音。

拉杰和我开始在诺顿的房子附近寻找永久居所。我们喜欢亲水的环境和友好的邻居们,普利萨也很喜欢她的学校。某一天,我在飞往欧洲的飞机上坐了一位同样住在康涅狄格郊区的资深女性高管旁边。当我告诉她我们在找房子时,她直言不讳地说:"希望你考虑的房屋不是位于'白百合'①的达里恩或新迦南地区。"

我被她的话吓了一跳,但没有问她是什么意思。

说来古怪,几周后,我们和一个邻居谈论我们找房子的事,他也使用了同样语句。"你们在'白百合'达里恩找房子干什么啊?"他问我们。他说从长远来看,我们不属于这里,我们会感到不受欢迎。

在如此短的时间内经历了两次这样的对话,我们着实大开眼界。原来,上次在租住格哈德的房子遭到房东拒绝时所受的教训只是冰山一角,一切比我们想象中的要严重得多。父亲总是告诉我要"抱持积极向上的态度",但我们现在接收到的信息已经相当明确:"这些社区不适合我们这样的人"。

我们把搜索范围转移到了格林尼治镇,这个城镇更大,离纽约大都会区也更近。当时的格林尼治镇也并不是非常多元化,但我们被告知住在那里的国际家庭更多。房地产经纪人带我们参观了所有在售的房屋,然后在离商业区车程很近的地方,我们找到了一处漂亮的居所。这栋房子的价格超过了我们的预算,但符合我们的其他标准。我们买下了这栋房子,这个家现在是我们的了。

当我们搬到格林尼治镇时,我们知道自己将会在一个富裕的社区居住——这与之前我们习以为常、朴实无华的芝加哥的房子和周

---

① 白百合运动(lily-white movement)是一场反黑人政治运动,此处用以指代此地区不太愿意接受黑人和少数族裔住户。——编者注

边的环境大不相同。这是不是一种泡沫？我们对此颇为矛盾。但是学校的质量、社区的安全性，还有保护孩子的信念都是我们做出这一选择的重要因素。

在买下这栋房子后，我们很快雇用了一位承包商，请他在我们搬入之前做些许修复工作。几周后，旅行回来的我开始检查他的进度，结果发现房子的一半被拆到只剩框架。承包商声称他发现了比之前预计的更多的问题。一开始只是做了一些小拆除，到后来就是欲罢不能了。

这真是一场灾难，我们没有钱进行大规模的翻修，而且此时的我已经怀孕4个月。这个家伙看上去实在很不可靠，我们必须找一个新的施工团队，让工程在最短的时间内完成，但拉杰和我都对此感到无能为力。这栋房子是木质结构，而我们在印度的平顶混凝土房屋中长大，对二乘四的木材一无所知，也不清楚如何评估处理屋顶积雪所需要的沥青，只能任由承包商摆布。为了帮助我们渡过难关，ABB从共同贷款计划中借给了我们一些钱。海尔格是一名设计师，随后她也加入进来，她以前装修过很多房子，也知道当前和未来应该做什么。正在格林尼治装修自己新房的她，也把我们的房子列入了她的日程。

我们两个家庭继续相互依靠，以应付各种工作和家庭责任的需求：大到把ABB建设成一个占主导地位的全球公司，小到确保我们每晚都有地方睡觉。

1992年12月中旬，在我们搬进重新建好的房子4天后，我开始准备分娩。第二天早上，我剖宫产下了一个美丽、健康的女婴——塔拉·努伊。对孩子的爱意又一次压倒了我，在医院里，我不想让她离开我的视线，也不想让任何人带她去育婴室。我满怀新奇地凝望着她，祈祷上帝给我力量和能力，让我成为她和普利萨的好母亲。

我们的家庭完整了，拉杰和我很高兴能拥有这两个女儿。我们深爱着她们，深感身上背负的责任之重。我们希望能够保护她们，同时像家人们之前为我们所做的那样，为她们未来的教育和婚礼埋头攒钱，希望以此确保她们志向远大、可以展翅飞翔。我们还畅谈了她们长大成人后的未来，包括如何关心他人、如何成为一个可以为社区和国家做出贡献的公民。还有，也许某一天，她们应该如何成为有担当的母亲。

比起一个孩子，养育两个孩子可谓难上加难。很明显，在塔拉出生的前几个月里，无论是从情感、体能还是安排上来说，养育两个孩子这件事比我们预想的要复杂得多。

举个例子，我现在才意识到，我本应该多多关注普利萨，让她提前适应她马上会有个小妹妹的事实。过去她一直是家里的重要人物，她特别珍惜与我单独在一起唱歌跳舞的快乐时光。

其实她早就提起过当我出差时她多想念我。在她大约 8 岁的时候，格哈德问她长大后想做什么。"我想做你的工作，"普利萨回答，"因为如果我坐在你的位置上，我就可以一直和妈妈在一起了。"

塔拉出生的时候，普利萨是一个刚搬入新家的三年级小学生。在此之前，我们经历了几个月的翻修、怀孕、工作和四处奔波。我以为她会喜欢有个小妹妹，但是现在回想起来，我终于理解了她当时的嫉妒与不安，因为她必须把自己专属的高光时刻分一部分出去。那时的普利萨调皮捣蛋、不守纪律，我则心事重重、脾气暴躁，并且经常忽略普利萨也需要我的事实。

与此同时，小塔拉开始拒绝睡觉，除非我靠在床头，让她躺在我伸开的小腿上。我不得不坚持以这个姿势过夜，而这样的习惯对心情影响巨大。

许多次在我想完成工作时，看着睡在我腿上的小塔拉和在我旁边打盹儿的普利萨，我整个人陷入了迷茫。我开始问自己：我应该继续工作吗？如果辞职会有什么后果？如果我心怀遗憾和怨恨地辞职，会不会让家里的气氛变得十分消极？

我无法想象如果辞职休息几年再返回职场会是怎样的情形，也想不出哪位女性曾这样干过。我担心的是，哪怕只是短暂地离开职场也会让我拥有的技能变得无足轻重，甚至以后很难重返职场，那样的话，我既没法为家庭经济做出贡献，也无法保持心智的活跃性。我的身边也没有居家办公的年轻母亲，偶尔一次也不行。大家必须去办公室上班。

这一切让我焦虑到无法入眠，但我仍然在坚持前行。

我在 ABB 的工作依然永无休止。作为一名高管，尽管有 3 个月的带薪产假，我还是觉得不能放弃工作，把这些时间全部放在家人身上，因此我在产假期间也没有停止工作。

事实上，塔拉出生后的第二天，格哈德就打电话到医院，告诉我有一个需要我参与的项目。我提醒他我才刚生完孩子，还在术后的恢复期。"但是，生下孩子的是你的身体，"他开玩笑说，"你的大脑还可以继续工作啊。"

格哈德向我展示了他是需要和欣赏我的，而且我对他的工作很重要。他当然也知道生孩子是件大事，所以让我自己决定回归工作的时间。

他告诉我这个项目后，我立刻召集我的团队一起讨论。他们都是男性，但也了解一些生儿育女的事。他们告诉我这么快就投身工作是愚蠢的，如果确实有需要他们会给我打电话。尽管如此，在我休假期间，我还是让他们定期到我家来讨论这个项目——这百分之百是我的自愿选择。

我很奇怪，为何我总是如此坚持。我内心的指南针告诉我，无论环境如何，一定要持续推进自己的任务。但凡我觉得自己的帮助能使得一件事完成得更好，我就会情不自禁地加入并帮忙。我自身强烈的责任感也让我很难拒绝别人，尤其是当他们来向我寻求帮助时。

我非常爱我的家人，但我的这种总是想尽可能地帮助别人的内心驱动力确实导致我把更多时间投入了工作，因而占据了陪伴家人的时间——这让他们非常沮丧。

有时候我真希望自己能换个思维方式。

这一次生产后，我们有更多的预算能用于聘请家务助理，这显然能帮助我更加顺利地重返工作岗位。我们请来了一名退休的护士，她负责照顾小塔拉，帮忙监督普利萨活动，偶尔也需要她做饭，我们还雇了一个清洁工。住在我们隔壁的邻居玛丽·沃特曼的儿子和普利萨同龄，我们很快便成为好朋友，玛丽认识我们家的护士、拉杰的父母和其他亲戚。对他们来说，玛丽是个好帮手。她会回答他们提出的任何问题，然后再把整个经过转述给我。

塔拉出生后的第一年，这个大集体开始为我们全家提供帮助。规律的状态已经形成，我能感觉到女儿们正被一群人照顾，而不是由一个人扛下重担。这种生活方式对我来说既健康又熟悉。

在接下来的近20年里，拉杰和我很少度假，不过我们全家每年都会去印度旅行。我们会在马德拉斯和门格洛尔待一段时间，普利萨和塔拉很喜欢这些假期时光。她们和其他孩子一起，每天都被游戏和笑声填满——这也让我回想起自己童年的夏天。她们在没有父母陪伴的情况下在花园里闲逛，从不抱怨蚊子、停电或持续的噪声。自抵达印度下飞机的那一刻起，女儿们身上的印度血统似乎立刻展现出来。她们穿着印度服装，用芭蕉叶吃饭，对这一切感到非常自在。两个孩子把这一切看作一次次大冒险。

普利萨四年级的时候，我们把她转到了格林尼治镇的北街公立学校，这里离我们的新家很近。大约6个月后，老师给了我们一张令人吃惊的便条，上面说孩子没有交家庭作业。普利萨聪明、活泼、幽默，她喜欢上学。我们对她的教育一直非常上心。她周围到处都是书，也总能写出热情洋溢的读书报告。彼时的普利萨只有10岁，家庭作业其实并不多。我们收到便条时担心极了。

在检查她的房间时，我们发现普利萨写完了所有作业，但没有交上去。我们问了普利萨原因，但她的回答含糊了事，只是耸了耸肩。由于我们倾向于完全信任老师和学校的管理人员，我们对普利萨很生气，作为惩罚，我们缩减了她的活动时间。

我和邻居玛丽讨论了这件事，她认为普利萨是一个非常勤奋的孩子，并暗示我们，学校里一定发生了什么让她困扰的事。玛丽建议我们向一位儿童心理学家咨询，同时在学校校长的允许下，我们安排这位专家坐在普利萨的教室里，充当一位沉默的旁观者。

一天后，谜底揭晓了。根据这位心理学家的说法，在课堂上，几乎每一次老师提出问题，普利萨都会举手，但她一整天都没有被邀请回答。我们被告知她的一位男老师选择完全忽视她。但这还不是问题的全部，普利萨说，午餐时她只能独自坐在一旁吃饭，其他孩子则在一起聊天玩耍。她也确实尝试过和其他人坐在一起，但他们会直接把她推开。饭后，他们还让普利萨跟在他们后面收拾东西。

第一选择

后来我们发现，她被强迫做这些杂活已经有好几周了，但在餐厅里负责看管孩子的老师们完全没有干涉。

这让我们心都碎了。当心理医生在办公室里向我们讲解情况的时候，拉杰和我都哭了，我们简直不敢相信竟然让自己的女儿陷入这样的境地。她被欺负显然是因为她是学校里仅有的几个有色人种学生之一。我们没能在这个所谓富裕的泡沫中保护孩子，这里比我们预想的要排外得多。

我们知道，必须马上行动。我们致电了位于格林尼治的天主教女子学校——圣心学校，并与校长琼·马格内蒂修女进行了交谈。两天后，普利萨被录取并开始在这所学校上课。无论是普利萨还是塔拉，我在接下来的 18 年里都选择了圣心学校。2011 年，我获邀在塔拉的毕业典礼上发表演讲，这是我一生中最激动的时刻之一。每天早上我都会把两个孩子送到圣心学校，这样我就能看到她们如何与朋友们一起成长。毕业典礼的那天对我来说如同里程碑一般，我亲眼见证了塔拉和她的同学们即将迈入真正的世界。

格哈德焦躁不安。他是一位很棒的领导，在 ABB 大获成功，但公司的高层办公室政治让他十分沮丧——瑞典和德裔瑞士高管们的自我意识和想法经常发生冲突。格哈德想自己经营一家公司。1993年年底，他离开 ABB，担任西门子利多富信息系统公司的 CEO，该公司是总部位于慕尼黑的西门子公司的信息系统部门。

我知道，我们在一起的 7 年冒险结束了。格哈德试探性地问我是否愿意和他一起去，包括带全家去德国，但我拒绝了，因为不确定因素实在太多。我很难过，但也完全接受了这个决定。

我继续在 ABB 工作了几个月，但气氛令我不快。我的新老板来自一家美国电力公司，他不喜欢和女性一起工作，经常叫我"亲爱的"。这是我在职业生涯中第一次感到自己毫无归属感。我开始拟订退出计划,包括帮助自己团队的 6 个人在其他公司找到工作。

我和老板面谈了一次。我向他讲述了我和格哈德如何进行团队协作,还有我可以怎样帮助他管理他现在负责的那些大型业务。"但我不习惯被称为'亲爱的',"我说,"只有你,还有你带来的人会这样叫我。因此我认为,我最好还是离开 ABB 吧。"

对于离开,我非常高兴。

以这种方式离开 ABB 并不是某种虚张声势的表演。我在公司外有着良好的声誉,猎头不断地给我打电话,我知道我很快就能找到另一份工作。格哈德也总是在给我支持,他很快安排我和杰克·韦尔奇共进午餐。

彼时,杰克担任通用电气 CEO 的 20 年任期已经过半。在打造美国最有价值公司的进程中,他解雇了成千上万人,被贴上了"中子杰克"的标签。

我们在通用电气的私人餐厅里坐了两个小时,讨论了全球业务、发电和输电的未来,以及培养领导者所面临的挑战。午餐结束时,他给我列出了一份岗位清单让我从中选择,这些岗位都是为了帮我获得担任通用电气运营主管的资格。这些管理岗位几乎都在像纽约斯克内克塔迪、肯塔基州列克星敦这样的小城市,他说我可以在几年后回到康涅狄格州,然后进入 CEO 办公室。

当下我就拒绝了所有的职位。我解释说,我有两个年幼的孩子,我的丈夫也在这里拥有了一份新工作,我不能离开。然后,杰克建议我和通用电气金融公司的 CEO 加里·温特谈谈,他当时正在全球范围内收购金融公司,以打造一个放贷帝国。杰克说我在那儿也可以有用武之地,而且工作地点就在康涅狄格州斯坦福。这似乎可行,

第一选择

我从午餐的地方离开，开始思考这一切。

此后，我又接到了孟山都公司 CEO 鲍勃·夏皮罗的电话，孟山都公司是一家位于密苏里州圣路易斯的农用化学品公司。我在波士顿咨询公司工作时就与鲍勃相识，当时他是西尔列制药公司的甜味剂项目客户。他想让我和他一起在圣路易斯的孟山都工作，我也拒绝了——同样是因为我不想搬家。其实，如果那时能和鲍勃共事的话，我应该也能学到很多东西。

形势很明显：通过自己的努力，我进入了高管招聘的圈层。四面八方的重量级领导都在向我示好，因为他们了解我是可以帮助其公司取得成功的人。我还有一个可信赖的关系网络，里面都是身居高位的男性，都愿意为我做信用背书。这个赛道里没人在乎我的长相，也没人在乎他们需要付给我多少工资。

与此同时，所有这些工作都要求我的家庭生活发生颠覆性的变化，我的丈夫和孩子也被期望随之做出调整。这就是进入圈层的代价，许多男性在面临这种重大调整时做出了自己的选择，而他们的家庭也只能跟随其后。

我不能这么做，我也并不愿意。

电话再次响起。这次是一位猎头，他问我是否愿意面试百事公司的高级副总裁一职，这份工作需要我负责企业战略与规划。百事是一家饮料、零食和餐饮公司，该职位的职责包括对 50 名极具潜力的管理人员进行监督和审核。这些新人会进入规划部门工作 18 个月左右，然后被分配到公司的各个管理岗位上去。指导和培训是这份工作的重要组成部分。

我反复考虑过要不要进入消费品行业，尽管我知道我什么都能学会。在摩托罗拉和 ABB 的 8 年间，我涉猎了工程、技术和许多基建项目。但是，在听说百事公司还拥有肯德基、塔可贝尔和必胜客时，我开始怀疑这份工作是否真的适合我。我连肉都不吃，能和这些餐厅有什么关系？

不过，百事公司的总部在离家很近的纽约帕切斯，这样的工作条件引起了我的兴趣。我开车去见了 CFO（首席财务官）鲍勃·德特默和企业招聘主管罗尼·米勒·哈斯迪。鲍勃和我一见如故。

几天后，我见到了百事公司的 CEO 韦恩·卡洛韦。韦恩是出了名的沉默寡言：聆听、点头、惜字如金——这就是他的方式。在最初和他的一小时讨论中，我讲了 57 分钟，而他只讲了 3 分钟。但是，韦恩把我说的每句话都听进去了。他给予我的发言时间，还有穿插其中的简短感叹词激发了我。

短时间内，通用电气和百事公司都向我抛来了诱人的橄榄枝。我在权衡的过程中邀请拉杰和我的朋友、贝恩咨询公司董事长奥里特·加迪耶为我出谋划策。普利萨和塔拉在收到一个装满糖果和 T 恤的大礼品篮后，倒戈百事——罗尼非常清楚如何抓住整个家庭的兴趣点。

我需要一些喘息的空间，于是我告知杰克和韦恩（他们二人本来就彼此认识，因为韦恩也是通用电气的董事会成员之一）会在一周内告诉他们我的决定。

然后我接到了韦恩打来的一通意义非凡的电话。一开始，他说在参加通用电气的一次董事会时，杰克告诉他我大概率会加入通用电气。"我能理解你为什么会这么选择，"他告诉我，"通用电气是一家伟大的公司，杰克也是一位优秀的 CEO。"

"但是，"他接着说，"因为你说过你会在下周做出决定，所以我想再最后说明一次百事的情况。我比杰克更需要你，我们的高管队

第一选择

伍里从来没有像你这样的人。我知道，你可以为百事公司做出巨大的贡献，因此你会得到我们的全力支持，以确保你的成功。"

我挂了电话，一时不知所措。韦恩的邀请是如此谦逊，这也是我有史以来听他说话最多的一次。

就在那天下午，一位有两个女儿（10岁的普利萨和1岁半的塔拉）的母亲，同时也是一位四处奔波的顾问的妻子，驱车前往百事公司，接受了这份工作。

我对未来充满期待。

第三部分

做艰难而正确的决定

07

加入百事，应对转型危机

    由建筑师爱德华·斯通设计的百事全球总部位于纽约韦斯特切斯特县，它是一个时尚的企业地标。7座浅灰色混凝土楼宇呈U形排列，带有3个花园式庭院，展现了20世纪中期的现代主义风格。

    办公楼群坐落在168英亩①的草坪上，周围有修剪精美的树篱和花园，百合花、橡树及桦木林倒映在池塘的水面上，连通各处的小路被我们叫作"金色之路"。这些美景由来自英国的设计师罗素·佩吉建造，随后又由比利时的园林艺术家弗朗索瓦·戈菲内特扩建。奥古斯特·罗丹、芭芭拉·赫普沃斯和阿尔贝托·贾科梅蒂等19~20世纪的艺术大师用他们不朽的雕塑点缀了整个园区。由于花园对公众开放，成千上万的游客和学童都会来到这里，研习艺术还有植物。

    我于1994年3月30日加入百事开始我的新工作。但是，直到2014年我才第一次踏上金色之路，近距离接触那些雕塑。

    在这20年里，我是真的没有时间。

---

① 1英亩≈4 046.86平方千米。——编者注

在百事的第一个春季，我花了好几个月适应工作。我忙着与我的团队碰面，与其他部门的领导会谈。我的老板——宽厚又自律的鲍勃·德特默回答了我成百上千的问题，包括百事的架构、财务状况还有业务优先级。坦率地说，我立即爱上了百事，这里乐观又充满活力，非常适合从第一天开始就斗志满满的我。

从某种程度上说，我并不清楚我都错过了什么。我在 ABB 时需要处理许多关于重要基础设施的业务，它们通常需要耗费数年才能建好，但我其实非常享受这些挑战；摩托罗拉向我打开了科技世界的大门；我热爱我的咨询生涯，尽管在咨询成果落地之前我需要去客户公司疯狂出差。如今，我竟然有机会从事一项需要看、闻、触、尝的事业。百事拥有数个家喻户晓的品牌，所有人都是它的客户，连我的孩子们也在其中。塔拉有一次曾试图向她的同学们解释我的职业，她是这样说的："我妈妈在肯德基工作！""好棒呀！"她的那些朋友一听到这个就尖叫起来。我的工作也的确和肯德基相关。

百事是一个雄心勃勃、友好且有趣的公司，它让我如此兴奋，我完全被这样的企业文化迷住了。

百事可乐是一种软饮。1898 年，北卡罗来纳州的药剂师科尔贝·布莱德汉姆发明了这种饮料。在经历了数次破产倒闭以后，20 世纪 30 年代，百事公司开始与可乐的领导者——可口可乐公司一决高下。收音机里回荡着百事的宣传语："百事可乐就是好，百事可乐味真好，十二盎司①可不少。同是五分量翻倍，百事可乐真实惠。五分五分叮当响，百事可乐滴滴香。"[5]

营销战打响了。在 1963 年一则火爆的广告中，人们开始赞颂百

---

① 1 美制液体盎司 ≈ 29.57 毫升。——编者注

事的生活方式，阳光的青年意气风发，宣称自己是"百事一代"。当可口可乐带着自己的形象战略追赶百事时，百事则带着一项名为"百事挑战"的活动王者归来。在商店和购物中心举办的逐杯盲测挑战中，赢的总是百事可乐，因为它比可口可乐略甜一点儿。

1983年年末，百事又发起了另一次漂亮一击：公司与迈克尔·杰克逊和杰克逊五兄弟组合签下了500万美元的合同。随后，第一波超级名人的代言浪潮掀起：百事可乐、百事轻怡签约了布兰妮·斯皮尔斯、碧昂斯、辣妹组合、大卫·鲍伊、蒂娜·特纳、夏奇拉、凯莉·米洛、大卫·贝克汉姆和萨钦·滕杜卡尔等几十位全球顶级明星。

百事可乐作为冷战的象征，也受到了广泛的关注。1959年，尼基塔·赫鲁晓夫在莫斯科展示美国创新技术时啜饮了一口百事可乐。随后，在百事担任了23年CEO的唐纳德·肯德尔落地了一份可乐合同，打开了苏联市场。百事可乐被誉为第一种在苏联销售的资本主义产品。

1994年，百事可乐凭借250亿美元的年收入，成为美国第十五大公司。百事的饮料和食品在超过150个国家出售，员工多达45万名。这一次我们的广告战由歌手雷·查尔斯和篮球明星沙奎尔·奥尼尔打响。在一张宣传照中，模特辛迪·克劳馥正在阅读的财务年报封面上赫然写着"百事"，这张照片的标题是"一位有代表性的投资者正在看着我们"[6]。

从结构上讲，百事公司是一辆三驾马车。第一匹马是饮料，年收入约为90亿美元，产品包括百事可乐、无糖百事可乐、激浪碳酸饮料、百事根汁汽水；近期，百事可乐、星巴克和立顿的合资公司开始生产瓶装咖啡和茶饮。

第二匹马是零食，年收入约为 70 亿美元，产品包括乐事薯片、菲多利玉米片、多力多滋、奇多、多堤士、乐事椒盐脆饼、太阳薯片和 Smartfood 爆米花等。我们在墨西哥售卖 Sabritas 薯片，在西班牙售卖 Matutano 薯片，在英国我们则拥有 Smith's 和 Walkers 品牌。其中菲多利是美国零食业务的一个部门，总部设在得克萨斯州普莱诺。

百事可乐公司最初只生产苏打水，菲多利是得克萨斯州的一家薯片公司。为着一个共同的核心理念——饮料是咸味零食的最佳搭档，这两家公司早在 30 多年前就合并了。两者都拥有商店货架上需要经常补货的明星产品，合并让重要的零售和分销业务变得更为高效，并且在美国以外的市场大放光彩。

公司在 1994 年时的第三匹马是餐厅。20 世纪 70 年代末，百事买入了必胜客和塔可贝尔两家连锁餐厅。几年之后，肯塔基炸鸡餐厅加入百事，它后来被更名为肯德基。除此之外，我们还拥有加利福尼亚比萨厨房和 East Side Mario's 等休闲餐饮品牌，以及一家向所有连锁餐厅供货的食品服务公司。百事在全球自营或特许经营的餐厅超过 28 000 家，每年为大众提供的餐食超 60 亿顿。餐厅部门的年收入约为 90 亿美元。

数十次运营和活动的部署让一切成为可能——我们拥有种子农场、已签订合作协议的马铃薯种植农户合作网络，以及负责研发与测试的厨房系统。百事的店铺直接配送系统（DSD 系统）早已跻身全球前列，旗下拥有数以万计的卡车与配送中心。公司的销售队伍约有 25 000 人，与上至沃尔玛总裁、下至 7-11 便利店和各类街边小店店长的客户关系都由他们负责处理。上述一切显得如此错综复杂，但又是如此步调一致。

身材高大、一头红发的百事CEO韦恩·卡洛韦正是我在面试中遇到的那位领导。他说话简洁，但也是一位激进的进攻型选手——这位骑哈雷重型摩托车的前篮球运动员曾经在军队服役，而后加入百事旗下的菲多利公司担任销售。百事公司也被称为人才学院，新晋高管会被要求承担重任，如果不能做到奋发图强，那就只能降职或走人。韦恩一直重点关注人才招聘和发展，同时也定下了每五年收入翻倍的目标，迄今为止他都很成功。

精明的韦恩认为百事比通用电气更需要我。我所拥有的国际视野和经验极为难得，这将有助于他实现他的利润目标。我猜想，他也应该有一种感觉，其实女性早就应该加入他的高管团队。

当我进入百事的时候，排名前十五的高管职位全部被白人男性占据。他们要么短发，要么光头，身着灰色或蓝色西装，搭配白衬衫和丝质领带。这些高管饮用百事可乐、混合饮料和烈性甜酒，大部分人都喜欢打高尔夫球和网球，喜欢钓鱼、远足还有慢跑，有些还喜欢一起捕猎鹌鹑。许多高管都已结婚生子，我认为他们的妻子都不太可能放下家庭，成为职业女性。

我无意过多描述这一类型男士的特征。我的同事们都很聪明敬业，有创造力，并且承担着巨大的责任和压力。他们建立了一个让人心向往之的公司。事实上，百事的领导层代表着1994年时所有美国公司的高管架构——即使是最有成就的女性，也只能止步于中层岗位。在当年排名前500的大公司中，女性CEO的数量为零。

随着二战后美国经济的蓬勃发展，我之前曾提到的这一类型的男性也在大量增多，因为他们正是雇主眼里的"理想雇员"。那时整个社会充斥着这样的风气：女性照顾家庭，男性外出挣钱，因此对公司来说，聘用男性的确是再合适不过的选择。他们能规律地上下班,在工作时间内不被家庭琐事打扰。这个国家的制造业发展是如此蓬勃,除了周一到周五朝九晚五的额定上下班时间,男性也愿意根据需要灵活地调整。

而对那些已经踏上晋升阶梯,希望获得更高职位、更多薪水和期权或董事会席位的男性来说,他们更愿意加班、出差、夜间进修或者花更多时间与客户、朋友或竞争对手交流。他们的时间可以相当活泛,因为女性承担了照顾家庭的重任。倘若公司需要,他们能立即带上妻儿,到世界各地的任意地方走马上任。于男性而言,通往金钱与权力的路已然铺平,无论是公司、政府或者国际事务,都向他们敞开大门,众人对此的态度亦是支持。

当我到达百事的 CEO 楼层时,我发现这里没有人被指望做尽职尽责的父母,更别提做一位伟大的母亲或妻子了。与老师、医生、杂货店、服装店打交道,抑或烹饪、打扫卫生、洗衣、家居装饰、园艺、宴客、安排生日、规划假期等统统不在他们的关注范围内。在孩子活泼健康、学业有成、乖巧懂事的时候,他们也许有所参与——但也极其有限。

当然,就算这些男士对家务琐事有兴趣,他们也没有足够的时间参与其中。

重要的是,与我共事的男士并不会把家庭和工作共同作为评判彼此的标准。他们之间的竞争相当激烈,但如果谁遇到了类似离婚、疾病或子女问题这样的危机,他们也会彼此关心并互相帮助。

不过,在我与他们会面时,我的脑海中从未出现过以上想法。我一直都知道我像个外来者:我仍然是那个 18 岁就到印度管理学院加尔各答分校念书的女孩,是那个穿着涤纶西装抵达耶鲁大学的印度移民、素食主义者,曾在威斯康星州拉克罗斯待产的准妈妈。当

第一选择

我在波士顿咨询公司时，尽管我曾经涉足诸多行业，我从来没碰到过女性客户，一位都没有。作为在场的唯一女性，我也没觉得和几十位男性在一起开会有什么好奇怪的。要知道，在摩托罗拉和ABB公司，我的世界里到处都是工程师、科学家、机器人和机器。一直以来，我从未有过一位与我工作类似、可以亲近的女性同事，更别提比我职位更高的女性上司了。

在百事我受到了热烈的欢迎。我的新办公室位于众人梦寐以求的"4/3"——这是公司对4号楼3层的昵称——CEO和最高层的管理人员就在我的楼上，而且这里有5个大窗户。这是百事"非正式规则手册"中地位的标志。

公司给了我一笔合理的办公室布置预算，我并没有花光。我选择了实用的樱桃木贴面书柜、一张带有扁平抽屉的书桌、一套带有6把椅子的会议桌椅、一个白板还有一张活动挂图。

那年6月，也就是我搬进来大约3个月后，"4/3"楼层里开始议论纷纷。拥有5 100家餐厅的美国必胜客表示，它的利润可能会明显低于第二季度的原本预期，而且对今年剩余时间的盈利持悲观态度。塔可贝尔、肯德基还有我们的一些其他堂食连锁店看上去也很不稳定。

达不到预期利润意味着一场重大的危机：百事的股价可能会下跌，事实上也的确如此。消息一出，股价立即暴跌15%，当天的交易量是正常量的3倍。韦恩迅速做出反应，几天以内他就设置了一个新的职位——全球餐厅CEO，然后说服了已从心脏病发中恢复、精明强干的百事可乐资深高管罗杰·恩里科走马上任。

那一周的晚些时候，罗杰走进我的办公室，脸上毫无笑意。"你好。我是罗杰·恩里科。"他说，"通常情况下，我会参与面试新的战略主管。你是第一个在我没有给出意见的情况下就被聘用的人。"

"嗨，罗杰。"我爽朗地回答，"我已经听说过很多你的事迹，也一直很期待与你见面。"

"我需要了解有关餐饮业的一切，还有我们的餐厅到底发生了什么。"他说，"10天后我们达拉斯见。你现在是我的首席战略专家，德特默已经批准了。"然后他便转身离开了。

这就是整场谈话的全部内容。

所以，我除了需要向德特默汇报公司战略和规划工作，还需要向罗杰汇报工作——我现在兼任餐厅部门的首席战略专家。我的工作量即将翻倍，可没有人来与我讨论我的工资。

罗杰·恩里科是一位了不起的领导和思想家，两年后他担任了百事的CEO。罗杰在明尼苏达州北部的铁矿中长大，参加过越南战争，并于1971年加入菲多利公司，负责销售Funyuns——一种撒了洋葱粉的玉米圈。20年后，他被派往日本和南美洲工作，管理百事的饮料部门，同时监管了百事与菲多利的那场大规模的重组。罗杰最喜欢的工作方法，以及他在百事声名远播的信条，就是他会"大事大变"。

罗杰的一天始于上午10点，他拒绝在晚上9点以后阅读任何与业务有关的内容。他在蒙大拿州、达拉斯、开曼群岛都拥有豪华别墅，也会在周末去飞钓、骑马、水肺潜水、打高尔夫球或参观博物馆。他狡猾而有政治头脑。许多人认为他生硬粗鲁，但他本质上是一个善于引起公众注意的人。在20世纪80年代初签约迈克尔·杰克逊和他的兄弟们以宣传百事可乐正是他的想法。在可口可乐跌跌撞撞地修改其新的可乐配方时，这场宣传战大大提高了我们的市场份额。罗杰写过一本书——《另一个被遮住视线的人》，他在书中宣

第一选择

布了我们在可乐大战中取得胜利。

而现在,罗杰正在谈论餐厅业务。因为百事在这部分的整体运营出人意料地失败了。

问题找到了,我们建设的快餐厅实在是太多了。简而言之,每家新开的餐厅其实都在吞噬其他餐厅的业务。但是,由于我们的竞争对手一直在疯狂扩张,百事也无法停下脚步。举个例子,如果我们推迟在新购物中心开设必胜客的计划,那么达美乐比萨或者其他餐厅就可能在这里占据一席之地。无论我们是否扩张,附近的必胜客餐厅和其他快餐厅都会蒙受损失。

这样的窘境已经在数字上有所体现,但是我们还没有搞清楚全部状况。业务量实在是过于庞大和烦琐,涉及房地产、加盟、堂食场地修建、外送、免下车取餐、复杂的员工招聘计划、食品安全系统、市场营销等。

在罗杰突然闯入并自我介绍的那天之前,我对餐饮行业几乎一无所知。但我想证明,自己能接住他向我抛出的任何挑战。在接下来的一周半里,我的七人餐饮业战略团队开始夜以继日地工作,为我们在达拉斯的会议做准备。

会议在罗杰办公室旁边的大会议室开始——几十张 PPT 和图表详细地罗列并分析了百事在过去的 5 年里所有餐饮业务的价值驱动因素,并考虑了其未来的前景。我们最后列出了需要立即处理的问题详单。这一切让罗杰印象深刻,但从不相信赞美的他并没有表示太多。在我与团队回到纽约后不久,他的秘书打来电话,告诉我下周一上午 11 点,罗杰希望我在亚特兰大的一个私人飞机库里与他见面。我希望她多告知我一些细节信息,但是她除了建议我打包三四天的行李,对其他一无所知。

我再一次装满了我的斜挎包和公文包，乘坐达美航空公司的飞机飞往亚特兰大。罗杰乘坐百事挑战者喷气式飞机抵达，然后我们一起上了一辆有司机的车。10 分钟后，我们开始在飞机场附近的每一个繁忙道路的快餐厅停下。我们走进餐厅，罗杰会点餐、拿走食物、看一看，也许再尝一口，然后扔掉并回到车里。作为一个在成长过程中从未浪费过食物的人，这种抽样调查方法让我有点儿恐慌。当然，我把我的意见憋在了肚子里。

在做了 4 次停留以后，他转向我问道："计分卡呢？"这一猝不及防的提问让我非常迷惑。"你觉得我们这是在干什么？"罗杰大喊起来，"这是一次市场之旅！我们需要从头了解这门生意！"接着他推门下车去休息了。

我赶紧打电话给塔可贝尔餐厅的 CFO 理查德·戈德曼，其实我们一点儿都不熟，但我还是向他解释了当下的情况。理查德耐心地告诉我要跟踪订单时间、等待时间、食物温度、清洁状况、后厨和前台服务的人员配备情况，以及其他任何可能影响客户体验的变量。我把这些写在一张纸上，草拟了一份计分卡。在那天剩下的时间里，我按照 1~5 的等级对我能想到的标准进行了排名。这是我第一次体验到百事公司奋发求生的文化，还好我并未失败。

我们在下午 5 点回到了百事的私人飞机上，然后飞往芝加哥。第二天，我们又飞了回来，参观了各种各样的休闲快餐厅，比如橄榄园餐厅、加利福尼亚州比萨厨房和 Cracker Barrel 老乡村餐厅，继续点餐、离开、打分。第三天，我们又把这一流程在华盛顿的郊区重复了一遍。此时我已经不再反感这段发现之旅，并开始享受它。

当罗杰和我飞回韦斯特切斯特县机场时，我无意间打开了当地报纸，看到一个星座预测专栏。我是天蝎座，我的星座解读是"今天你与非常难相处的人一起旅行,这个人在接下来的几年里将持续成为你生活的重要组成部分"。这说得不正是罗杰吗?我把这段圈起来递给他,他微笑着读完后把报纸递回给我,说:"我也是天蝎座!"

这段为期3天的快餐厅调研奠定了我与罗杰未来几年的关系基础。虽然在这次旅行中我们很少交谈,但他看到了我对运营细节的求知欲,还有我开阔的视野。我们都明白他正处于风口浪尖,因此也应该亲自投入对业务的研究。

在接下来的几个月里,罗杰和我一起研究了怎样才能运营出最好的餐厅,我们找到了答案:食客需要极具个性化的关注。那些终生热爱自己事业的餐厅老板往往会为了自己的客人做出创新,无论是进行本地促销,还是其他增加吸引力的手段。他们的餐厅也往往会更加干净整洁、充满欢乐气息,当然也会更加受人喜爱。这类餐厅的管理者也很喜欢与人交流,并且把每位食客都当成家人看待。作为一家包装消费品公司,百事正在以一种完全与定制化无关的方式处理餐厅业务,而这项业务最需要的恰恰是人与人之间的密切接触。我们擅长的是增加餐厅数量、招聘和开发菜品。只要餐厅业务能以这样的方式实现增长,我们就可以做得很好。然而,当我们需要从现有餐厅获得更多销售额时,我们却举步维艰。在"与顾客接触"这个部分,我们完全没有达到需要的水平。

罗杰采取了大胆的举措,他减少了开设新餐厅的数量,并把我们现有的所有快餐厅都授权给了那些最好的加盟商,这立即改善了我们的现金流和资本回报率。随着加盟商把餐厅经营得越来越好,我们的销售额和收益也开始节节攀升。罗杰被视为英雄,我也从这个过程中获益良多。我了解了服务行业的流程,也完全明白了其与生产行业原来如此不同。我也拥有了第一次直接面对投资者的经验。罗杰鼓励我与报道百事公司的华尔街分析师直接会面——数量有好几十个，我很高兴认识他们，这些人很聪明，对所有商业模式了如指掌。但是他们所拥有的实操知识也贫乏得令人惊讶，而且他们从来没有真正挖掘过销售驱动和竞争驱动之间的细微差别。

1995年年初，百事公司向美国证券交易委员会提交了详尽的年度10-K报告，这是上市公司每年必须提交的有关其财务表现与公司运营情况的综合性报告。我的名字被列在了高管名单上：英德拉·K.努伊，39岁。名字出现在这份名单里让我相当紧张，但也非常自豪。我还记得在看到自己的工作职责时震撼的心情。

除了所有餐厅的战略工作，我仍然需要领导规划部门。这支团队共有45人，每一位都被视为未来的管理新星。他们将会在总部工作几年，然后被外派到公司其他地方的管理岗位。他们中的有些人刚刚加入百事，另外一些则已经和我们一起工作了一两年。这个部门里有1/3是女性。每三四个月，我们部门就会有一次人员的流入流出。

我接手的规划部门的现有团队显然缺乏国际多样性。团队成员工作努力，风采十足，但我却有点儿担心，因为这一轮的团队里全是美国人。要知道，百事公司已经在国际市场下了血本，我们需要为其中涉及的每项业务提供人才。我向内部招聘人员提出，希望他们挑选下一轮在我们部门接受培训的员工时更关注多样性。4个月以后，招聘人员自豪地向我介绍了最新招入的员工。我被逗笑了，但也很沮丧，因为他招来的全是加拿大人。

显然，我们的招聘人员十分关心规划团队打垒球的能力。这个部门已经连续多年赢得百事垒球奖杯，也希望继续保持这样的战绩。

第一选择

对他们来说，加拿大人至少知道垒球的规则，也可以随时下场比赛。

在最初的失望之后，我与招聘团队进行了一次深入的沟通，我准确地跟他们讲了我期望的多样性是什么意思。次年，他们送来了一批优秀的且来自全球各地的雇员，但规划团队也丢掉了垒球奖杯。

1996年年初，在疯狂地进行了近两年的战略与规划工作之后，我已经准备好独当一面，销售产品、自负盈亏。我曾被告知，这是在百事获得晋升的必经之路，而且对我的职业生涯极其重要。韦恩请我去伦敦负责西欧地区的零食市场。拉杰和我对于能去另一个国家生活几年这件事非常兴奋。我们一致认为12岁的普利萨和3岁的塔拉将会拥有一段精彩的海外经历。更好的是，拉杰的公司在伦敦有办事处，他可能也可以在伦敦继续工作。我出发去伦敦寻找房子，为两个女儿选择合适的学校，并且决定把我们在格林尼治镇的房子租出去。高速发展的百事公司引领着我们一路前进。

令人悲伤的是，就在我为赴任伦敦做准备的几周里，韦恩·卡洛韦发现，他曾与之斗争的癌症复发了。他决定让位，百事董事会投票决定由罗杰·恩里科接任CEO。

与此同时，我也在为了赴任伦敦寻找我原岗位的继任者，继任者的人选需要得到罗杰的批准。就像格哈德在寻找"英德拉·努伊"时那样，罗杰拒绝了所有我送去的人选。最后，我说："罗杰，我要去欧洲管理西欧零食业务，你必须从他们中选出一位代替我。"

接下来，没有丝毫犹豫，罗杰告诉我，我的职位调动计划取消了。"我有过许多运营主管，但没有谁在帮助我的时候拥有像你这样的战略眼光。"他说。这简直是最高等级的赞扬。我们的伦敦之行被无限期推迟了，我不得不取消外租房屋的租约，告知女儿们的学校我们不再需要转校，搬家工作也就此停止。

拉杰和普利萨平静地接受了这个消息。但我对此相当失望，而且不太确定从长远来看这会对我产生什么影响。一方面，我会更深入地帮助罗杰重新定位公司；另一方面，我错失了独自管理一个项目的机会。自己的战略思维备受赞赏的确令人喜悦，但是在我们这个领域，大家始终最尊重的是那些自负盈亏的领袖。留在原来的岗位肯定会限制我的职业发展。

对大多数公司的高级管理人员来说，留在原位或平级移动都可能意味着在组织中不再有晋升机会，而且很容易被他人取代。但是，一旦你已然达到那些被过分吹捧的职级，你也很难再停下脚步。我也明白，作为一名女性，我必须胜过男性才行。

拉杰和我对此进行了讨论，我们一致认为现在不是担心我自己的职业生涯的时候，我应该考虑整个公司的利益。既然新的 CEO 做出了决定，那我就应该好好执行。

可以肯定的是，罗杰在逐步接手的这段时间里过得相当艰难。尽管他已经稳定了餐厅业务，但是这些业务在百事公司中的长期远景仍然需要他来决定。

另一场危机也已经在酝酿之中。原本百事可乐的国际销量承载着饮料总销售额的 1/3，但目前看来，这部分利润未来也会低于预期。我们委内瑞拉的装瓶商叛变到了可口可乐，我们在这个国家占据的 85% 的市场份额变得岌岌可危。我们在巴西和阿根廷的装瓶商也正面临财务困难。此外，包括鲍勃·德特默在内的几位主要高管都决定退休。罗杰必须在未来半年里把这一切都梳理清楚。

也就是在这段时间，他要求我秘密开启一个完整且独立的、有关餐饮与我们主营业务关联性的战略审查。我召集了一个经验丰富的团队，开始全身心地投入这项工作。

当时，我没有被正式任命负责管理损益相关的财务工作，但我深入参与了整个公司的财务工作，因为我的部门建立并运行了多个数学模型来预测每个部门的季度销售情况和增长情况。这项工作独立于各个部门自己的财务预测之外，也因此造成过一些摩擦。有时候，我们部门算出的数字与一些部门提供的数据存在出入，通常情况下，我们部门的数字更准确。

罗杰和公司的 11 位高层领导每季度都会在一个大会议上审查我们的预测结果，这让我倍感压力。我是与会的唯一一位女性。我会呈现我们在总部所做的分析，用于管理投资者的期望值，部门总监也会把这些报告与他们部门内部的分析进行对比。

当数字不同时，我的部门可能会受到非常刻薄的批评。有一种指责让我觉得相当受辱："规划部门正在试图夺权经营公司。"在现实中，整个过程更像一场表演。如果我们部门的数据模型建议某部门更加努力，那边的部门主管会立即发言表示不满，如果我们表示他们的数据过于乐观，部门主管也会暗自生气。这些人满脑子想的都是千万不要因为任何一种形式的错误而惹恼 CEO。

一个个季度过去了，我在这些会议上已经能感受到一些人明显的敌意，我的烦恼也与日俱增，因为会议室里没有一个人对我表示支持。一次，我在伦敦开会，当被孤立的场景再次出现时，我当天中午就立刻飞回了纽约。罗杰注意到了这件事，但他什么也没说。随着时间的推移，他的不作为也开始困扰我。

1996 年 9 月，我们终于完成了全部的餐饮业务审查，并把总结提交给了董事会。这本该是我第一次在百事公司董事会面前的亮相，但我根本不知道，这些行业的中流砥柱将会怎样看待我。

在董事会的前一天，也是在我们召开季度部门总裁会议的那一天,我去了罗杰的办公室。

"罗杰,我已经为明天的董事会做好准备,"我说,"但会议结束之后,我就要离开百事。我在无数场会议中被羞辱,我都自己消化了,现在我不想再忍了。我不想从百事得到任何东西,我只要离开。"

尽管我一直愿意为我的雇主把自己逼到极限,但我觉得,当问题涉及别人不尊重我的工作诚意时,我必须划清界限。那天,我没有考虑我的职业生涯会走向何方,我只想摆脱我无法接受的局面。

罗杰瑟缩了一下,他拿着笔,紧张地在桌上来回拨弄。看得出来,我让他不安了。他说:"等我回复。"

我不知道谈话后他做了什么。那天的会议延迟了几个小时,并且当会议在下午晚些时候举行时,气氛完全变了,每个人都不可思议地对我表示支持。

第二天,我向董事会介绍了我们对餐厅业务的战略评估,董事会成员对我的工作表现非常满意。我仍然记得时任亨特石油公司CEO 的雷·亨特先生说,这是迄今为止他在百事乃至所有公司见过的最好的战略演示。当时我都高兴得有点儿飘飘然了。

现在,我们有两个月的时间来给出详细的业务计划,其中包括剥离全部的餐厅业务,这意味着百事 1/3 的收入将被砍掉。从文化角度来看,这对百事的许多人来说会是个艰难的决定:我们的三个部门在过去一直是紧密的整体,我知道餐厅部门将会感觉被出卖了一样。但是,我也把分离看作一种解放,餐厅的整体业务不会再被一个包装消费品公司拖累,而且将会成为一家独立的上市公司。

这是一个残酷而现实的时刻。在接下来的数年中,这样的时刻曾反复出现。优秀的商业决策需要经过严密谨慎的分析,还要有坚定不移的后续执行力,其中不能夹杂任何情绪。哪怕内心已翻起滔天巨浪,也要保持外表风平浪静,这是每一位领导人都必须面对的挑战——我也学会了这样做。

在那次董事会会议之后,之前也经营过餐厅的菲多利公司的董事长史蒂夫·雷孟夫斗志昂扬地来到我的办公室,跟他一起出现的还有罗杰。"我们开始行动吧!"他并没有要求与我进行谈话。显然,他认为在之前的24小时中,部门总裁还有董事会都展现出了明确的支持,这一切足以证明我对每个人都是有价值的。因此,没必要进行进一步的谈话。

9个月后,我们剥离了餐厅业务,成立了一家名为"特力康"的上市公司。后来这家公司更名为"百胜餐饮集团",现在仍然持有和经营着几个家喻户晓且蓬勃发展的品牌——必胜客、塔可贝尔和肯德基。

在一次部门会议上,与会的年轻财务主管休·约翰斯顿让我尤其印象深刻。我们共同出售了全部餐饮服务业务,以及所有的休闲餐饮连锁店。这项工作极其紧张且吃力,但我在此过程中真正学习到了投资银行的操作手法:带头剥离、分立新公司、子股换母股、首次公开募股,还有其他多种金融交易方式。通过这一切,我也看到了投资银行家和交易律师的生活与工作方式,我很庆幸自己不是他们中的一员。

1998年1月,百事在夏威夷一个巨大的岛屿举行了100周年庆典。派对十分壮观:海风拂面,令人惊叹的食物,数百名公司高管和他们的配偶翩翩起舞,滚石乐队在离得极近的舞台上表演。

但工作仍然在继续。一天早上,罗杰把我拉到一边,告诉我可口可乐的市盈率约为45%,而百事可乐的市盈率始终徘徊在20%左右。他想让我再做一份独立的分析报告——这一次是针对可口可乐。

我返回纽约，和大约10人的团队一起，全身心地投入全球饮料业务的研究中。我们阅读了所有可以拿到的内部与公开文件，还聘请了一家专门从事竞争分析的马思咨询公司，花了4个多月研究可口可乐怎么盈利，以及为什么可口可乐的股票估值高于我们的。最后的报告长达300页，我必须将这些内容完全消化总结，再把结论提交给董事会。

经过多次讨论，我们将这些内容总结成了6张信息可视化且易于理解的海报，并将它们放在了会议室的展架上。在董事会上，我向百事的董事们解释了每张海报，然后给出了我的结论：可口可乐的股价是不可持续的。我们竞争对手的收入增长会在很大程度上受到那些一次性项目的阻碍，其中包括少量、定期地出售他们在装瓶公司所占的股权。多年前，可口可乐公司就已经开始将软饮装瓶和分销系统分拆成独立的上市公司，这个公司主要负责把糖浆、水还有其他成分进行混合，然后做成最后的瓶装产品。可口可乐可以随心所欲地对这个公司的股权进行增减。

在会议上，我展示了可口可乐的投资回报——他们公司的市盈率高于百事可乐，因为可口可乐的业务聚焦于制造和销售糖浆。

百事可乐完全持有装瓶公司的股权，但是罗杰对竞争对手的金融工程体系很感兴趣。我们也开始讨论应该怎样剥离我们北美的装瓶商。这让我非常紧张，因为我认为放弃装瓶商会导致公司经营困难：独立后的装瓶商会想要设置他们自己的增长目标，而我担心这会在未来几年给我们造成损失。

不过，我没有负责这个计划。在评估了所有投入成本之后，罗杰认为百事应该创建一家新的装瓶上市公司，并向其中注入我们的北美资产。我们将持有这家公司 20% 的股份。

通过对可口可乐的这一份战略评估，我们向高管和董事披露了许多竞争对手提供市场数据的方法。后来的事实也证明了报告结论的正确性。当罗杰决定采取同样的策略时，投资者也清醒过来。1998 年第三季度，可口可乐的股价下跌了 34%。

于我而言，这段时间的交易极其频繁。在瓶装公司的交易过程中，施格兰公司的金融工程师们给罗杰打电话，询问我们是否有意收购施格兰公司旗下的子公司纯果乐。

我认为这是个好主意。在分析可口可乐的几个月里，我对百事也有了更全面的了解，看到了差距所在。其中之一就是，消费者在早上 10 点之前完全不会碰我们的饮料和小吃。百事可乐曾经面向每天早上都会喝咖啡的人群试销过一款名叫"早安百事"的产品，但是收益惨淡。而纯果乐是排名第一的橙汁制造商，是一个国际业务不断增长的伟大的食品杂货品牌。

经过为期 3 周的紧张分析，我匆忙地分别赶往美国佛罗里达州、比利时和英国完成了尽职调查。1998 年 7 月，我们以 33 亿美元的现金收购了纯果乐。

我也开始更多地思考应该如何聚焦百事产品的营养价值，碳酸饮料的销量正在缓慢下降，消费者正在转向更健康的非碳酸饮品。而我们的瓶装水品牌纯水乐逐渐得到了消费者的关注，茶和咖啡品类的销量也很好，并且不再持有任何餐厅。我们的资产负债表已经做好了彻底改变的准备。

于我而言，健康保健是一个蕴含巨大商机的品类。我在自己家中就曾遇到这种状况。在某年塔拉的生日派对上，我发现了一个非常奇怪的现象，几个孩子打电话给自己的妈妈询问能否喝可乐。这一幕给我拉响了红色警报。

为了想明白这个问题，某天，我请来了公司的营销团队帮忙。我们决定成立一个健康与保健咨询委员会，其中包括来自公司外部的 6 位专家、几位教授还有营养师。我们曾经征用了一间很少使用的会议室，在里面创建一个模拟杂货店，货架上摆满了那些在我们想象中应该在 21 世纪的百事公司中出现的、更为健康的产品。罗杰参观了我们的模拟杂货店，对此充满兴趣，但是史蒂夫对此持怀疑态度，部分原因是他认为这是一种干扰。我们只好取消了这个展示，并且解散了该委员会。随后的数月，我一直在怀疑自己是否屈服得太早了，我是否应该带上事实和数据杀回重围，证明健康保健品类对公司来说其实非常重要。但现实情况是，面对诸多更重要的优先事项，我只能暂时搁置这个艰难的任务。

1994—1999 年，我一直在马不停蹄地工作。晚上回家之后，我会洗个澡，换上法兰绒睡衣，向女儿们表明妈妈会待在家里，陪她们睡着后，我会起身阅读邮件、审核文件直到凌晨一两点。我几乎从来没有在家吃过晚餐。

我没时间运动，睡得也很少。

每月至少两次，我穿梭于全球的百事业务中。那个时期我至少去了 8 次中国——包括几次与亨利·基辛格的共同出行。彼时可口可乐的海外市场规模是我们的 3 倍，基辛格顾问公司正在帮助我们梳理如何进行海外投资。罗杰曾经要我陪他去亚洲两周。我们周一到周四每天都有商务会议，在长周末，我们会与当地的高管交流。罗杰认为在非正式场合建立对这些人的了解非常重要。而我只想回家和家人待在一起。

我没法停下来。虽然自己需要负责的工作量大到惊人，但是我仍然觉得自己有必要确保所有人也能达到水准。除了指导与培养我的团队，我还为数十名同事审阅与重写了业务报告。

在那段超负荷运转的时光里，有一个特别的日子直到现在仍然让我心如刀割。住在我们隔壁的可爱邻居玛丽·沃特曼因乳腺癌撒手人寰，而我甚至没能参加她的葬礼，因为我必须继续为董事会重写有关餐厅拆分的PPT。这本来是团队中另外两个人的工作，但他们把任务直接扔给了我，并且说："你能做好这个工作，而且罗杰信任的是你。"

我本该拒绝他们的。那天我把工作置于我亲爱的朋友玛丽之上，为此我永远不能原谅自己。

无论工作对我的家庭角色造成了多大的影响，拉杰永远是我坚强的后盾。现在他已是一家咨询公司的合伙人，工作和出差的时间也是多到发疯，但他依然无条件地支持和帮助着我。我们请了一位帮忙开车和做饭的管家，还有一位帮忙照料房屋和孩子的保姆。这几年，我母亲更多地待在纽约，与我的姐姐和弟弟在一起，当然只要我们有需要，她还是会及时出现。拉杰的父母也是如此，只要我们开口，他们就会前来帮忙。

塔拉在两岁时入学蒙台梭利学校，三岁时转入幼儿园。白天，她的安排很满，也有人照顾；晚上，她经常会来百事公司，在行政楼层闲逛，四处跑动，跟碰到的每个人聊天。还好，似乎没有人介意这件事。有时候她会蜷成一团睡在我的桌子底下。

普利萨已经是一个大孩子，这些年里她一直渴望我能花更多的时间陪她。在普利萨眼中，我是一个工作极其忙碌、压力很大的妈妈。那些我们在芝加哥一起歌舞，以及在康涅狄格州度过的欢乐时光，已经被她所感受到的、来自塔拉的威胁所替代。在那些艰难的日子里，我一直在向普利萨表达我的爱意，然而我仍日复一日地不在她身边。普利萨的焦虑一次次在她的言语中爆发，而我能做的只有尽全力来处理这些情绪。

相比而言，塔拉是一个更加温和、安静的孩子。我书桌的抽屉里至今仍然保留着一张她写给我的便条，这张便条展示了那些年的许多情绪。这是一张巨大的彩纸，上面装饰了花与蝴蝶，她祈求我赶紧回家，上面写着"如果你回家的话，我就再爱你一次"。她用歪歪扭扭但十分可爱的字体写了7遍"拜托"。

那些年只要我出差在外，就会给普利萨和塔拉写便条和信件，并且把它们留在家里以便孩子们在想我时拆开看。我会在各种情境中编写这些便条和信件——在书桌旁、车上、飞机上或者酒店里，以及在我上床睡觉前。我也总会在机场的礼品店里找寻便签、小玩具或小摆设，把它们连同便签一起放进信封。最终，孩子们拥有了一大堆穿着民族服饰的娃娃藏品——分别来自芬兰、日本和巴西。于我而言，这些便条和纪念品是一个小小的、持续的私人项目，这与我的其他工作职责一样重要。我曾经在很多年里因为自己没能成为孩子们的全职母亲而感到自责。

我经常在想，为什么我还要继续前行。这份工作让人思维活跃，我也的确热爱我正在做的事情。毫无疑问，辞职会让我痛苦，我也并不愿意完全退出工作。从更现实的角度来说，我们仍在偿还房子翻新的债务，而且两所私立学校的学费也是一大笔支出。

我们也设定了一个经济上的目标：为我们的退休生活存储一笔钱，此外更多的则是为女儿们未来的经济独立而储蓄。还有一种恐惧始终萦绕在我俩思想的最深处：我们害怕失业。拉杰和我都在为安全感而工作——或许这更多的是一种典型的移民心态。

2000年春天的某一天，罗杰忽然走进我的办公室，告诉我百事公司的CFO迈克·怀特先生将会被调到欧洲去负责零食业务。罗杰打算任命我为CFO，当然我现在已有的其他职务也将会继续。我回应他说我必须考虑一下，毕竟我的工作量实在是太饱和了，我也没有想过承担更多。

两天后的一个周五，罗杰又走了进来，宣布对我的任命将在下一周生效。随后他还补充道："事实上你现在就应该开始这份工作了。马上把你的屁股移到那个办公室去！"

我旋即收拾好东西，搬进了CEO办公室隔壁的CFO办公室，这个办公室有6扇窗户。如今向我汇报的部门已经多达9个：控制部、税务部、财务部、投资者关系部、风险管理部、全球采购部、信息技术部、并购部及规划部。

也就在那个周末，我翻出了旧时的MBA金融图书，开始重温担任CFO所需知道的一切。我要做的事情实在是太多了。

时间是我生命中极其重要的财富，而这份财富几乎全部被我投入了百事公司。为了在一群优秀的人才中取得成功，我必须出类拔萃才行。

百事公司的人力资源部门为一些初级员工提供了"工作分担计划"[①]。我最初的两个行政助理分担了一份工作。除此以外，似乎没有其他人——尤其是我这个级别的员工——会要求减少工作量，大约是大家都很担心"弹性工作之殇"[②]。

也就在那个时期，另一位女性也晋升到了百事公司的最高管理

---

① 工作分担计划（work-share program）：意味着企业会暂时减少员工的工作时间，而不是在经济低迷时解雇他们。这么做的目标是减少失业。——译者注
② 弹性工作之殇（flexibility stigma）：对许多雇主来说，特别是那些在弹性工作制出现之前就跨入职场的人来说，他们认为选择弹性工作的雇员对公司做出的贡献会减少。——译者注

层。在为百事工作了20年之后，布伦达·巴恩斯于1996年被任命为百事可乐北美公司CEO。彼时她的三个孩子都还不满12岁。她在履新后不到一年就辞职了，她保留了董事会的位置，搬到了芝加哥，在家陪伴了孩子们8年。当然，她仍然是一位优秀的管理者，2005年，她出任了莎莉集团CEO。

和许多才华横溢、雄心勃勃但最终选择从大公司离开的女性一样，布伦达的决定完全可以被理解。公司管理层的游戏规则里绝对没有"体谅"一说，向家庭生活低头是完全不可想象的。

跟我不同，布伦达没有可以依靠的来自原生家庭的支持。而且，以那时的科技水平，无休止地出差使得我们完全不可能以任何方式远程在线参与孩子们的日常活动。1997年，布伦达在接受离职采访时告诉媒体："其实所有的一切都是因为时间，希望未来美国的公司能够解决这一问题。"

每个人每天只有24小时，因此合理利用时间是非常必要的。尤其在当我们需要承担额外的责任，比如照顾孩子或照顾生病的家庭成员时，我们能做的最好选择就是更加高效，而不是牺牲我们的工作表现。

如今，使得远程办公和无缝通信成为现实的工具已经出现，我相信对于那些有需要的人来说，弹性工作或远程办公完全能够实现。家庭成员的情绪负担将会得到减轻，因为大家有机会在工作日内处理家庭事务。

轮班员工们不得不花很长时间处理紧急事务，或者在各种计划安排中切换，这些会严重影响他们安排自己日/周计划的能力。对所有的轮班人员，特别是那些身负照护家庭成员重任的职工来说，稳定的工作时间及灵活机动的调班体制应该成为企业的标配。对雇主来说，他们没有理由拒绝给出这样的安排。

缓解时间难题还包括另一个方法：废止消耗我们的经济和强制要求到岗办公的紧迫性文化。截止日期非常重要，但是它们往往是很随意且武断地设定下来的。我曾参与过数百个期限紧迫的项目，这些项目其实本可以延长几天。延长时间会对这个项目产生多大影响？大多数时候并没有影响。但是延长几天对那些在家里作为照护者或作为社区成员的同事的生活有影响吗？我认为答案是肯定的，对他们来说，宽限的几天可能为他们带来极大的便利。

2000年9月，我刚刚在CFO这个职位上安顿好，罗杰忽然接到桂格麦片公司总裁鲍勃·莫里森的电话，他询问百事是否考虑购买他的公司。

这是一个大事件。

桂格麦片的总部设在芝加哥已经近一个世纪，它绝对是一个家喻户晓的品牌——红蓝相间的圆筒上印着的图片一看就让人安心：那是一个长发、戴着宽檐帽的贵格会教徒。桂格是一家食品公司，但是这些年来，它在其他行业中也收益颇丰，1991年出售的费雪玩具品牌也曾是他们的产业。

现在，桂格的销售额已经达到每年50亿美元，它持有的品牌包括桂格麦片、桂格格兰诺拉燕麦能量棒、桂格船长早餐麦片、杰迈玛阿姨煎饼粉、金麦罗尼大米等。不过，在那一年让投资者更感兴趣，也让桂格股票翻倍的是其运动饮料佳得乐，彼时这款饮料正风靡各地。

百事公司已经觊觎桂格很长时间，两年前我们就一直在非正式地讨论合并问题，但是没有结果。我们想要拥有佳得乐，包括这个品牌在运动饮料市场中占据的极大的份额。我们也喜欢桂格的品牌特征,相信它将与我们的纯果乐完美融合,进入百事的早餐食品阵容。之前我们在早餐食品上努力过,但效果不佳:菲多利能量棒不仅黏腻,味道也不太好,对消费者完全没有吸引力。

桂格的收购并非公开进行。百事公司收到一个秘密请求,对方希望罗杰、史蒂夫、我,以及少数百事高管飞往芝加哥,为他们做一个全天的陈述。鲍勃·莫里森和他的团队在酒店的会议室会见了我们,他们的故事让人印象深刻。在经历了困难的几年后,公司的形势终于趋于稳定。他们相信公司规模理应扩大,这样才能在美国之外的海外市场实现增长。

我们进行了全盘讨论。几天后,进入出价环节。百事与桂格开展谈判的消息在几小时内就被泄露了出去,然后真正的压力随之而来。桂格同意了我们的出价,但是在协议中增加了风险补偿条款,他们要求如果百事的股价跌破某个价格的话,他们的股东利益必须得到保护。

再一次,我们迅速地与我们的金融工程师讨论了利弊得失。罗杰决定,除非他、我还有史蒂夫三人意见完全一致,否则这次交易就终止。我们拒绝了风险补偿协议,因为史蒂夫对此感到很不舒服,但是桂格也并不愿意让步。

在进行了两周的谈判以后,我们决定停止收购,这让鲍勃深感意外。

接下来的一周,全世界都知道了桂格正在寻找买家,而可口可乐也正在与其接触。我们判断,对手很有可能接手桂格,也很有可能抛售其他桂格旗下的品牌。尽管这些让我们有点儿担心,但我们仍然决定不再回头。

然后又过了几周,11月下旬的感恩节将至时,罗杰、史蒂夫和我正在达拉斯参加菲多利公司的年度预算会议。我们感觉桂格离我们不远，但我们也知道，可口可乐董事会正在对这桩革命性的收购计划进行投票。我们在晚上赶回了纽约，3个小时的飞行过程中手机收不到任何信息，着陆的时候，我们的黑莓手机亮了起来：可口可乐的董事会成员，包括持怀疑态度的沃伦·巴菲特，投票否决了这项需要花费140亿美元的计划。我们猜测，大概是因为他们不愿意对自己不了解的食品行业进行投资。

我们当场就傻眼了——3个人大约呆滞了5秒。这意味着桂格的CEO鲍勃·莫里森别无选择，很可能会回到与百事的谈判桌上，因为他真的需要一个买家。我们决定还是先回家和家人一起过感恩节，也借此机会全面地思考一下这件事情。

罗杰完美地处理了这一情况，那个周末我们打了很多次电话长谈，他指出如果我们回到谈判桌前，但给鲍勃的出价比以前更低的话，对方只会觉得颜面尽失。既然我们真的想要桂格的品牌、员工、客户，还有那个在商标上戴着帽子微笑的小人，那么这位CEO就应该进入我们的董事会，这样他就可以在两家公司合并时为我们提供建议。罗杰提议我们维持最初的出价，但要求桂格修改风险补偿协议。

一周后，我们宣布百事将以134亿美元收购桂格。

出乎意料的是，罗杰又进行了一次管理层改组。他将会在这次交易完成后辞去百事CEO兼董事长的职务，交由史蒂夫接任。罗杰和鲍勃·莫里森将担任董事会副主席。史蒂夫和罗杰也一致决定，由我来担任百事总裁并加入董事会。那天是12月1日，周五晚上，史蒂夫从达拉斯给我的办公室打电话，与我分享了这个消息。

那时我真是欣喜若狂。百事总裁、董事会，这实在是太意义非凡了，太棒了！

我立即结束了手头的工作。

那时大概晚上 10 点,我开着车向家里驶去。冬日的道路安静而黑暗,在车上的这 15 分钟,我好好地享受了一下这份成就感。过去我一直都在艰苦工作和努力学习,如今我终于赢得了我的一席之地。

我从厨房门进入房间,把钥匙和包放在厨柜上。此时的我兴奋不已,迫不及待地想跟所有人分享这个好消息。我的妈妈出现了。"我有一个难以置信的新闻要告诉你们!"我尖叫起来。

"新闻可以等,"妈妈说,"我需要你现在就出门去买点儿牛奶。"

"为什么不叫拉杰去买?"我问道,"明明是他先回家的呀。"

"他看起来很疲惫,我不想打扰他。"妈妈说。

我拿起我的钥匙,回到车上,开车到 1 英里外的便利店,买了一加仑[①]全脂牛奶。当我再次走进厨房时,我感觉自己快疯了。我砸了一下橱柜上的塑料瓶。

"我刚刚成为百事公司的总裁,你就不能停下来听我宣布这个消息吗?"我大声说道,"可你竟然只想让我去买牛奶!"

"听着,"我妈妈回复道,"在百事公司你可能是总裁或其他了不起的人物,但回到家,你就只是一个妻子、母亲和女儿。你在这里的位置无人可以替代。"

"你应该把皇冠留在车库里。"妈妈跟我说。

[①] 1 美制加仑 ≈ 3.79 升。——编者注

第一选择

08

职场和生活的平衡没有答案

以134亿美元收购桂格的过程就像乘坐一辆飞驰的过山车，罗杰、史蒂夫和我同舟共济，经历了这一路的曲折——过程有点儿惊险，但结果令人喜出望外。

百事公司的股东们把全部精力都放在了佳得乐上，这种运动饮料在欣欣向荣、不断扩张的市场中占据了头把交椅。股东们也看到了与全球超级运动员合作的巨大可能。最优秀的篮球运动员迈克尔·乔丹已经作为我们品牌的代言人出现在电视上，用人人都在唱的广告歌激励着年轻运动员"像迈克尔一样"。把佳得乐引入我们的非碳酸饮料产品线——包括纯水乐和立顿冰茶——将使百事在这类饮料中的份额增加一倍以上，达到美国销售额的30%。

我也喜欢桂格的另一部分——燕麦片、燕麦能量棒、煎饼、谷物。在我的想象中，这些食物会搭配着纯果乐出现在全美家庭的早餐桌上。我的脑海里同时浮现了对健康食品的想法。此时的普利萨和塔拉分别是14岁和6岁，每天早上，两个孩子都会身穿校服，背着沉甸甸的书包，匆忙地赶去上学。她们出门时会抓起一根早餐能量棒或者一小袋谷物。我对于一个忙碌的、不断壮大的家庭所需要的食物有着很好的认知——要方便、营养、美味且实惠,我认为百事公司当然可以在一天中更多的时间里帮助养活更多的人。

我们在百事公司总部大张旗鼓地宣布了与桂格的交易。罗杰给投资者做了一份全面的报告,在此之前我焦虑地熬了一整夜,才把报告做得完美无缺。许多 CEO 会声称那些数十亿美元的交易是他们个人的成就,但罗杰跟他们全然不同,他谈到了我们三人如何通力完成了这一切,称赞我是核心团队的一员,对百事公司的未来至关重要。这是我人生第一次站在这样一个对公司具有决定意义的活动的前排中心。

我们和桂格麦片公司的鲍勃·莫里森站成一排合影,身后是 30 多瓶佳得乐和百事可乐。罗杰骄傲地拿着耐嚼的格兰诺拉燕麦能量棒,史蒂夫拿着菲多利薯片,我则拿着一瓶 1.5 升的橙汁。难道这就是美国商业面孔不断变化的写照——一名有色人种的移民女性登上了最高层?这是否预示着女性将有更多的领导机会?

谈判过程和对重大交易的披露的确激动人心,但现在我们得让这些激动人心的内容真正落地。我们曾向全世界承诺,将桂格收入囊中将给百事带来巨大的效率提升,可以在 5 年内至少节省 3.5 亿美元的成本。这笔交易也将为我们的短期财务承诺提供缓冲,并帮助百事公司投资更多的重大决策,包括将我们的零食业务拓展到美国以外的地区。

场景拉回到"4/3"楼层。众所周知,一次成功的收购很可能会被不审慎的并购重组方式毁于一旦——我们曾在本行业中目睹过类似的情形。糟糕的收购将会在资产负债表上挥之不去,并在未来数年里留在投资者的脑海中,影响我们的信誉。经过估算,我们大概有 3 个月的时间来制订一个事无巨细的正确的重组计划。与此同时，我们还需要得到美国政府的批准。美国联邦贸易委员会需要我们证明，在被百事注入强大的营销与分销支持之后，佳得乐将不会阻止竞争对手进入运动饮料市场，也不会提高价格伤害消费者。最大的障碍貌似是我们旗下的另一款运动饮料——全运动（All Sport），这款饮料的市场占有率很低，而且正在走下坡路。佳得乐唯一真正的竞争对手是动乐——这个品牌隶属于可口可乐。

如果联邦贸易委员会叫停这笔交易，桂格就会继续扮演百事的竞争对手。因此我们的规划团队必须完全在私下里运作。我们聘请了负责纯果乐欧洲业务的布莱恩·康奈尔、菲多利公司的销售与市场主管约翰·康普顿，他们会与几位公司外部的顾问通力合作。每天我会和布莱恩与约翰交谈数次。此外，每周五早上 7 点，我们还会开两个小时的电话会议，讨论每项可能的成本节约方式，以及如何落地。那段时期真是紧张无比。

与此同时，罗杰·恩里科即将离开，这位大出风头的人物总是用"大事大变"[7]来总结自己风格。作为百事的 CEO，他整顿了餐厅业务并将其剥离，将北美的装瓶商拆分为一家上市公司，并使百事走上了更均衡的产品组合之路。如果没有罗杰掌舵，这种大规模的变化就不会出现，因为董事会完全信任他，而且彼时百事公司的财务状况也很好。

我从罗杰身上学到了很多，他是一个兼具预见性与果敢的人。能被他看重的人少之又少——但是他看重我。在其他人看来，能得到他的指导表明我注定要成就更大的事业。尽管罗杰的风格有时会令人困惑或烦恼，但我对他心悦诚服，而且我们彼此可以做到相互理解。他的睿智和友谊给了我许多激励。

接任CEO职位的是史蒂夫·雷孟夫，他的个性跟罗杰截然不同：严肃、正直、虔诚。穿着闪亮的翼尖鞋，笔挺的白衬衫袖口上印有他姓名的首字母。20世纪80年代中期，他由必胜客进入百事公司，并创建了能与达美乐比萨抗衡的送货上门服务。这项业务改变了整个美国的比萨业态。

在担任菲多利公司CEO的7年中，史蒂夫一直专注于运营。他了解一切咸味零食的生产与分销流程，由此保障了生产效率与向零售商的按时供货。这位了不起的推销员会跟随送货卡车，拜访零售公司的CEO和商店经理，也并未把奢华的品牌建设和市场营销放在首位。当百事公司忙着与英国流行明星"辣妹组合"签订价值数百万美元的合同时，菲多利则在喜剧电影《贝弗利山人》中用微波炉烹饪辣味干酪玉米片。通过这部电影，公司赢得了市场份额。

尽管史蒂夫即将管理整个公司，他仍然不喜欢在信息技术、研发等公司职能部门上花太多钱。他深信每个部门应该各司其职、高度独立。他的成本意识极强，以至于有传言说，菲多利总部的清洁服务已被他削减到每周两次，连厕纸也从双层被改成了单层。罗杰以他具有代表性的方式，给史蒂夫起了个绰号叫"单层"。

史蒂夫出生在纽约皇后区，由单亲妈妈抚养长大，毕业于马里兰州安纳波利斯的美国海军学院。他曾在海军陆战队服役5年，也曾在白宫和戴维营为尼克松总统和福特总统服务。我曾经开玩笑地问他，他的人生是否有过放松的时刻、头发有没有乱过。一小时后，史蒂夫咧着嘴走进我的办公室，顶着一头乱发，领带也歪歪斜斜。史蒂夫完全可以成为一个有趣又谦逊的人，不过必须经过努力。

与此同时，他总是试图做正确的事。他认为百事在夏威夷的百年庆典过于奢侈，因此选择不出席。当罗杰乘坐百事公司的喷气式

第一选择

飞机带领各位高管前往蒙大拿州或开曼群岛进行长时间的周末团建时，史蒂夫通常会选择留在家里陪伴妻子盖尔和他们的4个孩子。

理所当然地，我从未被罗杰邀请过参加旅行，因为参与者都是男性。于我而言这样很好，我希望能有更多时间待在家里。而且我坚信罗杰不会在没有征求我的意见，或者没我的参与下做出任何重要的决策。

史蒂夫2000年接手公司时，他节俭的态度和对细节的关注正是百事公司那时所需要的。我们现在是一家纯粹的包装消费品公司——没有了餐厅业务，从全新、精简的核心业务中获取更高利润势在必行。

1999年，当史蒂夫正处于即将接任CEO的过渡期时，他要求我去监督菲多利公司的一个大型物流项目，他希望我能从中学到更多的、被他称为"小数点右侧"的那些跟几美分打交道的内容。史蒂夫那样做是正确的。他知道我曾经参与过数千万甚至上亿美元的交易谈判，能轻松地处理位于小数点左边的大数目。但我从未考虑过，在巨额数量的基础上，那些仅仅几美分的零头将如何推动百事赢利。事实上，除了在印度的梅图尔·比尔兹尔公司挨家挨户地卖线和印花织物的经历，我从未真正处理过微利增长的生意。

菲多利的这个任务需要我连续7个月每周去普莱诺。每周一，我清晨4点半离家去机场，然后到达万豪酒店房间，到周四晚上才会返程。我极度想念我的家人。当然，彼时并没有那些能让我们互相联系的科技：智能手机、短信、视频聊天统统都不存在。我只能和拉杰还有女儿们用电话交谈，但我们的通话时间通常都在一天结束时，因此都很短暂，即时的主动沟通更是没有。尽管我们聘请了育儿保姆和管家，我不在的时候，拉杰几乎每晚都在家。我们已经达成协议，无论在任何情况下，绝不让女儿们在没有家人陪伴的情况下过夜。这需要我们做大量的计划和准备。此时，普利萨刚上高中，塔拉则才进入小学。这些时光于我而言相当宝贵，而我不得不一离开家就是好几天。

我让自己全身心地投入了这项任务——DSD 系统是菲多利产品打入市场的重要特质，但这项业务仍需要打磨。

为了确保零食不在包装里碎掉，乐事、多力多滋、Walkers 和大多数咸味零食的包装袋里都充满了空气，这导致货物重量轻但体积很大。与此同时，这些产品也卖得很快，所以商店的货架需要不断补货。所有这一切都意味着，将数百万袋薯片从生产工厂运到消费者手中的最佳方式是直接运到商店，不进行过渡性处理。菲多利拥有世界上最大、最复杂的 DSD 系统，公司仅在北美就有 47 家制造工厂，由 230 个大型仓库、1 760 个小型仓库和一个大型卡车车队支持，其中销售代表会随身携带手持设备记录订单。

20 世纪 90 年代，菲多利公司推出了几十种新口味、新形状和更多系列的产品。每隔三四个月，新产品就会面市。消费者喜欢多样化，而且从生产的角度来看，提供新的口味对我们来说成本并不高昂，反正几乎所有的产品都是由玉米片或薯片做成的。此外，新产品意味着销量增加，每当我们推出一款新产品，并将其重点展示在货架上时，很多人都会去尝试。

所有这些都让 DSD 系统不堪重负。每种类型的商店都需要不同的包装，而每种新的变体都增加了分销的复杂性。举例来说，便利店希望以 3.25 盎司[①]的小包装出售杰克芝士多力多滋，以满足即食

---

① 1 盎司 ≈ 28.35 克。——编者注

第一选择

需求，而像开市客（Costco）这样的会员店则更喜欢大包装，因为那里的顾客都是每月来进行一次大批量采买。我们不得不制造和搬运成百上千个品种的各类零食产品。

史蒂夫想把DSD系统的容量增加一倍并重新配置，使其能够多处理30%的品种。为此，我们必须清理现有流程中的垃圾库存，然后对手持电脑、配送中心的拣选系统，还有我们根据商店和销售区域定制货架分类的方式等内容进行全面升级。这项任务异常艰巨。

当然，当我为菲多利的各种细节而焦虑时，我并不知道我们会在一年后收购桂格。现在回想起来，普莱诺的这段经历的确重要，因为它教会了我如何寻找那些最小的成本节约方式。当我与布莱恩和约翰进行合并后的整合规划时，我已经具备了一些相关的专业知识。

他们两位一直在秘密地工作，也已经找出了百事和桂格合并后利用两家公司的规模以更低的价格进行采购的最佳方案——从包装用品、家具、卡车轮胎，到小麦、燕麦等原料类产品，事无巨细。计划中包括了我们将如何整合办公室和职能，比如人力资源、会计和法务部门的整合。针对那些与DSD系统无法兼容的纯果乐和小批量的菲多利产品，他们也详细列举了仓库销售团队应该采取的处理方法。两人一共找出了将近200个项目，总计可以为我们节省几十万到几千万美元不等的费用。每个项目都需要被彻查、评估、指导，并在一年内落地。其中大部分内容必须在前4个月内落地。

通过这些努力，我们在5年内为百事公司节省了7亿多美元，是我们预计的3.5亿美元的两倍。

不幸的是，政府的审批并不像预期那样顺利。在初步审查后，联邦贸易委员会的委员们决定进一步研究收购佳得乐是否会让百事公司在软饮行业拥有过大的影响力。接下来我们必须提供更多数据、详细的计量经济学模型，还有各种分析报告以真正达成交易。

有一天，史蒂夫来到我的办公室，让我与法律团队合作，接管联邦贸易委员会的程序。"这真是个雷区。"我想。我能理解负责这个项目的主管感到多么困惑和受辱。我没有与华盛顿监管机构打交道的经验，手头的其他工作已经让我筋疲力尽，更别提还要照顾家庭。我试图说服史蒂夫放弃这个想法，但他对这块内容也很陌生，并表示只有我参与这个案子，他才能放心。他说，如果这份来之不易的合并协议破裂，至少我们俩可以说我们已经尽了最大努力。

我不得不把效率再提高一个级别。

我说服了妈妈，请她完全过来和我们生活在一起，因为拉杰的工作也忙得不可开交。接下来的几个月，我每天早上6点就会坐在办公桌前。然后，每周至少3次，我会在早上9点之前登上一架为我准备的百事公司专机，和律师一起飞往华盛顿。我们与联邦贸易委员会的工作人员会面，讨论这个案子，把所有问题收集起来。下午3点，我们会回到飞机上，4点半我就能到达自己的办公室。我分发任务，让团队成员解决问题，并重温前一天的解决方案，然后再继续做其他工作。晚上10点左右，我回到家，在床上继续工作到午夜：查看邮件、制定待办事项清单。在那几个月里，我们整个团队都在玩命工作。

2001年8月，百事公司收购桂格麦片公司的计划终于到了4位联邦贸易委员会委员的投票表决环节。投票结果是2∶2平局。这意味着我们的交易被批准了。史蒂夫和我悬着的心终于放下了。

在此过程中，联邦贸易委员会的工作人员给我留下了极其深刻的印象。他们乐于奉献、工作专注，很快就了解了我们这块复杂的业务。虽然在最开始的时候一无所知,但他们在阅读了所有收到的内容后,提出了一些我们难以回答但极有见地的问题。这些联邦政府工作人员的薪水不如我们在私营公司工作的人高,甚至在潮湿的夏季,由于他们的办公楼正在翻修,这些和我一起工作的人连空调都没有。然而,为着这唯一的目标——保护美国消费者免受竞争减弱的不利影响,他们仔细地梳理了我们提交的近200箱文件。这次交易得到了从头至尾的调查。

我曾一度希望所有美国人都能知晓,他们缴纳的税款在联邦贸易委员会发挥了作用,并由此为这项善意的工作感到自豪。在许多年之后,我欣然接受了邀请,在联邦贸易委员会成立100周年纪念活动上发表了主题演讲。我讲述了我在联邦贸易委员会的经历,并表达了迟到的感谢,感谢每个人为这次交易付出的努力。

在交易完成的一个月之后,我再次搬了地方——这次的办公室位于一个很大的拐角位置,有10扇窗户,一侧7扇,另一侧3扇。无论从哪方面看,这个新办公室都显得富丽堂皇——地方宽敞、浅色木地板十分舒适。在我的坚持下,我仍然使用刚入职百事公司时买的那套家具。房间大且空旷,于是罗杰的一些旧家具,几张沙发和几把椅子被搬了进来,以填补空间。我有一种"已经着陆"的感觉。

我的薪酬也实现了大幅度的增加。当我成为总裁,史蒂夫变成我的顶头上司时,他注意到我的薪酬没有调整,完全没能反映我在担任CFO以外其他职责所应得的报酬。之前罗杰从未操心过这些,人力资源部和我自己也从来没有提起过这一点。

我热爱我的工作,对于能坐在那间办公室深感荣幸。我觉得自己欠百事一份努力付出。金钱不是我的动力,而且考虑到之前在波士顿咨询公司工作的经历，我认为这份薪水已经相当可观。我没有把自己和身边的男人进行比较，后来我才知道，他们中的一些人多年来一直能收到大量特别股票期权。在公司的前 6 年，我居然从未享受过这样的待遇。现在，新 CEO 给了我一次意义非凡的加薪，并要求董事会给我一笔特别股票奖励。

这么多年来我始终不明白，针对女性和男性同工不同酬的这一问题，为什么人力资源部门总是避而不谈。为什么人力资源部门的工作人员能容忍这种情况？这看上去似乎跟人力资源部门主管是男是女并没有关系。他们都对有价值的多元化项目充满热情，但如果我问为什么前途光明的年轻女性高管得不到与其级别类似的男性相同的薪酬，所有人都会开始为自己辩护。

总的来说，美国女性的平均工资是男性的 80%。[8] 在我周围，工资差距稍小一些：工作内容相同的情况下，女性可以拿到男性基本工资的 95%。如果我问为什么仍存在 5% 的差距，我会被告知："差别挺小的，不用为此烦恼。"有时候，我会稍微反击一下："把女性工资调成男性工资的 105% 差距也挺小的。"实际上，人力资源部门本应关注这些问题并系统地加以解决，但这仍然是一场持续的艰苦斗争。

不管怎样，我发现管理工资预算的人都会坚持一个想法，觉得男性应该多拿一点儿。我不知道这是否因为人力资源部门从根本上仍然认为他们更需要男性员工。许多行业的朋友都曾与我谈论这一问题，但无论我们声称自己对女性薪酬少于男性这件事多么愤怒，这种情况依然存在。

联邦贸易委员会批准了我们和桂格的交易，这也为我的家庭生活带来了一段比较平静的时光。女儿们长大了，也更独立了，拉杰目前在一家初创公司工作，经常在美国和印度两边奔波，我则忙于美国项目。现在我又多了一项优势——公司的专机。

专机对我来说有着颠覆性的意义。从我在百事公司任职开始，我就曾目睹其他高管在出差时使用公司的飞机，有时也会用于个人旅行。在去跟联邦贸易委员会一起工作之前，我一直乘坐商业航班。罗杰也从未给过我一架公司专机，即使是在我独自前往欧洲和佛罗里达的果汁工厂进行为期两周的尽职调查时也没有。那时我没问，也许我应该问。似乎没有人注意到或者考虑到我作为一个母亲的处境。对家里两个年幼的孩子来说，我的时间对她们来说如此宝贵。

我知道讨论公司专机看上去像是某种精英主义的暗示，但现实情况是，成千上万的专机一直在世界各地运送商务人士，尤其是那些经营跨国公司的人。从我担任百事公司总裁并拥有这种便利开始，我在旅途中的工作效率得以大大提高。我可以安静地工作，在乘机时阅读机密文件或讨论私密的信息。这架飞机其实是一个空中办公室，而且我可以在一天内走访不同的地方。

与我的职业生涯早期相比，此时我拥有了更多在家享用晚餐和辅导女儿们功课的时间。等她们上床睡觉后，我会在客厅里看书、研究工作，静音播放洋基队的比赛。

普利萨是一个天赋满满的学生，曾被学校选送进入全国优秀学生奖学金的半决赛。这个小女孩活泼又幽默，但青少年时期的她并不轻松。一般来说，青春期对女孩来说是件难事，而且由于我的原因，普利萨的这段旅程过得相当糟糕。她如此依恋的妈妈一直在不停出差——在她希望妈妈能陪在她身边时，我根本没有时间请假在家。在圣心学校度过了许多年以后，她也不再喜欢那里，成长中的女孩在一起的时间如果太长，争吵的概率也会相应增加。

最重要的是，我意识到，那段时期我和拉杰对她施加了诸多限制，毕竟我们俩的价值体系形成于20世纪70年代的印度。彼时的我们很不喜欢普利萨的细肩带衣服，而她这个年龄的女孩都觉得这种款式很时髦；我们希望她在周六晚上8点前回家；我们会问她为什么不经常把她的朋友带来家里玩。对当时的我们来说，这一切都非常合情合理。现在回想起来，也许我们不应该如此。

普利萨无法忍受这一切，于是她选择去康涅狄格州的寄宿学校完成高中学业，这所学校离家有几个小时的车程。毕业后，她去了汉密尔顿学院，主修地质学和环境科学，并培养了一种保护地球的热情。我们为她感到无比骄傲。

塔拉还在上小学，她在圣心学校过得很开心。在很多个早晨，我都是送她上学以后再去上班。只要她一下车，我就会摇下车窗，高兴地朝她的背影大喊："整个世界，我最爱的就是你！"我认为她很喜欢这样。然而随着年龄的增长，她开始转过身大声与我耳语："妈妈快别说了，太尴尬了！"但是这样的阻止对我从未生效。

圣心学校的一位年轻教师会在下午晚些时候到家里来和塔拉一起玩，辅导她的功课。这样的安排持续了好几年，一切都很顺利。

拉杰多年来一直在辅导塔拉学习数学，结果好坏参半。我经常会接到塔拉的电话："妈妈，救命！爸爸教我数学的方法和老师教我们的方法根本不一样，我越听越不明白了！"我能听到拉杰在后面嘟囔："这些老师根本什么都不懂……"显然，他在印度学校的学习方法与圣心学校的截然不同。

职业母亲的种种小挫折一直困扰着我，我至今仍然会有轻微的负罪感。举例来说，每周三的上午9点半，学校会为妈妈们举办"班级咖啡"活动，而我几乎从来没参与过。普利萨勉强接受了这一现实,但塔拉会经常告诉我们,她多么希望我能成为一个"真正的母亲",并像其他母亲一样出现在班级的咖啡会上。我该怎么办呢?我给学校的一位跟我关系要好的老师打了电话,我问她,到学校的母亲到底有多少,然后我找出了还有谁没去。等到塔拉再次提起这件事的时候,我飞快地讲出了跟她同年级、也没去参加这个活动的其他妈妈的名字。尽管我用这种方式糊弄了过去,但对我年幼的女儿来说,这可能并不是一个令人满意的回应。

尽管我被工作压力、出差和诸多日程安排围得几乎密不透风,我还是尽我所能地在扮演一个关心孩子且投入的母亲角色。每个女儿的生日派对,我都投入了全部的爱和心血在计划和执行。因为我很清楚,这些日子是如此特别又短暂。孩子们参加的每一项学校活动或比赛,我都会去。而且,5年来我一直是学校董事会的积极成员,我想我从没缺席过任何一次会议。

女儿们生病或受伤时,我总会及时出现,这是我的天性。在我最初做妈妈的时候,普利萨生了水痘并把我也传染了,严重的痂块在我的脸上停留了好几个月才消掉。我安慰孩子们的方式也超出了拉杰认为需要的程度。一次,普利萨在体育馆里扭伤了脚踝,我立马扔下所有事务冲到学校,出现在她身旁,而那时普利萨直说,赶紧停下,不要再让她难堪了。当然这些并不重要。我只是想确保她一切都好。

还有一次,身在加利福尼亚州的我接到了塔拉打来的电话,她痛苦地哭号,因为她在后院的一个兔笼里养了两只兔子,但其中一只死掉了。我竭尽所能地安慰她,但半小时后,她的电话又打了过来,告诉我第二只兔子也死了。这时的她已经完全失控,我只得取消了剩下的会议,飞回了家里。

此外，2000—2006年，我对百事公司的助理芭芭拉·斯帕达西亚的依赖程度达到了顶峰。芭芭拉是一位聪明、有爱心、极其宽厚的女性，她50多岁，自己没有孩子。但她对待我和我的孩子们就像对待自己的家人一样。在我竭尽全力完成每一件事时，她都会非常及时地给予我从容与坚定的支持。

我很希望在工作时能随时接听女儿们打来的电话，她们也是办公室的常客。但当我的确不方便接电话时，芭芭拉就会帮我处理各种小问题，从缺少学习用品到忘记作业。有时，她会在傍晚时分带普利萨出去喝杯咖啡或散步，只是为了跟她聊聊学校和生活压力。芭芭拉基本上可以说是我们家的一员，她努力地让我的生活更轻松。

芭芭拉曾经代替我参加塔拉学校的母女礼拜活动，那是在教堂里举行的一项特别的仪式，有游行、唱圣歌、母亲代表发表感想和布道，然后所有的母亲会和女儿交换信件，共进午餐。我一直很喜欢这样的日子，并尽全力确保我能出席，但这次我有一个不得不去的投资者会议。那天晚上回到家之后，我对塔拉一再道歉，拥抱她，为错过了我们在一起的时光而流泪。可塔拉并不这么想。"这一天可真是好极啦，"她说，"妈妈，明年芭芭拉还能来吗？她太棒了！"

在史蒂夫担任百事公司CEO期间，我和他成了更亲密的朋友，部分原因是他有一对和塔拉年龄相仿的双胞胎。每个周末，他都会尽最大努力把全部注意力放在孩子们身上。我记得有一次，在我开车去寄宿学校看普利萨时，史蒂夫帮我接塔拉放学。我真不知道还有哪位CEO可以对他的下属给予此般支持。

一度代替我和拉杰担任"代理父母"的朋友和家人（那些出现在孩子们生活中，支持他们、鼓励他们、爱他们的特殊的人）扮演着极其重要的角色。毕竟，抚养一个孩子需要整个社会的努力。

我在百事公司的工作基本上是永无止境的。我晚上睡觉时从来不会想："明天我该做什么？"我总是在奋起直追、解决问题、继续前行。有一次，我在周五的晚上飞到莫斯科，帮助一个年轻的欧洲团队，为他们想要提出的一项收购计划梳理出令人信服的逻辑。两天后的周日下午，当我登上回家的飞机时，我喊道："你们有没有意识到，我放弃了周末飞到莫斯科帮你们准备的实际上是下周五你们应该向我汇报的内容？"

"我们知道，"一个人回答，"感谢您以老师的身份来指导我们。我们现在对于如何面对英德拉·努伊——我们的总裁兼CFO的超高标准有了更强的信心！"

也是在这几年里，我开始对百事公司的整个信息技术系统进行大规模改造。这个项目是从一次危机中诞生的。2002年春天的某一天，菲多利的订单系统崩溃了，我们不得不雇用数百名临时工来处理订单，因为我们那时正面临繁忙的阵亡将士纪念日周末假期。积压的订单量巨大：在节假日高峰期，菲多利每天的订单超过15万份，单靠人力根本无法解决这一切。那时我们应用的是旧有的遗留系统，而大多数知道这些系统如何运作及如何修复它们的人都已经退休。我们必须找到他们中的一些人，并通知他们回来工作。

在百事，我们的系统大多是这样——技术分散、可靠性低、维护成本日渐高昂。我们并不是唯一面临这种困境的公司，许多大公司也存在同样的问题，为了支付技术更新的费用，他们将其作为一次性费用，从现有成本中分离出来。由此，这些技术费用就会被视为临时支出，不会影响潜在的营业利润。

但我的结论是，我们需要一个全新的系统来应对百事公司的增长。这是一项重大投资，将涉及运营的每个环节。我们需要在百事公司定下基调,即最先进的信息技术是我们成功的核心保证。当然,对修改系统如此执着的态度中也有一定的个人原因:新的联邦金融法规《萨班斯-奥克斯利法案》要求 CFO 和 CEO 每年签署文件以确保公司的财务诚信。我告诉史蒂夫,只有强大的信息技术系统才能让我们做到放心签字。

史蒂夫有些勉强,因为这一切将是非常昂贵且耗时的。他告诉我,如果我能找到经费支持,那么他同意由我来主持这个项目。我花费了几个月与信息技术部门和外部顾问共同制订了一个计划,该计划最后将花费 15 亿美元,即每年 3 亿美元,持续 5 年,而这只是第一阶段。几个月后,我的办公桌上出现了一份长达 25 页的审批文件,上面列出了所有事项。

文件上已经有 20 个人的签字,我是倒数第二个需要签字批准的人,史蒂夫则是最后一位。我知道,如果他看到我的签名,他肯定会签字。

我做不到。我无法在高达 15 亿美元的资本支出上签字,因为它太技术化了,我做不到完全理解它。所以,就像我过去所做的那样,我开始拼命阅读。我买下了所有能找到的,关于公司系统、流程映射、数据仓库和主数据管理的参考资料。在接下来贯穿了 12 月和新年假期的 6 周里,我对这一切进行了研究。每年一次的印度之旅被我取消了,尽管家人们强烈反对,最后还是不得不做出让步。次年 1 月,我带着一长串问题回到团队。在他们回答完所有问题后,我在批准开支的文件上签了字。建造这个系统花了 7 年多的时间,我们出售了百事自有的上市装瓶公司的一些股份来支付这笔费用。

我认为,领导们在签署任何文件之前都有必要去了解他们所批准的内容背后的细节。这与是否信任为你工作的人无关,只是一种基本的责任。不要仅仅做一个"过客"。我想，为我工作的人会很高兴我阅读了所有他们提供给我的文件。这既是对他们和他们工作的尊重，也是出于我的责任感。我知道我提出的这些问题会让人抓狂，但这就是我的工作——我打算将其做好的工作。

但是，怎么才能把我的皇冠留在车库里？

说实话，在我担任百事公司总裁的前几年里，我甚至都不怎么在家，也没有过多地考虑如何在事业有成的同时处理好母亲、妻子和女儿这不同角色之间的关系。忙碌地从一个项目到另一个项目，无数次飞往华盛顿，我当然没觉得自己有多么高贵，我只是希望在一个没有其他人跟我类似的世界里，承担起这份工作背后的巨大责任。

然而，那天晚上母亲的话让我念念不忘——她的一席话是如此含蓄，也有无数种解释方式。

首先，我认为她的话非常重要，因为这涉及如何处理工作与家庭的关系。母亲是对的，无论我们是谁、工作是什么，我们在家庭中的位置无人可以替代。她的意思是，虽然此时我正在享受巨大的成功，但良好的家庭意味着无论我是否被任命为百事的总裁，我都会受到同样的重视和爱。

所以，母亲希望我分享这个好消息吗？我认为是的。那晚让我兴奋的并不仅是我的新头衔，还有我本身。我真正为之兴奋的是，我可以与最亲近的人分享我的成就、分享这一刻的感受，成为他们的骄傲。我感觉，如果我是一位男士、丈夫或父亲的话，在取得这番成就时，我可能会更平静。

在庆祝自己的职业成就时，女性和男性被赋予的标准截然不同。无论我们做了什么，也永远达不到要求。如果我们在家庭之外的世界获得晋升或奖励，大家总会认为，要么取得这些很轻松，要么就是对家庭没有尽到足够的义务和本分。

对女性的工作成绩或家庭来说，这种"一方受益，一方即受损"的论调是极其有害的。对男性来说尤其重要的是，他们需要看到，这其实阻碍了我们所有人的发展。为什么不让女性在人生的各个方面都展翅翱翔呢？当我们做得好的时候，为什么不可以庆祝呢？当我们的女儿还小的时候，我们都喜欢看到她们在体育比赛或拼写比赛中获胜。那么，为什么我们要贬低那些在事业上取得成功的成年女性，质疑她们在家庭生活中做出的贡献呢？

可惜在这一方面，女性既不自救，也不互相帮忙。我知道说起来容易，做起来难，但我们真的需要放弃对完美的追求。我经常有这样的感受，哪怕我在企业界的影响力和权力越来越大，我也会因为自己在家的时间不够多而觉得对家庭有所亏欠。现在想来，我其实完全没必要在这方面有如此多的烦恼。有一段时间，我的女儿们对于我的工作进行了狂轰滥炸般的攻击，她们都觉得我的工作太过耗时耗力。于是我告诉她们："好吧，我打算离开百事了。我的心一直和你们在一起，很明显这一切让我难以承受，我决定放弃工作、回归家庭。"在那一刻，这看上去是一个伟大的决定，但忽然我得到了一个支点。"妈妈，不行！你不能放弃！"塔拉惊叫起来，"你如此努力才走到了今天！敢于梦想，妈妈！你要敢于梦想！"普利萨则希望世界上有两个我：一个是她可以依靠的、愿意奉献、永远在身边的妈妈，另一个则是她为之自豪的 CEO 母亲。我多希望这是真的。

无论如何，我必须学会处理家庭成员的情绪波动。或许这也是出于母亲这个角色的天性，我和家人们的关系非常亲密，无论我在外面如何叱咤风云，我仍然会在接收家人情绪方面发挥重要作用。有时，我觉得自己甚至像个出气筒，因为每个人只要出现问题，都会归咎于我在百事公司担任高管。

虽然我一直在与这些感受搏斗，但我知道，能嫁给拉杰是如此幸运。在职业女性的关键时期，即孩子正在长大，需要妈妈，而工作要求也越来越高时，我想我们的配偶确实退居到了次要地位，而且他们必须能够调节好这一切。拉杰经常对我讲："你的清单上总是百事、百事、百事，然后才是你的孩子（我甚至有时觉得她们只是我一个人的孩子），你的妈妈再次，最后的那个人才是我。"拉杰没有说错，但我会开玩笑说："至少你还在这份清单上！"

事实上，拉杰的重要性远超这一清单所显示的。我很肯定他知道这一切。保证我们婚姻成功与持久的唯一原因是，我们为了整个家庭的成功共同踏上这段旅程。但我在百事的工作实在是太多了，我也知道拉杰经常觉得自己被忽视了。

对有孩子的职业女性来说，拥有一位支持自己的配偶可以减轻我们的负罪感。就像我经常说的，做母亲是一份全职工作，做妻子是一份全职工作，而做高管会远远超越一份全职工作。所有这些都需要我们不断调整优先级，有时甚至在一天内需要调整好几次。而且，这取决于我们在和谁交谈，有时我们会觉得自己从来没有做对过。对我来说，我在职场经历的每一次变动，拉杰都在我身边，这让我感觉很踏实。他从来没有让我因为没能在家陪孩子而内疚。

我还觉得，朋友之间的姐妹情谊也有着巨大的影响力。有些时候，我们不想听到我们是错的，也不想被告知要做不同的事情。我们想要发泄，想要被倾听，而不仅是被评价。我有亲密且可爱的朋友们——那些在印度、以色列和美国认识的女性，我完全可以信赖她们，她们愿意倾听我的种种烦恼。她们不是我的家人，也不在我的工作和生活的圈子里。我不必让她们印象深刻，也不需要以任何方式证明自己的价值。我们所在的地方跨越了多个时区，但这似乎从来不是问题。

"把皇冠留在车库"这句话也道出了在能力与谦逊之间，存在更广阔的联系。对那些在职业生涯中崛起并最终在工作场所和社会中获得真正权威的人来说，这是一个令人难以置信的教训。

这些年来，我开始在大家庭中弱化我的工作。当我还是一名中层管理人员时，他们更愿意与我交谈，也愿意让我做自己。当我晋升到更高职位时，有些人开始把我当成陌生人。他们认为我太忙了，肯定没有时间和他们说话，或者认为我太重要了，没有时间和"普通"的人打交道。大家庭中的有些人则只是对我的成功感到不满。所有这一切引起了家庭中的一些不安。

经过了一段时间的调整，我开始把自己的经历和压力放在心里，并确保我在回家或和家人在一起时保持心情愉快且放松的状态。但是，当我在思考那些会影响百事公司数十万员工、影响世界各地消费者的决策，或者可能影响全球市场的盈利报告时，很难确保心情愉快。可是，我认为这样做是必须的，因为它能让我在工作之外的生活中保持平和与理性。

与此同时，我的工作真的很有趣。我擅长这样的工作，帮助一家规模庞大的公司前行。我热爱百事公司，热爱公司的愿景，热爱我们的产品，还有那些伟大的创意。我承认自己有时也会失望，因为我不能只是庆祝这一切，而不担心人们会认为我是某种自大狂。

举例来说，当 2007 年印度政府向我颁发公民荣誉奖莲花装勋章时，我由衷为自己骄傲。我想象着萨萨和父亲知道我被列入了一份包括杰出艺术家、科学家、律师和社会工作者的名单会多么高兴。在新德里宏伟的印度总统府里，阿卜杜勒·卡拉姆总统向我颁发了该奖项。我曾经在15岁时进入这栋建筑参观、喝茶，如今我在这里获得了荣誉。拉杰从美国飞过来和我一起庆祝，母亲也加入了我们。让我难过的是普利萨和塔拉没能参加这次活动，因为她们都要上学。家族里没有一个人打电话来祝贺我。

这世上充满了对领导人的陷阱——金钱、旅行、与优秀的知名人士碰面的机会、美丽的生活和工作的环境，这些都会让人轻易地适应与接受。但是，真正的领导人必须保持脚踏实地、专注于自己的责任。这也是我一直尝试在做的。在所有人的关注下，我感觉自己已经是一个榜样。任务艰巨，但我也会尝试泰然处之。

相较于男性，女性领导者会面临更多的困难，因为这个权力的世界是为男性设计的。女性需要开疆拓土，才能跨越到商业、政府或金融领域的上层。我们必须向世界展示我们的沉着庄严，因为对许多人来说，权威与才华与年长的绅士是画等号的。

当我还是百事公司的负责人时，我曾在墨西哥和一群人一起下飞机。每个人都得到了海关移民官员的问候："欢迎，X先生""欢迎，Y先生""欢迎，Z先生""嗨，英德拉"。

很明显，女性必须在外表上花费更多的时间，这个部分没法偷工减料，否则人家就会质疑你的可信度。但是，麻烦的事情远远不止于此。曾在数百个会议上发言的我也总是很焦虑，担心自己能否泰然自若地坐在布置好的椅子上。因为如果我穿着连衣裙或短裙，这张椅子对我来说可能会太深或太高。曾经我穿着同一条漂亮的蓝色礼服参加了两次位于纽约、间隔两年的盛大活动，那时我听到了摄影师的评论，他们希望我能买一条新裙子。与此同时，就参加那个活动的男性而言,他们身上的燕尾服可能都已经穿了10年了。

我曾经穿着我最喜欢的阿玛尼夹克出现在《格林尼治杂志》的封面上。这件衣服让我觉得优雅舒适,我也认为自己看起来应该很不错。后来,当地的一名女售货员打电话给我,她在萨克斯第五大道精品百货公司工作,她建议我以后在拍摄重要照片之前,先去看看她们的最新款。"穿上一季的夹克,不太好。"她评论道。

人们会这样给出女性不适合成为伟大领导者的原因:她的声音过高或过低;她看起来太矮、太胖或者太瘦。这些评价使我们疲惫不堪。我们知道,当他们对其他女性评头论足时,我们也同样会成为他们的谈资。我也认为,女性无法避免此类警告:要衡量自己的能力与社会期待的差距,不管怎样,我们必须记住自己是不完美的。

即便已经周全地考虑了所有问题,我也无法忘记给出"车库里的皇冠"这一席话的是谁。

在厨房的那个晚上,我母亲仍然像她过去一贯的那样左右为难:既想看到她的女儿在外面的世界翱翔,又想确保我能够成为一位好妻子,勇于奉献,乐于照顾他人。当我还是个小女孩的时候,母亲就会一边让我假装自己是印度总理发表演讲,一边担心我能不能找到丈夫。

一只脚踩油门,一只脚踩刹车。

出门去夺得皇冠,又要把它留在车库。

2006年4月,拉杰暂停了所有工作回印度照顾身患癌症的父亲,我很想念他。得知一直支持我工作的公公正处在死亡边缘让我感到万分难过。作为家中长子的妻子,我理应去帮忙,但是永远理解我的公婆坚持让我待在家里,照顾孩子,完成我重要的工作。拉杰承担了整整半年的主要照顾工作,一直到他的父亲于2006年11月去世。

拉杰在印度的那年8月，我决定独自在家休一周假。我的计划是放松身心、整理房间，和塔拉一起出去玩。普利萨此时正在缅因州拜访朋友。除了好好地睡几觉，我没有别的想法，当然如果还有时间的话，我还要阅读和整理壁橱。

但是，2006年8月7日周一早上，史蒂夫出现在我面前。他走进厨房，坐下来，手里拿着他经常带着的小记事本，告诉我他即将搬回达拉斯。他告诉我，百事公司董事会准备任命我为CEO。

3个月后，这家美国的标志级公司、创立于1898年的百事公司将任命我为掌舵人。

我惊呆了。尽管知道有一天公司会考虑让我来做领导者，但我不知道史蒂夫会这么快就离开。我们之间已经培养出一种舒适高效的工作节奏，而且我们经常开玩笑说要一起退休。

史蒂夫告诉我，一架飞机正在韦斯特切斯特县机场的百事公司飞机库里等着我。上午10点，我登上了这架飞往马萨诸塞州楠塔基特岛的飞机。董事会提名委员会主席约翰·埃克斯正在那里度假，他想正式地告诉我这个消息。当我抵达楠塔基特岛时，约翰穿着短裤和马球衫上了飞机，告诉我董事会的决议将在下周六得到正式批准，他祝我好运，并为我感到骄傲。我们握了握手，然后他就离开了。

我再次起飞，花了15分钟飞到科德角，去百事公司国际业务负责人迈克·怀特的避暑别墅见他。我们是好朋友，而且我知道迈克是这个职位的另一候选人。事实上，几个月前，当董事会讨论一个"机密话题"时，我们被要求回避。

那天我们有几个小时的空闲时间，于是决定前往时代广场，观看百老汇的音乐剧《泽西男孩》，然后共进晚餐，聊了这些年来与百事和菲多利的同事共度的美好时光。我们曾享受了那么多的节日派对，要知道，其中许多都是由我举办的。那些派对的最后总会变成卡拉OK之夜，或者和迈克一起在钢琴前歌唱。我曾经编过一本书，里面有275首流行歌曲的歌词。其实我们每个人都有专门为派对准备的卷角歌词本。我们也笑着谈起了罗杰，在那些派对里他总是坚持至少唱三遍弗兰克·辛纳屈的《我的路》，再加两遍唐·麦克莱恩的《美国派》。我们的团队把自己的大半人生都奉献给了百事，压力重重，但也乐趣满满。

现在，作为未来的CEO，我真的希望迈克能留在公司，哪怕再待上几年也好。我告诉了他我的想法，我们就潜在的领导层变动和过渡谈了一会儿。然后迈克坐在他的立式钢琴前，跟我一起唱了几首歌。接下来，我们又出去吃了冰激凌，在海滩上散步。随后，他开车送我去机场，给了我一个大大的拥抱，并向我保证他会支持我。

我到家的时候还是下午。我给在印度的拉杰打了电话，他立即说他会飞回家一两天，确保能在宣布这个消息时陪伴在我身旁。然后，我独自坐下来，泪流满面，任凭情感上的激流席卷全身。此时，我兴奋、焦虑，也担心自己成为聚光灯焦点之后的未来。一切都在我的脑海中翻滚：我的出身，我的成就，我应该怎么对待百事公司交给我的这份重担。

我也想到了我美好的家庭。于我而言，这意味着在很长一段时间内我都不会再有休息的时间。

24小时后，一切正式生效。我要负责发布公告，还得确保措辞妥当。更换CEO是一件需要高度保密的事，因为市场可能会就领导层的更换做出反应，只有少数人能知道发生了什么。我邀请了总法律顾问、公共关系主管和人力资源主管到我家，我们精心起草了公

第一选择

告，还有致员工、零售合作伙伴和联营机构的信件提纲，每个字都经过深思熟虑。我们需要颂扬史蒂夫的贡献，也必须证明权力将会稳定有序地过渡。与此同时，乐观和自信也是必要的。

周四，我给普利萨打了电话，告诉她下周一有一件非常重要的事情需要她出席。她有点儿勉强，但最后还是同意穿着得体地出现。家里的塔拉则对将要发生什么十分好奇。我没向她们中的任何一人透露这个消息。

周六，我私下告诉了母亲，她正和我弟弟在曼哈顿。她的第一反应是："哦，不！我要打电话给史蒂夫劝他不要走。""他会听我的。你要做的事情已经够多了，还有孩子要照顾，你不需要更多的责任了。"我委婉地说服了她。

2006年8月14日，这个周一的早上6点，一则爆炸性新闻出现了：百事公司的新任CEO是一名女性。另一个头条也呼啸而来："百事选择了一位女性来主持大局。"我在印度的家人告诉我，那天的新闻里，无论是报纸上还是电视中，到处都是我的身影。我的那些在马德拉斯曾不停哼唱"十分美味"的叔叔阿姨为他们的假小子侄女感到无比自豪。

那天的经历如旋风一般。员工们涌入百事公司的食堂，来参加这场向全球转播的员工大会。史蒂夫做了一个交棒给我的演讲，然后轮到我上台发言："百事过去已经是一家卓越的公司，未来我们会让它变得更好。让我们卷起袖子，开始行动吧！"

拉杰、普利萨和塔拉在我旁边站成一排，一边观看活动，一边猜测着这一切对他们来说到底意味着什么。

我则感受到了工作的压力。我表面上显得乐观自信，内心却在思索现实。

09

"目的性绩效"战略框架

我不想再大费周章地换办公室了,这间转角办公室相当舒适,对我来说,它就像另一个家。清晨阳光明媚,可以看到树梢在秋天变换色彩,远处是亚历山大·考尔德设计的名为"脱帽"的巨大红色雕塑。这个房间里有我喜欢的简约的办公桌,有那张我们常在上面开会的大会议桌(塔拉也经常趴在上面做作业),还有我在亚洲大型陶瓷罐里种植的几株植物。玻璃架子上摆满了我的家庭照片和旅行纪念品。

尽管如此,史蒂夫还是离开了那间属于 CEO 的办公室。那间办公室的面积跟我的办公室完全相同,位于走廊的另一侧,也曾属于韦恩和罗杰。我在那个房间里开过很多次会议,也一直对这一权力宝座充满敬畏之情。房间的一头摆着一张厚重的木桌,另一头则有一间客厅。玻璃咖啡桌周围摆着软垫椅子,地上铺着波斯地毯,还有一个壁炉。这里弥漫着传统的美国企业权威感——让人回想起肖像林立的私人男性俱乐部和烟雾缭绕的银行家聚集地。据说,几十年来,真正的交易都是在这样的地方实现的。

我该怎么办？我不得不在众人的注视之下代表 CEO 和董事会主席发表声明。我曾想要拿下那些旧时代的装饰，但最终我决定还是保持不变为好。我只让人拆掉了壁炉和墙上的木镶板，把那里改造成两间雅致的办公室，供下属使用。

我深信自己完全了解百事公司 CEO 的节奏和责任。我过去曾忠实地为三届领导人效力，也曾深入参与过所有重大决策：从拆分餐厅业务到收购纯果乐、将装瓶商拆分为上市公司，再到改进信息技术系统。无论是管理一家大型知名公司所需承担的压力，还是关于全球经济的季节问题和情绪问题，我都很了解。

个性使然，我可能做了太多的准备工作。在担任百事公司的战略专家、CFO 和总裁的 12 年里，我曾和卡车司机一起旅行，在数英亩的制造工厂中散步，拜访世界各地的零售合作伙伴。我品尝过数百种用于试吃的薯片和蘸酱，啜饮过几十种混合饮料，我能分辨出每种饮料不同的口感。在那个时期，我学习了如何在内蒙古种植土豆，以及如何减少稻田的用水量。我知道公司损益表和资产负债表里面的所有杠杆，在投资者和分析师中充满公信力。一如既往地，我对百事的企业精神充满热情，对它的架构和缺陷也十分了解。

最重要的是，我既是梦想家，也是实干者。我可以为百事公司描绘出一幅生动的未来画卷，也能够带领大家实现这一愿景。回首过往，我终于明白了董事会选我当 CEO 的原因。

但是，我仍然十分忐忑。2006 年 10 月 2 日，当我以 CEO 的身份走进公司办公楼时，一种奇怪的感觉油然而生，许多高管都曾经试图解释这种感觉：我变成了"它"，就像在玩捉人游戏一样。我觉得每个人都在看着我，等着我告诉他们下一步该怎么做。

公众的视线骤然间聚焦于我。我是《财富》500 强公司中第 11

位女性 CEO，这个群体的成员还包括易贝的梅格·惠特曼、施乐的安妮·穆尔卡西和朗讯科技的帕特里夏·鲁索。与此同时，我也是一个移民的有色人种，来自发展中国家，接管了一家非常知名的美国消费品公司。这让我极为引人注目。

到目前为止，我和媒体的关系一直相当不错。在我加入百事公司的早期，我从未出现在公众面前。尽管我曾与华尔街分析师就百事公司的战略和财务状况交谈过，因为他们需要向投资者报告百事公司的股票前景。作为 CFO，每个季度我都会与同一批分析师和投资基金经理进行电话会议，向他们展示百事公司的数据。这一切对我来说都已经稀松平常。

在与桂格的交易完成之后，我在公众前露脸的机会增多了。《商业周刊》刊登了一篇文章，对比了史蒂夫和我的领导风格。如今看来，我发现这是我第一次意识到，原来他人面对我时的看法和表现与面对手握权力的男性时截然不同。报道上说，我们是一对"奇怪的组合"[9]：史蒂夫是一名跑马拉松的美国海军陆战队前队员，我则是一个"在开会时需要靠哼歌让自己平静"的女人。这篇文章把我的衣橱叫作"印度商业风"，包括"从飘逸的围巾到纱丽"，文章还提到："她会说一些你压根儿没想过会从高级主管嘴里冒出的话。""她的身上有一种坦率、无拘无束的特质。"

2003 年，《福布斯》杂志正在准备一篇关于史蒂夫领导下的百事公司的专题文章。作为报道的花絮，我和史蒂夫被安排在停车场匆忙地拍了张照片。然后，他们把我的单人照用作了封面。报道称"英德拉·努伊相当坦率"[10]。文中引用了罗杰的话："恩里科告诉我，英德拉是个执着无比的人。他对此相当钦佩。"《福布斯》杂志的这一封面故事给我的感觉糟透了。因为受到关注的理应是史蒂夫，毕竟他才是 CEO。我不明白，为什么我是被聚焦的那个人。

我对记者的态度因这件事而转变，从此以后我一直都小心翼翼。我已然了解，尽管像我们这样的公司可能会试图通过庞大的通信和公关部门来管理信息，但这是一个艰难的攀登过程。因为无论好坏，媒体想怎么写，他们就会怎么写。

我经常在报纸、杂志或其他媒体上看到关于百事的报道，这些报道其实相当直白，也颇具真实性。但是它们的标题总是与我们的内部报道相去甚远，一些记者也会根据虚假的谣言制造新闻，在公司引起难以平息的混乱。不过，虽然媒体对像我这样的公众人物提出了种种质疑，我仍然相信：作为民主的关键因素之一，媒体的力量必须得到褒奖和培育。我呼吁，那些针对公司的记者重新审视自己的核心使命：进行详尽的报道与分析，并真正花时间去了解他们所涉足的复杂业务和行业。对所有作者来说，他们也不应该为了一个戏剧性的标题而牺牲故事的实质意义。要知道，准确性是我们系统运转的基础。

当我在 2006 年升任 CEO 时，作为一名来自印度的女性移民，媒体再次兴奋地歌颂了我的异国情调。我穿着纱丽出场，有时赤脚更显神采。事实上，自从 25 年前在芝加哥博思艾伦咨询公司实习以后，我就再也没有穿着纱丽去上班了。我的确偶尔会在下午 6 点后在办公室脱掉鞋子，就像几乎所有的那些穿着高跟鞋的女性高管一样。

《华尔街日报》在我上任后也刊登了一篇文章，标题是"不会把话放在心里的百事新任 CEO"。文章第一段描述了我身穿纱丽，唱着《香蕉船之歌》为哈里·贝拉方特欢呼。事实上，我只是简单地向他们介绍了贝拉方特先生。2005 年，我们曾作为一个组合在某个支持多元化与包容性的活动上一起唱过这首歌。那时我穿着西装，戴着我标志性的飘逸围巾。或许他们以为那就是纱丽吧。

需要说明的是，在经历了那次不愉快的面试，并在与简·莫里森的谈话中泪洒耶鲁大学的办公室后，我就接受了这样一个观点：任何人，包括我在内，都应该穿自己觉得舒服、整洁并让他人感觉被尊重的服装。我有这样一种哲学：每个人都可以在工作中展现自己真实的一面。我把这个看作企业包容性的基础。然而，我承认，令人沮丧的是，当我一步步成为这家全球第二大食品和饮料公司的领导者时，我经常被描述为一个喜欢穿着传统印度服装的、奇怪的外来者。

话分两头说，我也得到了来自印度和印度裔美国人社区的热烈支持。很长时间以来，像我这样的印度移民一直被视为科技界的书呆子，只会管理硅谷的初创公司。我从一个投资银行的朋友那里听说，他和其他在美国公司工作的印度裔美国人的地位正在逐步提升，感觉自己有被视为公司未来领袖的机会。因为这是有史以来的第一次，终于有一家典型的美国消费品公司被印度裔美国人领导了。

在担任 CEO 的前几周里，我必须让我的团队准备就绪，这件事十分棘手。我希望身边都是精兵强将，以确保我总能得到真实的意见。在史蒂夫宣布不再担任 CEO 后，一些人因此选择了退休，这些都没关系。

让我意外的是，我的助理芭芭拉也离开了。几个月前，她的母亲不幸去世，她选择辞职照顾生病的父亲。尽管我很幸运地请到了百事公司的资深员工安·库萨诺担任我的助理，她已经在这里工作了 20 多年，也担任过史蒂夫的行政助理，在很长一段时间里，我还是觉得自己好像失去了左右手。

对于如何处理 CEO 办公室中那些相互冲突并不断变化的优先事项,安非常了解。她会在有人向她求助时微笑着伸出援手,也会沉着地扮演守门人的角色。她有几个成年的孩子,在应付母亲身份和工作压力这两件事上已经非常娴熟,对塔拉和普利萨也是发自内心地喜爱。可爱善良的简·尼斯基是她的助手,是安效率的延伸。她们一起从早上 8 点工作到晚上 7 点,负责管理 CEO 办公室,每天处理堆积如山的邮件和所有来电。在我离开百事之前,安一直和我在一起。十多年里,这些女性使我的生活井然有序,并总能帮助我保持理智,对于她们的贡献和重要性,我怎么强调都不为过。

负责国际业务的 CFO 理查德·古德曼被我提拔为百事公司总部的 CFO。他是一位严谨且受人尊敬的人,能够无畏地发表自己的意见。用同样的方式,我说服了前通用汽车高管、现任百事公司董事会成员的辛西娅·特鲁德尔担任 CHO(首席人力资源官)。我想要一位运营高管来帮助我重新思考未来几十年的人力资源流程和实践方式。辛西娅的想法非常棒,她也经常在董事会上表达这些想法。我需要她成为我的左膀右臂。

我聘请美国司法部前副部长拉里·汤普森担任总法律顾问,这是一个重要的位置。请拉里担任这一职位是我的选择,而不是聘用他的史蒂夫的选择。上市公司的首席律师是 CEO 最亲密的顾问,他几乎对所有事情都了如指掌,并会大量参与董事会事务。拉里很安静,总是在倾听和消化周围的一切。但每当与我一对一地谈话时,他会精确地指出我的对错,从不隐瞒。

有一天,我突发奇想,走进拉里的办公室告诉他,他被解雇了。这让他迷惑不解。10 秒后,我微笑着重新聘请他为总法律顾问。对拉里来说,我知道这不是一流的 CEO 策略,而更像是一种对他的鞭策。不过，他后来告诉我，虽然那几秒他很震惊，但他明白我"重新招募"他来做这份工作是多么有价值。从那一刻起，拉里成了我的总法律顾问，并在我的新团队中扮演了非常积极的角色。

最后，为了让CEO办公室顺利运转，我延续了由史蒂夫开创的方式——让那些崭露头角的高管轮流担任我的幕僚长，每次为期18个月。我的第一任幕僚长是约翰·西加洛斯，他曾是我在公司战略团队的同事，当时正在曼谷任职。他搬回了纽约，约翰的到来给我带来了必要的秩序和结构，使我能随时了解对我的新要求有哪些。

在接下来的12年里，一群杰出的新兴领导人才轮流担任了幕僚长，并成了我坚强的后盾。从一开始，我就打算经常出差，也希望我的幕僚长能够随行。当然，在差旅期间，我们会按计划处理工作，但我也希望与年轻员工开圆桌会议，与女性单独会面，拜访地方政府官员。在通常情况下，当地的团队也会要求我们与商会或妇女团体公开接触。

每次开会，我都会要求幕僚长准备一份详细的简报文件。此外，我的所有演讲都必须体现我早期的想法，因此他需要和演讲稿的撰写人仔细研究，使每个词都符合当地的文化习惯。与此同时，幕僚长手里还会保留一个跟进事项清单，以确保所有问题都能得到解决。

这还不够，幕僚长还有一项非常重要的职责：为我的公众活动进行考察。这把椅子适合女性坐吗？我在台上应该穿裙子还是裤子？背景色是什么？我的穿着会不会和背景色冲突？我可以吃到素食餐吗？最重要的是，我也需要休息时间，这样才不会被无休止的活动压垮。我想他们在任期结束时都累坏了，但每个人都对全球CEO办公室的内部运作有了深刻的理解。

当我晋升的时候，我能感觉到周边哪些人是支持者、哪些人是反对者，也能感觉到热情、怨恨和一些怀疑的情绪。公司的国际团队都很高兴我能拥有全球视野，而且让迈克·怀特继续担任他们的主管。与我共事多年的百事饮料部门，还有菲多利的高管们很容易就接受了我。罗杰和史蒂夫都跟我关系很近，尽管他们让我做自己就好。对此我一直心存感激。

当然，也有一些人忠于自己对百事的看法。有人写信给史蒂夫表达愤怒，不明白董事会怎么会提拔一个与以往的CEO如此不同的人。史蒂夫给他写了一封精彩的回信，逐条列出了我为什么是管理这家公司的最佳人选。

在我的梦想里，我会为百事开创一个新时代。我想象着这家公司将成为21世纪的标杆，可以一直朝着未来迈进。它会以自己的美国根基为荣，但又足够全球化和灵活，能够反映出时代的变化。通常来说，这种类型的公司并不长寿。菲多利和百事于1965年合并，在那个时期美国最大的500家公司中，50年后剩下的只有77家，约占15%。我希望百事公司能够保持长久的成功，而不仅是在我担任CEO期间取得短暂的胜利。我的直觉是，百事公司必须重新思考其社会使命，并发掘一种新的经营模式。

在印度所接受的种种正规培训深深地影响了我——那些教会我民主和资本主义的会议，以及我在孟买原子能部门的实习经历。在那里，我看到了强大的西方公司如何与发展中国家互动。SOM曾激励我远渡重洋，接受聚焦商业和社会交融的教育。在那里学习到的案例开阔了我的眼界，让我了解到公司是如何融入一个由政治、政府、非营利组织、社区和家庭共同组成的世界中。大家必须共同努力，创造更为美好的未来。

那个夏天的周一早上，在史蒂夫走进我的厨房后的几个月里，我一直在思考这一切,尽管我也在经历工作的忙碌、兴奋与焦虑。

这项任务有着里程碑式的意义。作为一家标志性的公司,百事负责了旗下17个品牌的生产和销售。其中每个品牌的年零售额都超过10亿美元,这在当时的所有包装消费品公司中是首屈一指的。人们每天食用和饮用超过10亿份百事产品,我们的业务范围覆盖了180多个国家和地区。

但是,百事公司——乃至整个行业——也受到了铺天盖地的指责。批评中指出,我们产品中的糖、脂肪和盐导致了美国民众的肥胖、高血压和糖尿病,而且导致世界其他地区越来越多地出现了类似情况。我们收购了桂格麦片公司,并开始加大营养产品线的供应。反式脂肪酸被完全淘汰,学校里的全糖饮料全面下架。我们在纯果乐中加入了欧米伽3脂肪酸。然而,考虑到我们的业务范围,之前做出的这一切努力看上去不值一提。百事仍被视为一家垃圾食品公司。

来自公共卫生专家、家长群体和政府的意见越发咄咄逼人,消费者也在积极追求健康信息。这一点在百事内部也体现得很明显。有一次我在埃及与当地的主管和他们的配偶共进晚餐,其中一位女士告诉我,由于缺乏营养价值,她不愿意自己的孩子吃我们的产品。这些话相当坦诚,对我意义非凡。大家的家庭收入依赖于百事公司,但仍然对此直言不讳,这让我感到采取行动已经刻不容缓。

甚至我们高管本身的喜好也在改变,有时我注意到,我是会议上唯一一个喝全糖百事可乐的人。当我不得不为那些更健康的品牌争取更多的市场支持时,我感到沮丧万分。我不止一次指出这一点,如果我们内部人士都更喜欢低卡路里的饮料和瓶装水,为什么认为其他人会不喜欢呢?大家都是消费者,我们当然应该顺应消费者的选择，但是我们的关于营销和创新的决策必须反映时代的变化。

我们与可口可乐的竞争也无助于问题的解决。可口可乐没有食品部门，但可口可乐与百事可乐的竞争已经深深植根于大众的想象。我们的策略和股票被拿来反复比较，任何差异都会引起市场的惊讶或担忧，这使得我们的变革更加困难。我们总是被钉在可乐大战上。

事实上，这两家公司千差万别。不幸的是，那些长期报道我们的饮料分析师和记者们已经习惯对旧有产品进行比较，而并不关心我们投资组合的新现实。这确实令人心生郁闷。

例如，2006年，可口可乐公司的同名饮料给他们带来了大约55%的收入，此时百事可乐为我们带来的收入则仅占比17%。饮料部门总共只占百事公司销售额的40%。可以肯定的是，尽管碳酸饮料的受欢迎程度在下降，对两家公司来说，碳酸饮料仍然是一项有利可图的业务。

在我担任CEO的几年后，我们曾考虑将公司名称改为与总部地址安德森山有关的名称，以便一劳永逸地将我们庞大、多样化的投资组合与可乐品牌分离开来。一部分高层人士认为，一个新的名字将使百事公司的形象更符合其产品线内涵。但是，在考虑了商标和推广计划，并计算了其成本之后，我们放弃了这个想法。既然购买萨布拉鹰嘴豆泥、乐事薯片、桂格麦片或纯果乐果汁的消费者几乎没有意识到这些产品与百事有关，那我们就没必要花费数百万美元让标志性的百事品牌退休。

健康问题并不是对百事的唯一考验，环境问题也让人忧心忡忡——那些瓶子和袋子都意味着对水和燃油的浪费。无论在哪里，我都能看到废弃的塑料瓶和包装，尤其是在那些缺乏系统化垃圾处理的发展中国家或新兴市场。这种情况无法避免，也让我感到非常羞愧。

也是在那时，我收到了让我感觉更糟的两封信。第一封是来自美国东海岸各州的立法者，他们写信给所有包装消费品公司的负责人，提请他们注意被冲上海岸的垃圾。"你能帮上什么忙？"我记得那封信是这么质问我的。第二封里是北大西洋垃圾带的照片，这是一个漂浮在海洋中的巨大垃圾岛，从1972年起就开始被人追踪报道。图片里全是饮料瓶和加工食品的包装材料。我认出了来自我们公司的一些瓶子和薯片包装袋。

后来，我在《国家地理》杂志上再次看到了那个垃圾带的照片，这让我产生了一种更深层次的责任感。在我成长的家庭里，每周倒一小桶垃圾都显得太多了，而现在我是"便利文化"的领跑者——一次性产品的使用和用完即弃的习惯是主题。

当我和我的高管们谈论这封信和垃圾岛的情况时，大家没有给我太多反馈。此时我感到难以置信的孤独，这一切并非突如其来。环境学家艾伯特·戈尔关于气候变化的纪录片《难以忽视的真相》刚刚上映，全世界都在谈论这个星球的环境问题。但我认为，对百事公司一些身处重要位置的高管来说，包装废弃物的问题实在过于庞大，这需要突破性的科学技术才能解决。此外——他们是对的——便利文化已经深深扎根于我们的社会，改变这一现状需要付出极大的努力。

另一个困扰我的环境问题是水，对水源的珍惜已经印在我的骨子里。我们在马德拉斯的生活是由清澈、干净的水流和一天中水龙头开或关的时间来控制的，我的脑海里浮现出这样的画面：我看见爸爸站在厨房的水槽旁，等着涓涓细流把我们的锅碗瓢盆灌满；我看见自己用小钢杯洗澡；我看到马德拉斯的妇女排着队在公共水井前等候。

在百事公司，每生产1加仑的百事可乐和其他饮料就要消耗2.5加仑的水。就在距离金奈15英里的地方，我看到我们的工厂利用强大的水泵从地下蓄水层抽水，而城里的人却在忍受着酷热。在我的任期内，我必须弄清楚如何使我们的工厂最大限度地节约用水。更重要的是，使用我们的水资源管理方法来帮助整个社区提高用水效率。

我对百事公司的未来思考得越多，就越觉得我有责任把对我们公司有利的事情和对世界有利的事情联系起来。

我需要一个能引起共鸣且通用的计划，它必须能反映我们富有活力的文化，也能够在我们这个历史悠久的公司中成为一种睿智发展的标志。我必须与数万名员工，还有我们的装瓶合作商携手同行。其中许多人已经在百事工作了几十年，深爱着这家公司原本的样子。我开始尽我所能地阅读有关大型组织转型、管理变革和企业责任的内容，并向公司的董事会成员还有波士顿咨询公司值得信赖的朋友们进行了咨询。

最后，我决定基于（前言中曾提到的）PwP战略框架重新思考公司的发展。

这个战略框架是我的作品。作为对百事公司的期望，我们将创造出色的业绩，但是未来的工作中我们会增加三个必要条件：滋养人类世界和我们生活的社区、保护我们的环境，以及珍惜我们公司的员工。这既不是企业的社会责任，也不是聚焦于捐款的慈善事业。PwP将改变百事公司赚钱的方式，并将我们的商业成功与以下目标联系起来：持续营养、持续环境、持续珍惜。

"持续营养"专注于人类的可持续性。我们必须负责任地为大众和社会提供食物，并通过推动消费者做出知情的食物选择，为更健康的饮食做出贡献。我们也会继续支持那些被称作"趣味类"的产品，比如全糖百事可乐和多力多滋，但要想办法减少它们的脂肪、糖和盐含量。我们需要大力推广那些"健康类"的产品——这些产品的卡路里很低或者为零，包括椒盐脆饼和无糖苏打水，有一些"有益类"的产品需要进行创新和市场营销，包括我们的果汁、茶和燕麦制品。

我们的新目标非常崇高，但是面前有一个巨大的障碍——味道。我们制造的每种产品都曾经历过多年优化，尝起来都很美味。现在，我建议修改食谱和配料，减少味蕾钟爱的元素——脂肪、糖和盐。这既是复杂的技术挑战，也是巨大的机遇。

"持续环境"意味着确保环境的可持续性。我们必须重新思考如何使用水等能源，减少塑料包装，建立回收体系；我们必须帮助我们的农场伙伴减少农业用水；我们必须减少温室气体排放。我们需要跟全球的伙伴共同努力，使地球得以恢复健康，而不是坐着等待全球变暖的更多证据。我们还必须思想开明，为这些领域的业务寻找并接受一些全新的想法。需要探索并实施的想法清单很长：采用混合动力和电力驱动的卡车、太阳能、更新的洗瓶机和灌溉的方式……而且这份清单还在增长。

"持续珍惜"是关于确保人才的可持续增长。百事必须是一个支持人才、赋能人才，让所有人都能取得成功的雇主，而这与另一个紧急的问题密不可分，即我们需要吸引和留住顶尖人才，让一切向前推进。我们知道，除非我们在健康和环境保护方面做出重大改变，否则正涌入职场的千禧一代不会选择百事公司。这些都是至关重要的筹码。

我认为,更重要的是帮助这些年轻人把工作和家庭结合起来。千禧一代面临着如何平衡金钱、婚姻和孩子的巨大压力。他们曾目睹自己的父母如何在同样的问题上挣扎,也完全不明白应该如何处理这一切。任何我们为此提供的帮助都会给我们带来竞争优势。我们必须意识到,当我们雇用一个人时,这不仅是一双手、一个人,而是伴随着他的整个家庭。作为一家拥有超过25万名员工的公司,我们必须珍惜每一个人。

也许你不会感到惊讶,数年来"珍惜"这个词引发了大量的争议。有人告诉我,它太柔软、太女性化了,并非一种企业化的语言。一位同事在给我的一份笔记中评论道,这个词引发了"啧声一片",而且"毫无可信度,反而成了引发嘲笑的源泉"。

好的,我想这触动了我的神经。

在我投身于新职位后不久,我前往得克萨斯州普莱诺,菲多利公司三角形状的总部就位于这里。我到这里来参加我成为CEO后的第一次员工大会。礼堂里人山人海,我谈到了我们的艰苦工作和面临的挑战,并赞扬了菲多利对公司的影响力。我提出了PwP,并在一次与高级团队的会议上把一切想法都列了出来。

这是一个实验。菲多利的高管对一切都持怀疑态度——通常他们会拒绝来自公司外部的想法。但我知道,我需要他们与我站在一边,所以我让他们成为主导。经过一番有意思的讨论后,他们答应下周再来找我,一起谈谈他们的想法。对此我持谨慎乐观的态度。

三天后,菲多利的CFO和战略主管飞到了韦斯特切斯特县,告诉我整个团队都非常喜欢PwP。他们理解并赞成,是时候努力使我们的产品变得更健康,同时尽量保持菲多利产品的美味与所有乐趣了。他们对混合动力卡车和太阳能特别感兴趣,并认为PwP可以成为一个很好的招聘工具。

全球卫生专家德里克·雅克曾在世界卫生组织工作，我向他分享了 PwP 及其所有组成元素。过去，德里克一直直言不讳地批评我们的产品，及其对环境造成的不利影响。我认为，来自内部的批评能让人成长。尽管德里克认为我提出的方向非常大胆，他还是赞同了我的想法，这对我来说是一种重要的认可。

几周后，在亚利桑那州斯科茨代尔一家酒店的宴会厅里，我再次向来自世界各地的 400 名百事高管介绍了 PwP，他们聚集在这里是为了参加公司的年度会议。我讲了一个多小时，回顾了我们的历史、业绩、品牌、才能及我们优秀的员工，然后我解释了 PwP 的所有细节。尽管向值得的项目捐赠是合情合理的，但创立 PwP 的目的不是把我们赚到的钱捐出去。我说的是一种新的赚钱方式。如果我们不改变我们的投资组合以满足不断变化的消费者，我们就无法实现增长；如果我们不关注环境问题，我们的成本就会上升，甚至一些国家会吊销我们的经营许可；如果我们不帮助员工全身心投入工作，我们就不会吸引到最好的人才。

如果我们不能实现业绩，就无法实现目标。业绩和目标相互促进，这才能成为一个良性循环。

我全身心地投入了这次演讲，希望所有人都能感受到我至诚的许诺。它起作用了，我讲话的时候，落针可闻。所有人全神贯注，没有人在座位上坐立不安。当我讲完的时候，大家都站起来为我欢呼。此时，我如释重负，准备好继续前行。

我相信公司，认为这世界正是由于大型私营公司的存在而变得更好，不仅因为它们促进了稳定，还因为它们会进行创新。公司创造就业机会，提供满足人们需求的产品。他们增加了课税基础，创造了社区。

但我也相信，公司必须同时拥有良好的商业意识和道德意识。有的人会认为这很奇怪，一位现代的CEO竟然如此努力想要让组织远离这样的理念——一家好公司存在的意义是为了让股东高兴，并在法律允许的范围内击败竞争对手。但是，公司作为利润中心是最近才出现的概念。纵观历史，一直以来让公司感到自豪的是自己的社会根基，以及留给社会的遗产。如果社会是失败的，那么任何公司都不可能真正成功。

我认为，一家公司对社会的影响需要贯穿于所有的商业计划，而不能只是事后的想法。对商业有利的事情和对社会有利的事情必须结合在一起。

伴随着PwP，我制定一个战略（它简单明了，也经过了深思熟虑）带领百事公司走向未来。菲多利的经理们很早就接受了这一观点，全球的主管们也很喜欢，这些都让我暗自激动。当我和百事董事会讨论细节时，我拥有了四位坚定的支持者：摩根大通的前CFO迪娜·杜布隆，慈善家、华盛顿WETA公共电视台CEO莎朗·珀西·洛克菲勒，时任杜克大学医疗系统负责人维克托·祖，以及奈特基金会的CEO阿尔贝托·伊巴圭恩。阿尔贝托在谈话结束时说，对百事来说，这似乎是唯一明智的出路。我感觉自己有了有力的后援。

更重要的是，我很高兴我们的年轻员工能对PwP产生共鸣。我知道他们会受到朋友和亲戚们的质问，在这样一家生产大量零食和包装垃圾的公司工作是否道德。现在他们有了答案："我们正在努力改进百事公司，以解决这些问题。"这一举措来自高层，但我们新加入的员工和实习生对此很感兴趣，而且为之感到自豪。

应付投资者和媒体受众反而更难。股东不会支持任何可能影响百事短期盈利目标的行为。当我告诉他们这个计划时，他们的反应褒贬不一。有些人很清楚，他们购买百事公司的股票是因为他们相信汽水和薯片的收益。他们想要的是今天的收入增长，而不是为了未来发展的全新战略。他们说，如果他们感兴趣的这家食品和饮料公司发生改变，他们就会转投别处。

最令人难忘的评论来自波士顿的一位证券投资经理。"你以为你是谁？"他问我，"特蕾莎修女吗？"

我选择继续奋战。在随后十多年里，我所有的决定都是基于PwP做出的。这一战略经受住了全球金融危机、汽水税辩论的考验。一位维权投资者多年来努力试图改变公司发展方向，最终也宣告失败。PwP不断考验我的决心，并带给我许多人生中最令人满足和快乐的经历。在我提出PwP的12年后[11]，2019年11月，商业圆桌会议的180名成员签署了一份声明，承诺关注利益相关者，而不仅局限于股东。商业圆桌会议是由美国大型企业的CEO组成的协会，到底会有多少人明确具体的计划和指标来支持这一声明仍有待观察。但是，大家签署了一项范围更广也更具智慧的商业决议，这确实令人满意。我觉得自己过去所做的一切终于得到了证明。

2019年，我的画像有幸被收录入国家肖像画廊。画中的我坐在那里，身后的架子上有四件东西：我父母的合照，拉杰、普利萨和塔拉的合照，一顶SOM的棒球帽，以及一份百事公司的年度报告，封面上写着"目的性绩效"。

巨变无捷径。这一过程需要诚实、敏捷和勇气。当我承诺要改造百事公司时，我感觉自己过往所受的教育，还有一路走来的经验已然融合，可以为这个使命服务。我已经做好准备，并且对未来要做什么了然于心。

关键的第一步是构建信息框架，让所有人都能理解和接受。我四处谈论 PwP，直截了当地描述了为什么这种转变势在必行。"社会和消费者都在变，我们绝不能落后。"我在每一个可以发表观点的论坛上都会这样讲。"PwP 关于我们如何赚钱，而不是关于如何花掉我们赚的钱，"我补充说，"对我们的员工和他们的家人来说，这样做至关重要，这是我们共同繁荣的路径。"

一切都显得很精彩。但我也知道，其实没有人会认真对待我的宏伟计划。除非我聘请所需的人才带领我们迈入新方向，并为他们提供资金支持。

因此，我着手建立了一个全新的全球研发部门。截至目前，百事公司的每个部门都有自己的小型研发部门，数个分散的团队主要负责满足产品经理和营销人员的需求。他们擅长研究口味、颜色和包装图案，但自 1983 年百事可乐将糖精换成阿斯巴甜以来，他们从未做出过任何根本性的改变。

百事公司的研发工作从未与营养学、生理技能或错综复杂的人类饮食情况联系在一起。我认为，我们至少需要一批新的实验室和化学专家，来研究如何减少乐事薯片中的盐分和百事可乐的含糖量，同时在奇多中添加全谷物——还要让吃这些零食的体验感像以前一样。我的野心远不止于此，百事的科学研发可能是重塑全球食品体系的核心。

这是一次冒险。我希望这次冒险能让我在百事公司待得更久。

我们需要一位首席科学家来监管这一切，他将成为管理团队的一员，直接向我汇报。我为这个新职位面试了几个人……然后我遇到了马哈穆德·康恩。他曾担任日本生物医学公司武田制药的全球研发部总裁，此前曾领导梅奥医学中心的糖尿病、内分泌和营养试验部门。我们在长时间的午餐中进行了一次有趣的交谈，我觉得我们完全合拍。康恩身上有百事公司所需要的东西——领导能力、经验、热情和远见。我很兴奋地给了他这份工作邀请。

马哈穆德拒绝了。他问我，既然武田制药给了他这么大的空间，让他在制药行业从事挽救生命的工作，为什么他还要来百事公司重新设计薯片呢？我觉得他说得很好，但我仍然回答道："因为在百事公司，你还可以品尝你所有的创造。"我告诉马哈穆德，对药物的研究已经持续了数年，但是进展并不大。如果他与我们共事，他就可以缔造百事公司的整个重要部门。他可以引导人们的饮食话题，也会对公众的健康产生不可估量的影响。

他没有被说服。几周后，我们再次交谈，马哈穆德重申了他的担忧，他担心自己没法向外界证明百事公司将会认真对待科学研究、卡路里及垃圾问题。他问我："你真的有这个愿望吗？"我向他保证我会做到。开弓没有回头箭，我认为我们别无选择，只有这样做才能保持公司的长期活力。我由衷地希望马哈穆德能加入我们。

2007年12月，经过6个月的讨论，马哈穆德最终同意加入百事公司。他和家人从芝加哥搬到了格林尼治。一开始，他部门的预算相当有限，但预算在8年内增加了两倍。他雇用了几十名新员工，这些员工拥有百事公司以前从未追求过的知识和技能，包括分子生物学、生理学、药理学、计算机建模，还有环境工程。他请来了来自默克集团、杜邦公司和联合利华的科学家，扩充了我们在芝加哥普莱诺和纽约瓦尔哈拉的设施，并在中国、墨西哥和俄罗斯建立了研究中心，部分原因是增加那些思考我们的健康和科学挑战的研究者的背景和种族的多元化程度。马哈穆德的部门定义了我们应该如何以一种全新的方式对待饮食和文化，并为我们的全球化思维和本地化行动扫清障碍。

十多年来，在马哈穆德持续、富有创造性的指导下，百事重新配制了碳酸软饮料的配方，慢慢降低了百事可乐的甜度。在一些国家，同一产品的含糖量比 2006 年减少了 10%~20%，但其味道并没有受影响。我们还减少了零食中的钠含量，部分是通过调整盐晶体的大小，盐含量因此大幅降低，但我们的舌头仍能够感知到原有味道。在许多市场上，一袋乐事薯片现在的含盐量比一片面包还低。我们探索了用甜菊糖配制碳酸橙味饮料的新方法，这是一种天然的、零卡路里的甜味剂；我们制作了无麸质的桂格麦片，并发明了新的制造方式——3D 薯片，乐事 Poppables 薯片就是我们的创新之一。

研发部门与运营团队通力合作，监督交付、生产和包装等过程，从而降低了我们的燃料消耗，减少了水和塑料的使用。该部门还研发出了无水洗瓶技术和在汽水瓶中更多地运用可回收塑料的新方法。马哈穆德及其团队的工作为我们赢得了许多赞誉。每年，我们都会发布真诚、详细的可持续发展报告。

2012 年，百事公司获得了斯德哥尔摩水资源奖，这是全世界保护水资源的最高奖项。通过节水设备和节水技术、水资源的循环和再利用，以及新的设备用水管理计划，我们在 5 年内节约了 160 亿升水。

这个奖对我来说意义非凡，它深刻地表明只要用心去做，一切有目标驱动的任务都有可能实现。我跟人们分享了我儿时曾遇到的缺水问题，我发现，在我们这个全球化的公司里，很多人都有过类似的经历。一旦积极性占据上风，任务就会变得容易。我们还有一个巨大的优势，那就是能够投入发达国家的科学资源，以解决新兴市场的种种问题。

在真空中用 PwP 的理念改变百事公司是不可能实现的，我们必须带领整个行业共同应对全球健康和环境挑战。我也承担了这一责任，2008 年，我接受邀请，在代表食品杂货零售商的行业协会——食品营销协会的年度会议上发表主题演讲，这次会议的举办地仍然是斯科茨代尔的那个宴会厅。我又一次站在宴会厅的讲台上，台下都是经验丰富的高管，他们控制着美国大部分的食品供应，其中包括最大的包装消费品、杂货店和农业公司的 CEO。第一次，我以百事公司 CEO 的身份向人们简短地介绍了自己，也稍微谈了一下我对公司的期望。

然后我开始谈论肥胖问题。我说，这个房间里的人所代表的公司，年收入加起来为 9 000 亿美元。如果我们联合起来，可以成为世界第十三大经济体。因此，我们必须负责任地利用我们的影响力和资源，我们必须直面现代人的苦恼：太多的卡路里，太少的锻炼。这些对健康造成了毁灭性打击，也给社会造成了经济上的负担。大家必须一起采取行动。

我建议大家都采用清晰的营养标签，鼓励人们控制食物分量，关爱身体健康。我谈到了那些适宜步行的城市、有关操场安全的法律改革，以及通过税收来激励"积极营养策略"的发展——我向这些人提出了大量的想法。最后，我呼吁大家，作为商界和民间领袖——也作为父母和有爱心的公民——携手共进，为民众的健康改变食品行业的发展轨迹。这是一个系统问题，我们需要共同促进这一复杂的行为变革。

"让我们成为一个尽可能优秀的行业，并非被迫行事，而是心甘情愿；并非将此作为最后方案，而是作为第一选择。"我这样总结道。

对我们行业里最有权力的决策者来说，这是令人振奋的恳求。

演讲结束后，我对两位与会者印象尤其深刻——领导西夫韦连锁超市 20 多年的史蒂夫·伯德和中西部零售商赫威的 CEO 里克·尤根斯，他们两位向我走来，对团结一致充满了热情。

我相信，这篇演讲帮助扭转了美国食品行业对待减肥与健康的态度，随后引发了食品行业的进取风潮，推动了"致力健康体重基金会"的成立。该基金会旨在减少肥胖，是一个非营利性组织，它后来发展到拥有涵盖 300 多个行业的非营利性合作伙伴。我们承诺在 5 年内从食品系统中消除至少 1.5 万亿卡路里[12]，实际上 3 年后，我们已经消除了超过 6 万亿卡路里。我们与第一夫人米歇尔·奥巴马的"动起来"项目合作，并资助了 34 000 所学校的社区健康项目。

对我来说，通过集体努力来解决社会问题相当鼓舞人心。这种可行的方式只是发生得还不够多而已。在与政府合作并取得更多授权的情况下，私营公司可以展现出难以置信的、快速高效的行动能力。这也许就是我们可以用来积极改变社会的、最为强大的力量。

当然，在主导百事公司的这些系统性变化期间，我仍然兼顾着家庭生活。塔拉当时在上高中，普利萨已经 20 多岁，有了一份工作，正在考虑读 MBA。我终于有更多时间陪伴家人，而他们现在不那么需要我了。我的通勤既熟悉又轻松。我们对房子又进行了几次装修，修整了花园，种了一些树和多年生植物。我们还建了一个泳池，尽管我并不想学游泳。

我们家里也有帮手，管家安东尼娅相当敬业，还有英迪拉为我们做美味的素食，有利于全家保持健康。在她们两人的操持下，这个家的一切运转正常。拉杰的出差还在继续，但我们必须协调的日程变少了。科技逐渐给我们提供了更多帮助，当我不在家时，可以用黑莓手机和孩子们定期聊天。

我的时间几乎都奉献给了疯狂且忙碌的工作，但我从未动摇过这样的信念：我的家人无处不在，包括为我工作的同事也是。我们都来自百事这个大家庭。当我去世界各地的百事工厂时，我总是喜欢倾听员工的故事，总是花更多时间与每个人见面、握手、拥抱、拍照。我试着去注意，是否有更多的在工厂或销售办公室里想跟我打招呼的人。

我觉得让每一位百事员工都认识我，并能感受到我很平易近人，对公司来说是件好事。我想让我的角色人性化，告诉大家这家公司属于我们所有人。由于我所遇到的人，以及他们邀请我进入他们生活的方式，我很享受这份 CEO 工作的真谛所在。我可以非常自然地做到"珍惜"这件事。

高管们会把他们成年的孩子带到我主持会议的大厅，让他们的女儿与我会面，这件事对我来说已经司空见惯。高管们也会经常找我分享那些可能影响他们工作的个人危机的细节。我总是倾听他们的问题，而且会重视跟进。

2007 年 12 月，拉杰、普利萨、塔拉和我照例返回印度度假，看望我们的大家庭。母亲每年都有几个月会住在我们位于 G.N 切蒂路上的房子里。一天早上，母亲让我和她一起坐在男性会客厅里，因为她有几个客人要来。那时，我刚担任百事公司 CEO 不久，这是我被任命以后第一次回印度。母亲说，客人们急切地想见我。

我在椅子上坐了好几个小时，接待我母亲的朋友们，他们来到这里就是想见见我。他们每个人从我身边走过，向我点头问好，然后径直走向我母亲，向她表示祝贺，并告诉她，我是百事公司 CEO，是一个成功的女儿，这说明她在养育方面做得非常出色。我真的很喜欢看着母亲成为大家关注的焦点，此时我多么希望父亲也在场，他应该会对此感到非常自豪。我极其想念父亲。

回到美国之后，想起那个早晨，我把我的少女时代和现在备受瞩目的美国公司高管生活联系了起来。感谢我的父母和祖父母给予我所有可以学习并脱颖而出的机会。我想到了所有在百事工作的人，他们的父母肯定也曾如此努力，让他们实现梦想，忠诚而积极地为公司做出贡献。

我决定给我的高管们的父母写信。在接下来的10年里，我写了数百张便条，感谢他们把孩子送到百事公司来。我还写信给我所有直接下属的配偶，感谢他们与百事公司分享自己的丈夫或妻子。我和我的幕僚长一起工作，他帮助我让每个收件人收到的信件都是专属定制的。

这些信释放出了很多情感。几乎每一个收到信的人都给了我回复：有些是长长的感谢信，有些是简短的、充满爱意的便条。我收到了饼干和漂亮的手织披肩。一些父母开始定期在他们家附近的杂货店检查我们的产品，并给我发来照片，表明他们也在为我们工作。还有一些父母，我的主管们告诉我，他们和父母的每次谈话都以"英德拉最近怎么样"开场。

不管孩子的年龄多大，父母们都非常高兴能收到有关孩子进步的成绩单。与此同时，高管们被父母的反应震惊了。我收到了很多这样的信：

英德拉：

  我想花点儿时间和你分享我的私人经历。昨晚我接到父母的一通电话，要知道他们在工作日期间给我打电话是很不寻常的一件事。他们收到了你寄给他们的信,想和我分享。

我很少听到父母这么情绪激动。他们因为你而深受感动,"英德拉·努伊,百事公司的CEO,竟然在百忙之中还给我们写了一封信。"

我母亲失明了,上周在医院进行康复治疗。她的声音里有我很长一段时间以来没有听到过的兴奋。我的父亲一直是一个保守的人,他竟然说希望自己的父母还活着,这样他就可以与他们分享这封信……像这样的一封信比金钱更有价值。

我想让你知道,你的信对他们产生了巨大的影响。我非常感谢你给他们的礼物,反过来,这也给了我一份礼物。

谢谢你的体贴与带领,

肯

在我退休一年后,一位高管写信告诉我,他母亲最近搬进了一个退休社区。他母亲从他6岁起就独自抚养他,在她空荡荡的起居室里,只挂着一件东西——我写给她的那封信的复印件。

当然,改造百事只是我作为CEO工作的一部分,按原来的方式管理公司也必不可少。这意味着在短期内,每一季度都要提供可靠的利润。投资者要求业绩可预测且没有失误,也要求适度承诺后的超预期回报。

对每位CEO来说,收益率都是一个嘀嗒作响的警钟。上市的美国公司必须提交季度财务报告,而且最好总是报告好消息。在担任百事CFO和CEO之间的这段时间,直到我从百事公司退休,我总共审阅了75份季度报告。每次报告都需要数周的讨论和准备,再加上正式的电话会议和新闻报道。

当塔拉还是个小女孩的时候，她就对我定期在家里说的一句话非常熟悉："让我一个人待几个小时，我需要为我们的收益发布做准备。"她会亲密地抚摸我的后背，说："别担心，妈妈。一切都会好的！这只是收益发布而已！"尽管她根本不知道那是什么意思。

在百事这样的大公司里，实现增长目标是一个永远在更新的难题。为了让投资者满意，我们必须让损益表的顶行——也就是我们的收入——每年增长4%，这意味着每年需要创造约25亿美元的净销售额。

在史蒂夫的领导下，百事公司的业绩非常好，我们的净利润得益于与桂格合并之后节约下来的相关成本。我们的佳得乐饮料也是得分选手，凭借我们在市场营销和分销方面的专业知识，这个品牌如我们所希望的那样取得了成功。在我们拥有它的前5年里，它的销售额以两位数的速度增长。史蒂夫利用贸易支出（折扣和促销）来获得市场份额，这个策略在一段时间内曾非常有效。然而，佳得乐需要重新启动，因为这些折扣削弱了佳得乐的高端地位，导致销量下滑。

我们的业务也大幅增长，因为世界上最大的零售商沃尔玛在这10年的前半段中迅速扩张，并且每家新店都在销售百事的产品。迄今为止，沃尔玛是我们销量最高的客户，由史蒂夫本人负责领导其销售工作。

不幸的是，就在我上任一年后，整个经济形势恶化，我不得不匆忙开始学习如何度过这段极端的逆境。

到2007年年底，美国抵押贷款市场的危机席卷各银行，威胁到全球金融体系。市场暴跌，美国和欧洲经济随之崩溃。紧随其后的

"大衰退"持续了近3年，彻底改变了我们的商业格局。特别是沃尔玛的扩张放缓，北美地区对碳酸饮料的需求进一步萎缩。2004年，可口可乐对其业务进行了重大再投资，并从这一调整中获益。包括石油在内的大宗商品价格飙升，增加了我们的运营成本。美元升值也产生了同样的影响。我们需要在新兴市场实现增长，以抵消北美市场的低迷，但在过去10年里，我们没有在中国和印度投入太多资金来开发机会。

我担任CEO以来的第一次重要访问放在了中国。我走访了中国的几个城市，以更好地了解那些机遇和挑战。我曾去过中国十几次，但总是带着严格的业务日程。这一次，塔拉陪着我一起，花了几周时间来了解更多关于城市、城镇和民众的信息。我们参观了数个家庭，这让我对包装尺寸、流行口味及家庭如何用小型冰箱进行储存有了更多理解。我充分明白了多代同堂家庭在中国的功能，以及不同的家庭结构和个人角色。对百事应该如何在这里发展，我有了更加全面的认识。

我们加大了在中国的投资，随后是印度和巴西。我们承诺在3年内投入超过10亿美元用于营销和分销。2008年年初，我们在俄罗斯以近20亿美元的价格收购了果蔬汁公司列别姜斯基，之后又以约38亿美元的价格收购了该国第三大乳制品和果汁生产商维姆-比尔-丹66%的股份。维姆-比尔-丹是百事公司自桂格以来最大的收购项目，于我而言至关重要，它每年能为我们从牛奶、酸奶和婴儿食品等营养品销售中带来30亿美元的收入。

"有益类"的产品组合也在其他地区实现了增长。有一天，我接到了我们在以色列的合作伙伴——以色列食品和饮料制造商施特劳斯集团的CEO奥夫拉·施特劳斯的电话，她要求见我。然后，她带着一大篮地中海蘸酱出现了——鹰嘴豆泥、茄子酱……应有尽有。她把它们和新鲜的皮塔面包一起摆在我的会议桌上,我们一起享用了来自纽约萨布拉公司的野餐产品。这是施特劳斯最近收购的一家公司,旗下拥有美味的全素食阵容,是我们前几年收购的斯泰西皮塔薯片的潜在绝佳伴侣。不到一年后,萨布拉和菲多利开办了一家合资公司,现在萨布拉公司已经成为美国鹰嘴豆泥市场的领军者。不过,对我来说更重要的是,奥夫拉成了我最亲爱的朋友之一。

这些协议非常令人满意,从大局上看也没那么复杂,但我们同样进行了一项非常复杂的谈判:同时回购我们两家最大的饮料装瓶合作伙伴的控股权。

1998年,我和罗杰一起把北美装瓶业务分拆出来,成立了一家上市公司——百事装瓶集团。10年后,正如我所预料的那样,我们与这家公司的矛盾不断,因为作为其主要利润来源的汽水销售持续放缓。

根本问题是我们的利益并不完全一致。装瓶商以更高的价格出售每瓶汽水时,他们可以赚到更多的钱。与此同时,卖糖浆给装瓶商的百事公司希望以极具竞争力的价格卖出更多数量的瓶装饮料。

随着时间的推移,我们达成了一个并不稳定的妥协,其中包括百事向装瓶商提供越来越多的营销资金。但是,在一个不断下滑的苏打水市场上,这种支出实际上并没有增加多少销售收入,它只是提高了市场份额而已。而且,我们发现很难处理装瓶商对这种支持的胃口。因为百事公司本应该以消费者为中心的营销资金被转移到了他们身上,帮助他们提高利润。这种方式是无法持续的,也是对饮料业务的一种腐蚀。

通过一笔非常复杂的交易,我们以78亿美元的价格回购了两家主要的北美装瓶商，使我们能够控制将近80%的灌装系统。这很费时，部分原因是我们必须与两个不同的团队谈判。百事公司有明确的退出标准，而且我们完全坚持这些标准。交易结束后，我们立竿见影地节约了成本。更重要的是，我们对饮料分销的控制增强了。这意味着我们可以通过拜访更多的餐饮服务客户，比如餐厅和其他出售汽水饮料的客户来增加收入。我们也能够将与装瓶商争论的时间转向改革、找出新的营销理念和销售我们的产品。

我从这次经历中学到了很多。10年前罗杰决定把装瓶业务拆分成一家独立的上市公司，我很想知道当时这样做的原因是什么。一些观察人士把这视作一种转换，但我并不这么认为。仅凭感觉是无法管理一家公司的。

当环境发生变化时，我必须鼓起勇气改变想法，并以不同的方式开展业务。这就是领导力。

10

重新定位：为了更具体的客户群体进行创新

在我担任 CEO 的早期，如果能在周末腾出几个小时时间，我会穿上舒适的鞋子、钻进车里，去康涅狄格州或纽约郊区的某个地方，比如基斯科山、里奇菲尔德、纽堡或纽黑文等社区。我会选择一条商业街或主街，然后进入一家塔吉特百货、Stop & Shop 超市，或家庭经营的便利店采购。此时，我只是一个无名的、为家人买东西的妈妈。我知道商店货架进货的每一个细节，而且我通常都是在家附近购物。我无法抗拒独自一人的秘密购物之旅的诱惑。

我会逛整个商店，可能会推着购物车，挑选一些商品，并在过程中留意商店的标识系统、大堂的陈列方式和其他购物者。当我推着瓶装星冰乐、燕麦方块或乐事阳光薯片走在超市里的主过道时，几乎完全是普通购物者的心态。

我开始注意到百事专区的杂乱。我们公司生产了数十种产品——普通乐事薯片、kettle-cooked 脱脂薯片、轻盐薯片、烘焙薯片；桂格快熟麦片、扁平麦片、即食麦片、燕麦粒；原味纯果乐、降酸纯果乐、家庭装纯果乐、多果肉纯果乐，还有多种口味及混合的产品。在产品多样化、分销和展示方面，我们是绝对的大师。我不断地问自己：这些鲜艳的色彩和亮眼的标志所能传达的统一信息是什么？我们的产品如果摆在家庭储物间里会是什么样？对这个社区里的家庭来说，什么才是正确的购物选择？什么产品应该放在与视线齐平的最好的位置上？是应该放"趣味类"产品，还是"有益类"产品？令我烦恼的是，我们货架上的产品虽然陈列得很整齐，但让人感觉有些视觉疲劳。

与此同时，我也被那些新贵吸引了过去——由地区品牌出品的、包装简约的海盐爆米花，或者包装瓶上有着文雅字体的手工特调饮料，所有这些都宣称自己是天然的、低热量的或不含防腐剂。我开始明白，为什么年轻女性会选择康普绿茶或椰子水，而不是拿起一瓶百事轻怡可乐——即使我们加入了青柠口味也没有用。

这个行业欣欣向荣。一些时髦的小众品牌增长非常快，但如果它们不能扩张，就会开始大幅跳水，出现"爆火—爆冷"现象。与此同时，像美国最大的超市公司克罗格这样的连锁店正在增加特别的健康和保健区。我担心这些连锁店的顾客没法在商店的其他地方看到我们的营养产品。

我喜欢观察全国各地的杂货市场。有一次，在佛罗里达州一个退休人群居住区附近的大众超级市场的停车场，我和时任百事美国食品负责人的布莱恩·康奈尔坐在车里观察消费者。他们从自动开关的玻璃门里进进出出——一些人在路边下车，另一些人则驾驶电动轮椅。对老年人来说，购物显然是一件令人愉快的事，因为他们喜欢在途中彼此问候和交谈。

然后我和布莱恩走进商店，看到货架上摆放的我们的产品竟然是24罐装的百事可乐和24瓶装的纯水乐。老年人怎么能把这些箱子搬回家呢？一直以来，我缠着我们的工程师，告诉他们纯果乐的塑料瓶盖实在太紧，打开十分困难，即使对我来说也是如此。在佛罗里达州的那次观察之旅之后，我确信，我们需要更仔细地考虑婴儿潮一代和银发一代的需求。

后来，我派了一个百事公司的团队去麻省理工学院的老年实验室，这是一个研究老年人生活质量的中心。从麻省理工学院，我们收集了大量关于标签、字体、人体工程学，以及上了年纪的美国人对杂货店货架的看法。通过这一切，我意识到我们有机会，也有必要，为了更具体的客户群体进行创新。

2008年，我和史蒂夫·乔布斯在加利福尼亚州库比蒂诺的苹果总部办公室里进行了一次有趣的会面。我经常在逛商店时回忆起那次经历。我亲爱的朋友迪恩·奥尼什是一位从事生活方式医学和健康研究的医生，他与乔布斯关系密切，促成了我们的会面。

我之前从未见过乔布斯，他显得非常和蔼可亲。我们开始谈论共同坚持的素食主义，然后他提到了一些百事的品牌。我向他说明我们是如何推动产品组合往更健康的方向发展，以及如何重新设计我们最重要的汽水和零食，以减少盐、脂肪和糖的含量。我也谈到了自己的想法，关于如何使人类、环境和人才可持续发展。史蒂夫说他觉得百事应该把所有产品的糖都减半。"这样的话，我们的公司也就不复存在了。"我大笑着说，"受人尊敬的、正规的食品和饮料行业及其长期投资者不会容忍硅谷企业家的戏剧性行为。更何况人们喜欢糖。"

然后我们谈到了设计。在这两个小时中，我吸收了乔布斯关于在公司的产品和文化中注入伟大的、真实的设计的思想。设计是史蒂夫的生活方式，也是他的思维方式。他说设计从一开始就得植根于创新，不能在最后阶段才加入。在苹果公司，设计体现在一切之中。乔布斯会在意新款苹果手机是否拥有漂亮的外观和良好的使用感受，也会在意手机界面、配件、商店，以及谁可能与公司合作进行创新。"苹果是一种体验，"他说，"用户不只是看到了产品，他们为它着迷。设计是感性的，它能吸引人。"

尽管百事有着令人惊叹的广告、图片、包装，以及无处不在的美味食品和饮料，我知道我们离整合这一切还有遥远的距离。设计思维需要渗透到公司的各个角落。这将是一种新的工作方式，需要研发、营销、广告、生产和销售部门的协同，而且需要更多的蓝本和测试。这对我们来说将是一个根本性的改变。"设计部门必须得到培育和保护，"乔布斯说，"如果你无法展示出来自 CEO 的支持，就不要开始这段旅程。"

受此启发，我认为设计必须成为我们产品差异化的关键元素，但是我必须先搞清楚我们现在所处的位置和我们需要达到的目标之间的差距。于是，我给了每个执行委员会的成员一本《现代包装设计》，这是一本大开本的精装画册，里面全是那些关于伟大消费产品设计的精彩案例。那周的晚些时候，我开始加大执行力度，分发优雅柔软的棕色皮革相册，让大家把吸引他们的设计都拍下来。"什么都行，"我说，"它可以是一把椅子、一支铅笔、一个茶壶，也可以是从杂志上剪下来的图片。"我需要大家培养设计思维，具体内容是什么并不重要。这些相册被限定在 3 个月内交还给我。

结果不太好。在 15 位被发放相册的人中，有 1 个人提交的内容相当出色——不过那是她请专业机构准备的。有些人给出的是他们的旅行照片，这些看起来很像是为了完成任务而应付了事，照片上是在浴室里匆忙拍摄的牙膏和漱口水瓶子；有些男士让他们的妻子准备相册；还有几个人则彻底搞砸了这个任务。这让我意识到，在我的高管中，设计思维是几乎不存在的。

我把这些相册放在办公室的柜子里。但是，关于设计的种种想法在我脑海里挥之不去。

2010年，我再次连任CEO，此时PwP已经完全成为我们的指导原则。马哈穆德一直在拓展味觉科学，我们也安全度过了那段经济动荡的时期，并且完成了一些重大的国际收购。

最重要的是，通过回购北美最大的装瓶公司，我们解决了令人困扰的、跟他们的关系问题。这一战略举措带来的预期收益清晰可见。

接下来，我不得不考虑人才问题。谁可以在未来10年领导大部分的公司业务？最终谁可以接手我的工作？美国上市公司的CEO任期平均约为5年，这也是罗杰和史蒂夫各自领导百事公司的大概时长。

我不会很快离开，但制订接班计划是我的基本职责，也是我对实现百事公司愿景的关键职责所在。我希望百事公司能成为一个运转良好的组织，在我离开后也能持续繁荣。每年，董事会都会评估如果CEO突然"被公交车撞了"会发生什么。这是一种很好的公司管理方式，我们所有人都对此进行了慎重考虑。应急预案还包括当我因突发情况长时间无法到岗时的一些快速过渡的精确方案的细节。但是，我们仍然有必要用严格的系统化努力来培养下一代高管。要知道，百事在世界各地都有非常优秀的员工。

下一个领导百事的人就在某个地方。

我们有一本类似于指南的东西。4年多来，我亲自手写、修改了一份机密备忘录，这份备忘录共有20多页，我把它叫作"回到未来"。

这份备忘录记录了全球十大趋势，我们认为这些趋势将在2020年及以后塑造我们的世界。大趋势是一种无法否认的力量，它占据着主导地位，会对经济和社会造成影响。在思考PwP时，我研究了人口统计学、社会学、科学和消费趋势。"回到未来"是对这项工作的总结，并且进一步阐述了百事公司在未来几十年里所需的战略行动和能力储备。备忘录中还描绘了百事未来领导人的基本特征，包括对数字的悟性、对资源和环境的深入理解，还有之前我们从未放入优先考虑范畴的非美国经验。

这本大趋势备忘录在近10年后仍然是一本值得一看的读物。清单上的第一条有关东半球和南半球的崛起；第二条是人口和权力向老年人、妇女和青年的转移，还有不断上升的，位于城市中心的移民社区在美国的影响力；第三条讨论了朝健康饮食的转变；第五条是关于无处不在的数字世界，以及消费者网购习惯的演变；第九条涉及资本主义和企业中的信用问题。备忘录中的每一条都是我对全球食品和饮料行业及对公司影响力的看法。

2011年年底到2012年年初的几个月里，我与每一位董事会成员进行了单独会面，并一起审核了这份文件。大家都非常投入，每次讨论都会不知不觉地被延长至两三个小时。从那时起，在我努力重新设计我们的组织架构，为前方的世界培养新的商业领袖时，我感受到了来自董事会的持久的支持。这使得我每次遇到困难时，总会回想起促使我们做出更多改变的核心——这份精雕细琢的大趋势研究。

长期以来，百事一直是一个权力下放的组织。每个部门都拥有精力充沛、富有竞争力的团队，都想做自己想做的事情。然而，世界越来越要求我们成为一家网络化程度更高的公司。

几年前，为了沃尔玛、克罗格和西夫韦等客户，史蒂夫建立了一个重要的零食和饮料合作销售团队——"一体力量"。我们知道，如果人们能够打包购买更多的饮料和零食，将有助于整个公司的发展。正是因为"一体力量"客户团队的出现，百事公司成了几乎所有北美零售公司的最大供应商之一。与之类似，百事在欧洲也受到了零售公司的青睐，因为我们是带着饮料和零食系列组合进入市场，而这些产品如果单打独斗的话，在该地区根本算不上主流品牌。

我已经将"一体力量"这种方式扩展到了更多的客户公司。但是，除了销售部门，这种协同工作的理念还应该被推广到百事的每一个部门。我们需要在运营、DSD系统、消费者研究等传统领域建立被叫作"卓越中心"的部门。在此基础上，我们还必须增加数字营销、电子商务、设计和人工智能等新领域，让每个部门和地区都能在避免重复劳动的情况下获得世界一流的能力。我们也需要能在各个职能部门之间沟通协作的员工。

我决定改变公司高层的头衔和汇报方式，让更多高管获得整体授权。一些人的离职对我来说是有益的。负责我们国际业务的迈克·怀特离开了公司，去担任美国直播电视集团的CEO，我把他的工作拆分成了三个板块。CFO理查德·古德曼退休后，全球运营主管休·乔斯顿接手了其工作，乔斯顿在北美的每一条业务线中都有工作经验。事实证明，他是一位出色的CFO，也是我很好的合作伙伴。

上述运作留出了其他职位空缺，公司提拔了更多内部人才，也从外部引进了一些明星管理人员。我们对于人才有着持续的需求。

2002年菲多利的订购系统崩溃，于那时开始的信息技术系统建设对实现这次转变大有裨益。随着每个新软件的"上线",我们能够更好地了解整个公司的信息流,零售商的销售数据也触手可及。我们可以实时看到世界各地的产品、营销或生产活动,以及它们的能效如何。这变成了提高效率的福音。我们可以从任何国家吸取最好的想法,在必要时稍加修改,然后在其他地方实施。随着思想的提升与转变,还有优化的实践,我们的收入和盈利能力都实现了增长。3年内,我们最终贡献了至少15亿美元的生产力。

从很多方面来说,所有的新协作都是一种解放。我们开始使用实时数据来快速决策,并赶上了许多使用类似系统的公司。不幸的是,百事公司的一些老员工不习惯分享太多信息。尽管我认为这是一种必要的全新开放的方式,但他们就是很难接受。美国一些高管和中层营销经理选择离职,还有一些人因为无法融入我们的新流程而被解雇。事后想来,我的确给有些人的时间太久了,我本希望他们能自我成长或做出改变。然而,在涉及 PwP 这样重要的转变时,这些人可能会引发极大的问题。我现在意识到,最好的方法其实是尽早让他们离开。

转变的过程是艰难的,但最终每个人都清楚,这些改变必不可少,而且会持续下去。

2012年2月,我宣布了最后的一项重大战略举措:为了让百事公司实现我所设想的长远发展,我们需要再一次对旗下的知名品牌进行巨额投资。

在曼哈顿42街君悦酒店的宴会厅里,在公布了百事2011年的收入为660亿美元,利润为65亿美元之后,我随即宣布,我们将会额外投入6亿美元用于广告和营销,以提升包括百事可乐和激浪在内的品牌形象。这一举动与回购装瓶公司直接相关。现在,我们有了更多的资金吸引客户,因为我们不再需要为装瓶商额外的"推广需求"买单。

5年来,我孜孜不倦地修补百事公司的漏洞,也一直在为这一刻做准备,但其间我也经历了尖锐的批评。华尔街分析师和媒体谴责我,说我没有更多地关注公司的短期财务业绩和股票表现。事实上,我们的业绩相当不错:从2006年12月底到2011年12月底,百事股东的收益回报率为22%。而同期的标准普尔500指数下跌了1.25%。

也是在这个时期,我还得安抚一位维权投资者——来自投资者关系公司的拉尔斐·怀特沃斯。怀特沃斯购买了6亿美元的百事公司股票,认为自己可能对我们有一定影响。我在曼哈顿中城一家律师事务所的会议室与拉尔斐见面,身边坐满了律师和金融界人士。我仔细聆听了拉尔斐的担忧,他说他需要弄清楚我买回装瓶公司的原因。我向他详细解释了这个策略,经过几次讨论,睿智且友好的拉尔斐赞同了我们的计划。他让我保持前行就好,也不想再浪费我的时间。后来,他以盈利的价格出售了自己的股票。直到2016年9月去世之前,拉尔斐一直是我们的朋友和支持者。

当我们宣布重新升级品牌,并会将大量资金用于北美的主流饮料时,我再次受到攻击。在一些记者和分析师看来,这一新的支出看起来像是一种屈服,即面对我们追求健康食品的压力,百事公司传统的汽水品牌只能开始内部重组。

我并不这么认为。既然要在漫长的赛道上驾驶百事这辆超大型汽车,那就必须确保我们的引擎处于良好的状态。百事可乐、百事轻怡可乐和激浪这几个品牌都很重要。每年700亿美元的美国汽水市场正处于下滑趋势,但是我们必须保持产品竞争力,以确保产品线能为零售商带来客流量与盈利。百事的主要竞争对手已经为其汽水品牌增加了广告投放的数量，我们必须跟上其步伐。大戏即将开场。

意料之外的是，我们的二号维权投资者——特里安合伙公司的纳尔逊·佩尔茨带来了一个小插曲。据我们了解，佩尔茨悄悄购买了百事公司价值15亿美元的股票，这一数量略高于我们公司股份的百分之一。

我在公开场所认识佩尔茨已有很多年。有一天，他打来电话宣布："英德拉、英德拉、英德拉，我需要见你！"他说他将顺路到我家，与我短暂会面。很快，他带着一份所谓的白皮书出现了。这份文件由他自己的团队准备，上面列出了要把百事公司拆成两个独立上市公司的原因。我收下了一份复印件，向他保证我会仔细阅读，并与董事会讨论其中的每个细节。

在2009年全球金融危机爆发的10年后进入了这类维权投资者行动的全盛时期。被维权基金公司买入股票的公司都有着充裕的现金流，这些维权基金公司通常认为自己有能力扰乱他们所买入股票的公司的CEO，并让他们唯自己马首是瞻。事实上，维权投资者根本不必持有一家公司太多的股票，也一样能让一切如他们所愿地运转起来。他们公开表达自己不满的频率如此之高，以至于其他投资者也纷纷应声附和。我认为，他们也会关注那些正在某些领域进行开拓性创新的公司，因为一旦这类公司成功，他们就会声名鹊起。

佩尔茨是这方面的专家，也是一位亿万富翁。但是，他为百事公司做出的计划过于激进，他想把百事拆成饮料和零食两部分，然后把菲多利公司与旗下拥有奥利奥、趣多多、纳贝斯克饼干及吉百利巧克力、总部位于芝加哥的亿滋国际合并。佩尔茨持有约20亿美元的亿滋股票。他说，他会让百事公司的饮料部门成为一家独立公司。

这个计划的每个方面都问题重重。首先，拆分百事公司会摧毁我们在销售上已经非常成功的"一体力量"。其次，佩尔茨想让菲多利与一家生产饼干和巧克力的公司合并，这个主意纯属无稽之谈。菲多利的业务增长源自从甜食市场中夺取的份额——要知道争抢份额这件事在人们伸手去拿饼干和巧克力的每个时刻都在发生。如果合并，我们就会成为一家同时拥有全系列咸味和甜味零食，并且自己与自己竞争的公司。这也会造成一方获利、一方受损的局面。此外，拆分百事肯定会分散我们对各自业务的注意力，导致它们的发展停滞。菲多利和亿滋国际还可能会经历为期一年，而且根本无法确定结果如何的联邦贸易委员会反垄断审核程序。

佩尔茨希望我们花费500亿~600亿美元来完成所有这些进程，然后经受两三年的混乱和停滞。但是，这将摧毁百事公司的竞争力。对竞争对手来说，我们的公司被削弱无异于为他们拱手奉上一份大礼。

尽管如此，百事公司的董事会成员、管理层和我本人还是详细分析了佩尔茨的白皮书，并恭敬地与他进行了交流。只要他提出想要见面洽谈，我们都会满足他。我提醒他，我的大部分净资产都与百事的股票紧密相连，我当然希望看到这只股票飙升。"如果你的主意很好，我很乐意聆听并采纳，"我说，"但是，我无意毁掉一家伟大的公司。"

最后，2016年，我们根据佩尔茨的建议，增加了一位新的董事会成员——从美国亨氏公司退休的CEO比尔·约翰逊。之后佩尔茨卖掉了自己的股票，获得了超过30%的收益。佩尔茨的这份收益与我们扩张后的营养食品版图，还有 PwP 战略紧密相关。

2012 年，百事公司投入了大量的广告和营销资金来重新启动我们的品牌，开启了全球营销的新时代。

社交媒体和互动的概念正向我们袭来；拥有巨额广告合同的名人不再占据主流地位，我们的千禧一代员工和客户希望得到真实、有趣、有创意的产品。与此同时，我仍在思考如何做出伟大的设计，以及如何让公司的基因朝这个方向发展。那些来自外部机构和公司内部许多不同国家团队的设计运营管理给我们留下了一团混乱。我想要真正的专业人士。是时候打造世界级的内部设计能力了，我希望能够拥有一个充满艺术性和批判性思维的蜂巢，除了与我们的营销人员并肩作战，它也将与马哈穆德的团队协同，为了新颖的产品、更好的包装，还有可持续的环境发展而努力。

我把那些尘封多年、上面写着高管们设计理念的棕色皮质相册都拿了出来。它们被展示给了那些我认为对于百事应该成为一家基业长青的公司持赞同态度的人。其中一位是布兰德·杰克曼，他来自世界上最大的游戏公司动视暴雪，加入我们来负责全球饮料的营销工作。后来，当我有一次向一个负责设计全新饮料贩售机的机密团队努力阐明自己的想法时，布兰德和我意识到，我们必须尽快拥有一个内部设计部门。为了这个全新的部门，我们需要一个强大的、拥有协作能力且在业界知名的领袖人物。

布兰德花了很长时间去寻找这样一位 CDO（首席设计官）。他把我介绍给了莫洛·普契尼，他是一名意大利设计师，当时就职于位于明尼阿波利斯的 3M 公司。

我相信，在所有走进我办公室的人中，再没有比莫洛更有趣的了。我的目光无法从他的鞋子上移开：以红色石头装饰的黑色拖鞋，

第一选择

优雅地与他不拘一格的穿搭和亲切的微笑搭配在了一起。莫洛在我们的第一次会面中就表现得激情四溢，我觉得他完全理解我想通过设计来实现什么，可以说他意会了我的想法，甚至能精确地描述出我之前一直无法用语言描述的感觉。我当场拍板，这就是我们要找的人。我能够预见到，未来我们的公司会变得越来越普契尼化。

莫洛想让我建一个与总部分开、可以吸引世界各地顶尖设计师的空间。在我表示同意的一年后，位于纽约哈德逊街的百事设计与创新中心开业了。这个中心变成了一块磁石，吸引着我们的高管前去学习设计，以及如何将其与研发、产品和包装相结合。这才是一个真正的良性循环。

设计能为我们做些什么？我开始阅读更多此类文章。随后，我欣然同意了莫洛的建议——让百事去著名的米兰年度设计周参加国际家具展。我们的设计团队在接下来的3年里持续创造了令人难以置信的体验展品，也提升了公司在世界顶级创意者心目中的地位。莫洛要求百事参加这样的活动的主要目的是招募新的设计师。他主持了有关商业、食品和设计的对谈，并展示了我们许多出人意料的想法，包括未来如何将软饮与风味小吃及鸡尾酒融合在一起。我们在展会上设置了一辆桂格早餐车，我们把冰茶倒入穆拉诺玻璃杯，还用铜管做了一个时髦的罐子来装汽水。有一年，莫洛与包括凯瑞姆·瑞席和法比奥·诺文布雷在内的设计师合作，为我们的产品举办了代表性的展览会。他还邀请了意大利的知名改装厂商 Garage Italia Customs 的拉普·艾尔坎恩为菲亚特 500 配上百事可乐的图案。这家公司可以将汽车改造成如万花筒一般多彩，细节感和设计感满满的定制款式。我也好想拥有一辆。

我亲自参加过三次展览会，每次都会在那里待上几天。第一年的经历十分尴尬，我带着我的职业装束还有身为CEO的责任，期待满满地来到了意大利。在这满是全球设计展品的五彩世界里，我感觉自己就像一条离开水的鱼。后来我开始尽可能多地看展品，总算适应了这个活动的特殊节奏，我终于明白，无论是配有漂亮的新咖啡机的拉瓦萨咖啡店，还是摆满手表的小型展览，每一项创意都是为了抓住人们的心。莫洛把我介绍给了很多人，我开始学习设计文化，这一切对我来说是如此新鲜和令人兴奋。

如今，只要一想到我们在百事的设计源自哪里、会去向何方，我仍然会激动不已。我们已经将设计视为创新的基石，我们的注意力也已经从产品销售转移到创造与品牌相关的整体体验感上。

因为我们出色的设计能力，百事的销售团队开始赢得那些梦寐以求的合同，这尤其体现在我们与体育界的合作中。百事公司与体育和音乐领域有着长期的、良好的伙伴关系，我们相信这些方面的活动会给人们带来巨大的欢乐，也能体现出百事的精神所在。我们没有选择像奥运会这样的周期性赛事，而是选择与每年都有赛季的联赛合作。百事和美国国家橄榄球联盟签署了一份巨额合同，并在2011年续签了10年，其中包括了与20多支球队的合作。我们的名字出现在超级碗的中场秀上，佳得乐饮料在场外被人们狂饮。桂格则赞助了青年橄榄球队。尽管我不是在橄榄球风靡的环境中长大，但我渐渐爱上了这项运动，并与国家橄榄球联盟的总裁罗杰·谷戴尔及几支球队的老板建立了良好的关系。

2013年，我应邀在《体育商业杂志》在曼哈顿举办的大会上发言。我对那次演讲记忆犹新的原因有两个：首先，我阐述了女性在体育营销中是如何被忽视的，这是我长期以来的观点，也是我在百事公司全球体育营销高级副总裁珍妮·斯托姆斯的帮助下发展出的观点，珍妮一直在思考我们该如何利用体育打造品牌；其次，当时在场的嘉宾还有时任 NBA（美国职业篮球联盟）副总裁兼 COO（首席运营官）的亚当·萧华。

我展示了一个 20 世纪 50 年代的重型攀岩羊毛衫的杂志广告作为演讲的开始。在这则广告中，两位魁梧的男士站在山顶，一位女士在他们下面，抓着一根绳子，上面写着"男人比女人好！在室内的女人是有用的——甚至令人愉快。在山上，她们是一种累赘"。

"当然，世界已经发生变化，"我如是说，"但现实是，体育营销人员，以及像我们这样的公司，在承认女性也可以是运动员、教练和真正的粉丝方面仍然做得不够。"要想抓住女性的心，我们需要做的不仅是把商品"刷成粉色并缩小尺寸"。我认为，女性市场极为巨大，基本尚未开发，我们应该对这一市场进行更复杂的体育营销。观众听得如痴如醉。在此之前，我认为，业界从未听过任何一位来自包装消费品公司的 CEO 说过类似的话。当然，也可能因为这一行业中没有像我一样的女性 CEO。作为一个体育迷，多年来我收到了几十件足球、棒球和篮球球衣，所有球衣都用我的名字定制，背面的数字为 1——也全都是我穿不了的男式大码。

在我演讲结束后，亚当和我进行了交谈，他知道我正在以一种包容、充满创意的方式看待体育营销，于是问了我一些非常尖锐的问题，最后一个问题是："为什么国家橄榄球联盟通过其饮料合作伙伴获得了如此高的知名度，我们却没有？"我告诉他，那是因为他找错了合作伙伴。除了长期与百事公司的佳得乐合作，NBA 还大量使用了我们竞争对手的产品。

一年后，NBA 的饮料合同翩然而至。我们采用了令人惊叹的方式来推广这项运动，莫洛和设计团队策划了一切，旨在说明百事将如何帮助推广篮球运动。我们从球迷的整体体验感、场边的娱乐，一直谈到了人们在观看电视比赛时如何与品牌互动。百事会包揽所有的大堂展示、本地营销，以及为各个队伍提供定制的包装。我们的使命是让 NBA 的未来充满活力。百事的销售和设计能力已经过统一整合，随时整装待发。在曼哈顿一个堆满 NBA 用品的仓库里，百事举行了一场热闹非凡的活动。亚当和我在这里就一项随后续签的 5 年协议握手。这项协议使百事成为 NBA、美国职业棒球小联盟、美国女子篮球协会和美国篮球协会的官方食品和饮料合作伙伴。这是一场巨大的胜利。

我们还与纽约洋基队签订了一份新合同，内容包括在洋基队球场设置更多的广告牌。我一有机会就会观看电视比赛，但我很快就发现自己其实是在计算我们品牌出现在屏幕上的时间，而不是关注比赛过程。一年中有几次我会去现场看比赛，我们的销售团队会确保我们在现场拥有更多曝光度。当时的洋基队总教练乔·吉拉迪曾经跟我开玩笑说，他可能需要淘汰一两名球员才能在休息区腾出额外的空间放下更多的佳得乐饮料冷藏箱。

2015 年，我们与欧洲足球协会联盟（UEFA）签订了合作协议：通过增加更多闪耀炫目的美式体育营销，帮助提升欧洲的足球品牌在市场上的知名度。

尽管工作和家庭都如此忙碌，我对运动的热爱并没有减弱，观看比赛的时候我总是兴高采烈。我也会与运动员见面，祝贺他们在竞技体育中的出色表现。但是，这些活动并不局限于美国国家橄榄球联盟。美国保龄球业主协会是一个行业工会，他们邀请我在其保龄球博览会上发言。我们的销售团队表示，鉴于我们与这家非营利组织旗下总共 3 400 家美国保龄球中心签订了食品和饮料合同，这项邀请可以视作一种欢迎。

和往常一样，我认真地为这次演讲做了准备。我曾独自出门打过几次保龄球，就是为了感受一下这项运动，还有当代保龄球文化的气息。我与投球手和工作人员交谈，了解了整个体验过程，这些对我大有裨益。两周后，我觉得自己终于具备了向拉斯维加斯的观众讲述保龄球故事的基本知识了。

在百事公司 CEO 这一职位上工作了八九年之后，我已经声誉卓著。公司的经营顺风顺水，商业和职能部门的高管们希望我在公司以外也多承担一些责任。我与客户们见面，与更多的 CEO 保持密切的关系，包括沃尔玛的迈克·杜克和道格·麦克米伦、开市客的吉姆·辛内加尔及万豪的阿恩·索伦森。百事在世界各地仍然有独立的装瓶合作伙伴，他们对我也非常理解。我认为，我们对彼此抱有极大的尊重。

我曾在数百场活动上发言：行业座谈会、经济俱乐部、妇女大会和商学院。在如何保持工作与生活的平衡方面，我的演讲很受欢迎。我还应邀在大投资者举办的企业管理活动和年度会议上发言。我赢得了许多领导力奖项，也一直鼓励公司在"义利并举"方面做好平衡。PwP 也是我一直以来的宣讲内容。

我被要求与美国州政府和世界各地的其他政府就"汽水税"等相关问题进行对话。在我们的大本营，纽约市市长迈克尔·布隆伯格正在各处游说，他要求将每瓶苏打水的重量限制在 16 盎司以内。世界上其他州和地区也开始征收"汽水税"，包括加利福尼亚州、墨西哥以及拉丁美洲的其他许多地方和中东地区。我们试图确保他们做出的决定是明智的，也提出了一些建议：比如免除零卡路里饮料及每瓶能量不到 100 卡路里的饮料的税收。我认为，这些税收应该更多地为地方政府创造收入，而不仅用于对含糖汽水实施限制。塑料容器税也陆续出现，我们找到了合作伙伴来开发闭环回收系统——这项任务十分艰巨。我试图从社区的角度来看待这些问题，这种方式也让我在批评人士中收获了信任。

我在PwP中所表达的很多东西都实现了，百事员工的热情让我充满干劲。我们每年都会发布可持续发展报告，以向世界展示我们在各方面取得的进步。我强烈认为，这些报告必须在细节上一丝不苟，应该提到我们在这些领域实现真正的变革有多么困难。我们的目标、日程和报告的完整性对我来说至关重要。

我们还对百事公司的总部进行了翻修，并为此搬离了大楼两年。通过这次大修，我们对空间进行了全新设计。公司增加了一个供员工托管孩子的特色服务，称为"百事之始"（PepStart），这里有特殊的即停即离区域、户外攀岩设备，以及设计精美的婴儿和学步儿童空间——供孩子们睡觉、吃饭和学习。很快这里就挤满了数十名5岁以下的婴幼儿，还有许多人在等待空位。员工家庭需要为这项服务付费，但这种便利和安心所带来的好处可以即时地显现出来，而且非常持久。百事在世界各地的许多办公室都提供了就近和现场托儿服务，如果我在百事公司待得更久，我也会在我们的工厂中引入这项福利。

一方面，PwP的成功证明了我的想法的正确性；另一方面，我希望我们在一些可持续发展的举措方面取得更快的进展。有趣的是，有一天，一位直言不讳的批评者来到我的办公室，给了我一张有关糖所引发的疾病的DVD。当我在对所有产品进行PwP变革时，他是最早的批评者之一。他告诉我他会大量减少糖的摄入量，我祝他一切顺利。

第一选择

随着时间的推移，我接触到许多国家领导人。CEO们通常会跟总统和总理进行象征性的合影，但我喜欢与世界各地的政府首脑、高级部长进行长时间的讨论。我认为他们都很欢迎百事公司在他们国家进行投资，并在百事实施PwP的过程中与我们通力合作。许多人对我出生在外国，却能雄心万丈地重新定位一家美国大公司这件事很感兴趣。我也希望与我的对话能引导他们思考，如何帮助女性在他们的公司和国家取得成功。

在中国，我发现领导层专注于农业发展，以确保广大农民能够衣食无忧。在内蒙古包头，百事公司运用节水滴灌系统种植了我们为全国制造薯片所需的土豆，这些农场也产生了出口盈余。中国领导人希望了解，当农产品在庞大的分销体系中流通时，怎样才能延长其保质期。

我的印度之行也很精彩。我经常拜访印度总理和其他相关部门，并曾应印度驻美国大使尼鲁帕玛·拉奥琪的邀请，在新德里向印度外交部官员发表讲话。我热情地谈到了一件我坚信的事情：大使和总领事必须更加努力，将经济外交作为政治外交的关键支柱。这是他们第一次邀请一位全球CEO来演讲，我的发言引发了他们的思考。

我经常提醒自己，这些迷人的社交和邀请其实是因我的职位而来。我的"朋友"名单在我退休后会缩减，尽管有一些可以从职场关系演变为私人交情，但不会太多。成为CEO意味着可以用最耀眼的方式闪亮登场，但大家不会仅仅因为你是个好人就发出邀请。重要的是，你可以为他人做些什么。每当我在一个陌生的地方下飞机时，我都非常慎重。我必须做到像当地人一样思考。这种思维模式非常有用，可以帮助我与他人携手成功完成项目。

当我在美国的时候，我曾受邀出席了乔治·布什和巴拉克·奥巴马总统举办的白宫国宴，也参加过三位总统（布什、奥巴马和特朗普）举行的高管会议，每一次会面我都能感受到来自总统和其他工作人员的尊重。我还随同奥巴马总统对印度进行了国事访问，美印 CEO 论坛也在这次行程中。会议结束后，奥巴马总统邀请美国的 CEO 们到他的酒店套房。我们在那里脱掉鞋子，喝了点儿酒，还出去闲逛了几个小时。无论是私人生活还是职业生涯都是我们谈话的内容，这让我觉得他真的是我们的一分子。

在所有这些国际旅行中，最让我着迷的是 2018 年 2 月在非洲度过的 7 天。10 年前，我曾向尼日利亚和乌干达的装瓶商承诺，如果他们在各自的市场上占据主导地位，我就会去探望他们。因此在他们取得成功时，我当然不能让他们失望。我一直向我们的南非团队保证，我会亲自来观看他们建立一家优秀的零食企业的历程。

这是我作为 CEO 的最后一次大型商务旅行，这次旅行让我对非洲大陆的故事和传统有了前所未有的广泛了解。我真的相信，如果世界各地的公司在非洲进行合适的投资，为这片土地考虑，陪伴这片土地成长，做到对每个国家的差别需求高度敏感，那么，拥有丰富矿产和农业资源及年轻人口的非洲将在未来三四十年内成为一个经济瑰宝。

在拉各斯和坎帕拉这两个繁忙无比、人来人往的城市，我目睹了非洲妇女如何通过经营小企业来维持经济的发展。我跟女性领袖们进行了会谈，我对这一话题是如此熟悉——她们想要接受教育。她们希望自己和女儿能在经济和财务上实现自由，不被男性牵制。这些女性一点儿也没有让我有访客的感觉：她们把我当成她们中的一员来拥抱。我们在上午的阳光下一起跳舞、欢笑、闲聊，空气里满是爱意。

在南非，纳尔逊·曼德拉基金会的 CEO 塞洛·哈唐带我参观了罗本岛，曼德拉在那里被监禁了 17 年。当我被一个随机数字生成器选中，走过种族隔离博物馆的"有色人种"线时，我感受到了在这个国家那些曾深受压迫的人民的耻辱。

我对在非洲的最后一晚依然记忆犹新。在曼德拉基金会，我遇到了纳尔逊·曼德拉的妻子格拉萨·马谢尔。随后，在她和我共同参加的一个公开活动中，我们宣布了一项为期 5 年的百事公司合作计划，目的是帮助当地解决贫困问题。其中包括一个支持生理期用品的项目，让女孩不会因为生理期而缺课。索韦托福音唱诗班的成员身穿色彩鲜艳的长袍，声音嘹亮，表演了欢快的曲目，包括名为"Asimbonanga"的反种族隔离歌曲。这首歌的曲调和所蕴含的情感，我至今难忘。

我还在一次圆桌会议上遇到了大约 20 名高中女生。她们每个人都讲述了自己的故事——她们在没有父母的情况下长大，肩负了照顾弟妹的重任，有的还遭受了当权者对其身体和情感的虐待。她们的勇气、决心和坚持令人动容。在我们的谈话结束时，我问了她们所有人一个简单的问题："我可不可以给你们每个人一份礼物，作为对你们与我共度时光的感谢？"没人有一丝犹豫。"我们能要一个拥抱吗？"孩子们问道。接下来我一个接一个地把她们搂在怀里。她们只想要一个父母般的拥抱，没人愿意松开手臂。这让我久久不能不静。

我的个人生活怎么样了呢？塔拉去了纽约上大学，普利萨从 SOM 毕业，找了一份新工作。拉杰成了一名独立顾问，帮助大公司开发新一代的供应链解决方案。我仍然几乎每天都会带着三袋信件和其他文件从办公室回家。一些同事公开称我为"袋子女士"，一位高管曾经开玩笑说，我背着那些帆布袋其实是为了作秀。现在这位高管已是美国一家大公司的 CEO。最近，我收到了他的一封来信，在信中他告诉我，在他带着三袋材料回家的时候，满脑子都是我的样子！

科学技术和地缘政治的变化可以用日新月异来形容，这也让需要我审查的报告和文章越发多了起来。我真的别无选择。当我开始在百事公司工作时，我记得一位高管告诉大家"第一和第二之间的距离是恒定的"。他的意思是，当一位领导者表现出色时，团队会跟着他一起向前，而当领导者表现不佳时，大家也会一起后退。这句话我铭记于心。如果我想让百事公司发展成一个博闻多识且充满求知欲的组织，那么作为 CEO 的我也必须始终展示出自己的这些品质。我也很喜欢阅读和通信带来的心智启发。

随着孩子逐渐离开了我和拉杰，我开始更加关注自身。我开始在纽约班克斯维尔的大满贯网球俱乐部打网球，早上 7 点，每周两次。我的教练内萨·纳亚克充满耐心地接受了我的早班教学时间，还有许多次的日程变化。

我报名参加了个人交际舞课程，只是因为我想学习一些不同的东西，既有别于我过去在印度成长时所接受的传统教育，也能让我以一种气定神闲的私人方式享受运动和音乐。我是一位想学华尔兹和狐步舞的 CEO 学员，我的教练约翰·坎贝尔是一位 30 多岁的英国舞蹈家，在开始的时候对我有点儿畏惧，但他对待我仍然非常耐心。在我们一起学习了一段时间之后，有一次，他在跟我一起跳舞时大胆地跟我说："此时我的工作是领导，而你的工作是跟随我。如果你能学会跟随，你会成为一个更好的领导者！"这是一个伟大的建议，我时常用这句话提醒自己。

我还开始在百事公司的园区里进行一些日常锻炼。我开始在建筑物周围的道路上绕圈散步，每圈1.2英里。我终于有时间观察园区里的花园和树林，欣赏那些雕塑，也终于开始对黄金之路有了些了解。

在担任 CEO 的那几年里，我也明白了外表的意义。

很长一段时间以来，我很少关心自己的衣橱。我和男性一起工作，因为他们穿着灰色和蓝色的西装和衬衫，于是我也如此效仿。我觉得自己的腿太过纤细，因此选择了长裙来遮盖。我喜欢精致的面料，从不买低质的衣物。位于格林尼治大道的理查兹是一家品位优雅的商店，也是我的购物地点。它最初是一家高档男装店，后来增设了女装区。斯科特·米切尔是理查兹的合伙人之一，我通常会无视他让我转变个人穿衣风格的强烈要求，而选择一件可爱的羊毛西装加上一条阔腿裤，然后再请裁缝把裤子改成裙子。我会选择医学机能鞋，带一点儿矮跟，但不要彩色、尖头、蝴蝶结或鞋扣这些特殊款式。

随后，一个奇特而精彩的插曲出现了。一位名叫戈登·斯图尔特的年轻自由职业顾问请求与我私下谈谈。我们在佳得乐的新产品展示会上见过面，尽管对他并不了解，但我同意和他聊一聊。

戈登告诉我，我需要一次衣着上的改头换面，而他有帮助我的办法。他让我在下周六上午11点去萨克斯第五大道俱乐部与他见面，那里是曼哈顿百货公司的一个私人购物区。关于他对我衣着的评论和提供帮助的说法，我完全没有生气，我只是感到尴尬、好奇和紧张，我接受了他的邀请。

那个周末，我乘电梯抵达了萨克斯第五大道精品百货公司的5层。戈登在那里迎接我，并带我去了一间大更衣室，里面的墙上挂满了供我挑选的连衣裙、半身裙、夹克、鞋子、皮包和珠宝。这些衣服搭配得精致且和谐，也非常职业。然而我的第一反应是：我才不想试穿那些连衣裙和半裙，它们太短了。

但戈登是不会放弃的，他劝我先试试看，接下来我也逐渐接受了他的观点。丢掉旧衣并重新装满衣橱花了不少钱，但这些新增的色彩与款式也给我带来了全新的、即便现在都仍伴我左右的自信。现在我也会偶尔回去翻阅戈登整理的"穿搭相册"，他的勇敢、对细节的专注让我铭记在心。

为了与新的衣物搭配，我开始听从理发师安娜·马格诺塔的建议。一直以来都是安娜在打理我的发型，她对我极其耐心。我答应按她要求的方式吹干我的头发。天哪，这的确对我的整体形象很有帮助。

不可思议的是，大家对我的新造型给出了非常直接的肯定，他们说我在改变形象的同时也让董事会发生了变化。于是，我开始每天穿着剪裁精美的连衣裙、镶有珍珠的夹克，偶尔还会戴上丝巾上班。在一次董事会议结束后，我们的一位男性董事写信给我，表示自从我更换了着装风格，他觉得我更加威严了。

我不太知道该如何解释这句评论，我只能推断他的意思大概是：衣着也可以造就一位女性！

2016年，我告诉董事会，我们应该开始缩小百事公司下一任CEO的候选人范围。在我的想法里，CEO离职通常要么是因为厌倦，想有一番全新作为，要么就是因为董事会希望他们离职。此时的我已经感到精疲力竭，并开始思考自己的未来，但我对公司的表现也很满意。我知道，我们已经培养了一个令人赞叹且可以随时接手公司业务的团队。

第一选择

在此期间，我为四位候选接班人安排了拓展任务，让他们了解公司的各个新部门。大约一年后，在那时的人力资源主管露丝·法托里的帮助下，我给董事们提供了精心整理的四人档案，包括他们过去5年来的详尽绩效评估，以及对他们漫长、令人印象深刻的职业生涯的记录，以及一位组织心理学家对他们未来的发展性给出的总结报告。我要求董事会分别与每个人面谈，并观察他们的业务表现。"露丝和我会负责促成一切，"我说，"但我不会就谁来接任发表意见。"这个决定应由董事会来做。在沉着冷静的首席董事伊恩·库克的领导下，董事会勤勉地完成了这项任务，他们甚至还聘请了一家来自外部的公司对每位候选人进行独立评估。四位候选人在各自的道路上都展现出了令人惊叹的能力。

2018年8月初，伊恩告诉我，董事会已经选定了拉蒙·拉瓜尔塔（龙嘉德）担任新的CEO。我在办公室见了他，告知他董事会的决定。然后我让他知道我为他感到骄傲，并保证我会持续给他支持。

有一件事比起通知其他三位候选人落选更让我感到艰难：我知道他们将会被其他公司挖走，要知道这三人都是备受欢迎的高管。其中两人离开了我们，这对公司来说是真正的损失；另一位则留了下来，尽管他已经收到其他公司让他担任CEO的邀请，但基于对百事的忠诚，他并未离开。

一周后，百事公司宣布，我将于10月2日退休，并将继续担任董事会主席至2019年年初。我的想法很明确，希望这个过渡期能尽量缩短。百事公司的新领导人必须尽快在公司树立起自己的形象与地位。

百事的员工大会总是那样激动人心。如同10多年前一般，拉杰、普利萨和塔拉都来了。在回顾起自己漫长而幸福的12年时，我强忍泪水，向大家保证百事将永远在我的脑海和心中，而且我会全力支持龙嘉德。

接下来的三个月是忙乱的，但多少有点儿解放了的感觉。尽管仍然身为董事长的我感觉自己应该继续为公司的业绩负责，但我还是搬离了办公室。我向百事的全球员工发出了感伤的告别信，在上面总结了一些我的经验教训，分别关于眼界、倾听，还有为与你共事的人的成功赋能，并用引自莫拉维·贾拉鲁丁·鲁米的诗作为结尾。

告别只属于用眼睛去爱的人。因为对那些用心去爱的人来说，根本就没有分离这回事儿。

我在一个阳光明媚的日子离开了亲爱的"4/3"，此时数百名同事都参加了中央喷泉旁边的一个户外派对，他们在那里等着与我道别。这个喷泉雕塑由大卫·韦恩创作，名叫"海豚女郎"。龙嘉德发表了演讲，我们喝掉了装在香槟酒杯里的普罗赛克葡萄酒和柠檬汽水。我与这个活力四射的多元化团队一起合影，还自拍了数十张照片。现在，他们才是这家公司的真正领军者。

我简短地做了最后一次演讲，然后钻进车子，离开百事公司返回家中。

第四部分

进退取舍之道

11

打破性别歧视

第二天,像往常一样,我在清晨 4 点半左右起床,一边喝咖啡,一边在 iPad 上查看新闻。我查看了日程表,确保自己为下个月的所有会议都做好了准备。还好工作不是太多。过了一会儿,我穿上牛仔裤和运动衫,开车 5 分钟抵达了上班的地方。

拉杰和我在格林尼治的一个商业园区中布置了一间漂亮的办公室,那里通风良好,有一间会议室和一个小厨房。这是我们共同为下一个阶段所做的准备,在这里,我们将专注于各自感兴趣的事情,稳步前行。我很高兴能继续工作下去。那个早上也是我人生中第一次在工作日穿着便服去办公室,这种感觉相当奇怪。我记得那时我希望没有人会看到我——我完全忘记自己现在已经是一只自由的鸟了。

在宣布卸任百事 CEO 后的 3 个月内,我收到了许多如何打发时光的提议:进入董事会、担任顾问或大学教师、写作、演讲。我希望自己能继续对这个世界有所贡献,但是如果我完全离开工作岗位一年或者更长时间,那我作为一位前 CEO 的魅力就会大打折扣,所以我需要做出几个重要的决定。

就在两天前,我给百事公司的27万员工写了一封告别信,内容也包括了我对于自己未来几年的规划。我与天才的演讲稿撰稿人亚当·弗兰克尔一起反复斟酌了好几周,最后写出了一份两页的稿件。在信中,我建议我珍爱的伙伴们努力成为优秀的倾听者和终身学习者。接下来,我写道:"最后,请认真思考时间问题。我们拥有的时间太少了,请充分利用你的每一天,为最重要的人腾出时间。相信我吧,虽然我十分幸运地收获了很棒的职业生涯,但说实话,有时候我希望能有更多的时间陪伴我的家人和孩子。所以我鼓励大家一定要审慎对待人生中的每一个选择。"

我必须听从自己的内心,分清轻重缓急,而且学会拒绝。否则我会再次失去留给自己的时间。我终于能真正成为自己的主人。在经历了40年不间断的艰苦工作后,我值得拥有一些小小的放松时刻,把时间留给自己,做一些可以打动和吸引我的事情。之前,我们很久才进行一次家庭旅行,未来,我们可能会增加家庭旅行的频次;我也许会穿上拉杰几年前给我买的登山靴,和他一起踏上他真正热爱的徒步之旅;我可以开始享受与朋友共进晚餐的美好时光,而不用不停地看手表或手机;我可以整理所有的衣橱,还有女儿们的房间;我可以阅读更多传记和关于时事的书籍,以及十分精彩的丹尼尔·斯蒂尔的小说;我还可以去看更多场洋基队的现场比赛。这一切真是太棒了——但也有点儿可怕,我不知道我能否适应。

我开始拆包裹,里面装着从百事寄来的,我这25年来的珍贵回忆。我从几十个盒子里扒出了签名图书、奖品,还有各式各样的礼物,包括雕塑、奖杯、镇纸和一个巨大的蓝色玻璃橄榄球,以及带有洋基队员签名的棒球和球衣,还有与世界各国领导人的合影。我也再次驻足欣赏了那些烛台、用于装饰的宝剑、瑞士牛铃和马来西亚风筝。最后，我把一个红蓝相间的超大板球拍拿出来，放在由百事公司印度团队设计的有机玻璃盒子里。

拉杰和我决定，把我大约20把吉他藏品中的11把挂到家里最长的那面墙上。这包括一把有着小鸡乐队和布雷克·谢尔顿签名的原声吉他，一把镶有红色、银色和百事蓝水钻的电吉他，还有一把上面画着小天使和雏菊、刻着"美味、美味、美味，我已被爱包围"字样的电吉他——任谁看到它都会不禁莞尔。这是菲多利市场团队送的礼物，他们说希望这份礼物能够让我一直记住他们。

我为自己在百事公司的工作感到相当自豪。2006年12月至2018年12月的12年间，股东总回报率为149%，超过了上涨128%的标准普尔500指数。百事向股东返还了790多亿美元的现金，仅股息一项就以每年10%的速度增长。在这12年中，我们的市值增加了570亿美元，超越了许多国家的国内生产总值。2018年，百事的净收入增长了80%[13]，达到640亿美元。我接手百事时，手上只有17个品牌，而现在，22个百事品牌的年销售额都超过了10亿美元。我们还赢得了令人难以置信的全新食品服务合同，客户包括纽约麦迪逊广场——他们在与可口可乐合作了108年后转而选择了百事。

但是，最令我高兴的是PwP的成功推广，它改变了百事的产品和我们对环保的参与度。

我们的"健康类"和"有益类"的产品现在占总营业收入的近50%，高于2006年的38%。我们已经找到用更少的水生产可乐的方法，2007年生产一瓶百事可乐需要用2.5升水，而现在已经降至不到1.5升。我们与安全用水网络（Safe Water Network）和水·组织（Water.org）合作，为1 100万人提供了安全用水。百事大部分卡车已被改装为混合动力汽车，主要生产地也都改为使用太阳能，并把多余的电力卖回给公用电网。我们在生产瓶子时也已经减少塑料成分的使用，并且为零食产品开发了一种可降解的零食袋。百事的研发部门是整个食品和饮料行业羡慕的对象。于 2015 年开始的电商业务让我们的年零售收入增长至此前的 3 倍，达到 14 亿美元。我们的设计部门仅在 2018 年就获得了 200 多个奖项，并助推了我们的创新。

在我担任 CEO 的 12 年里，我们一直位列道德村协会评选的"全球最具商业道德企业"名单中。2016 年，在一项由美国零售商对供应商进行排名的调查中，即由凯度公司发布的 PoweRanking 排行榜中，百事从 2010 年的第六位上升到了第一位，而且我们守住了这个位置。

我们的人才学院也让美国业界十分向往。事实上，2014—2020 年，百事有 9 名高管离开公司，被其他公司聘为 CEO。但是，由于我们的人才培养机制系统且完备，百事有一支强大的高管团队，可以随时介入工作。

我知道我们本可以拥有更多，或是进步得更快——如果经济危机没有给我们造成如同全球其他经济体一样的动荡，不过我们仍然处理得很好。我竭尽全力地工作，全心全意地热爱这家公司。

对于离职，我毫无遗憾，而且我确信，几个月后在卸任百事公司董事会主席时，我也不会想念这一职位。为了龙嘉德，我决心成为最好的前 CEO，这也意味着一定要慎重行事。我会在他需要我的时候出现在他身边，但是现在塑造百事的任务已经落在他的肩上。

在 10 月那段悠闲的时光里，我屏住呼吸，思量过去，展望未来，内心充满感激。一天下午，我读完了一整本《百事五十年：传奇的过去，光明的未来》(*Fifty Years of Pep: A Storied Past, a Promising*

Future）。这本230页的书是我委托他人写作的，但从来没有机会翻开它。另一天，我反复阅读了一本由我们的通信主管乔恩·班纳制作的精美回忆录，里面涵盖了我担任百事CEO 12年来的种种细节，包括实例、照片和信件。看着这成百上千封感谢信和道别信，翻阅年度报告，重读每一封自己写给股东的有关百事发展的公开信，这一切的确令人眼眶湿润。要知道每年我都会为了这些公开信焦头烂额好几个小时。我为自己的过去而高兴——所有这些内容叠加在一起是对公司转型历史的出色讲述。我还翻看了许多旅行相册，追忆了我遇到的人、体验过的文化，以及许多国家仍然在面临的机遇和挑战。

当然，没有任何一封信件或任何一本书讲述了身居这个职位所经历的挫折感与愤怒，我也追忆了这些内容。维权人士、季度盈利压力、百事高管对变革的抵制、针对我的消极攻击行为，以及多如牛毛的冲突议程。我如何应对以上种种？基于PwP的数千个小决定，无论其最终是成功还是失败，都是在充分考虑我们能否做到这一切的情况下做出的。我已决意推动这一巨大的转变，正如我带着家人对我的期望去往加尔各答时所发生的那样，无论如何，我都会坚持下去。

我听说过，也目睹过男性CEO大喊大叫、乱扔东西、情绪激动地破口大骂，很显然这是他们彰显激情与投入的方式。但我很清楚，如果我也表现出这些情绪，就会使周围的人与我疏远。

所以，当我因公司的内外交困而感到愤怒时，我会走进办公室里的卫生间，看着镜子中的自己，把一切发泄出来。当那个时刻过去，我会擦干眼泪、补补妆，然后挺直腰板走回战场，再次战斗。

只有一件跟从百事离职有关的事情让我耿耿于怀。很多关于我离职的讨论都集中在一点上，即我为什么不找一位女性继任者。《纽约时报》头条报道的标题是：当一位女性 CEO 离开时，女性职业障碍卷土重来。那么，每年有那么多有权有势的男性退休，关于他们为什么没有选择女性继任者的文章在哪里？

《财富》500 强公司中，女性 CEO 的人数从 2006 年的 10 位增加到 2017 年的 32 位，然后又在 2020 年增加到 37 位。27 年来，《财富》500 强公司中的女性 CEO 比例从不足 2% 上升到 7.5%，连 6 个百分点都不到[14]。在我看来，完全没必要在这个问题上庆祝或哀叹，大公司的高层中，女性人数仍然少得可怜。

这个世界需要女性发挥同等的决策力，因为女性数量占据了人口的一半。更多的女性领导者也意味着一个更加健康、富裕、平等的社会。我相信，当有不同经验的人聚在一起讨论细节时，我们就会做出最好的决策。我也相信，真正的领导力需要从多元化的团队中习得。而这就像家庭问题一样，总是很难厘清。毫无疑问，如果在座的人的社会背景相同，处理问题的方式相同，达成共识的过程也会相当顺利，这对于管理公司或政府来说会更加轻松。但是，更轻松并不意味着更好。

夸张地说，世界上一半的公司，或者说世界 500 强中的 250 家公司都应该由女性管理。但荒谬的是，按照现在的速度，实现这一目标需要花上 130 年[15]。

我的继任者龙嘉德在 1996 年加入百事公司，他曾在俄罗斯领导了与俄罗斯最大的果汁生产商列别姜斯基公司的交易和整合，并担任过百事公司在欧洲和撒哈拉以南非洲地区的 CEO。他曾在五个国家工作过，其间他的妻子和三个儿子跟着他四处奔波。2017 年，我提拔他为百事公司总裁，并把他调到采购部，让他能更多地了解整个公司的运作方式。

董事会基于严格的、优先考虑百事长期愿景的程序选择了龙嘉德。事实上，最后接受我面试的四位 CEO 候选人都不是女性，这并不是因为我们忽视了对更多女性 CEO 的需求，只是尽管经过了多年的努力，我们还是未能成功地做到这一点。

这与两个令人心痛的问题尤其有关。首先，几位很有潜力、曾被我指导的女性都离开了百事。她们兜兜转转，找到了合适的工作，并被介绍到董事会，成了高管和 COO，但这都是离开百事以后的事了。这些高管曾接受过百事杰出人才学院的培训，从而吸引了猎头和小公司董事会的注意。我为她们的成就而骄傲，但也为失去她们而难过。也许，对她们来说离开是正确的选择。对任何人来说，如果要成为百事这样庞大的公司的领导者，都必将经历一场旷日持久的竞赛。

其次，我知道一些很有前途的女性之所以离开，与她们在中层工作时所遭遇的管理方式脱不开干系。在听取公司前 200 名员工的绩效评估时，我意识到了这一点。作为 PwP 人才支柱的一部分，我们会关注那些管理新星，尤其是其中的女性和拥有特殊才能的人。我注意到，当一位男性经理被评估时，大家通常会这样谈论："他做得很好，实现了大部分目标，而且……"还会加上一些关于这个人拥有巨大潜力的细节。而给予女性的评价会截然不同："她做得很好，实现了所有目标，但是……"接下来描述的细节则是那些关于影响她未来成功的问题或性格问题。这种现象让我非常烦躁。很多时候，我会停下来问经理们一些尖锐的问题："你给她及时的反馈了吗？你给她的帮助是否正确？是否足以解决这些问题？"我经常让经理们回去，要求他们"与某位女性高管合作"。

然而这样的提议并不总是奏效。有时管理者会改变看法,但是许多人仍然会在男女员工方面的问题上固执己见,我不能说他们都是错的。与此同时,我知道百事失去了许多聪明、勤奋的女性高管,原因无疑与人们对男性和女性的不同看法有关。

在当今职场,许多女性都拥有非凡的技能、智慧、雄心、创造力,以及坚定和乐观的态度。她们是那些进行毕业致辞的学生代表,从学校里激烈的竞争中脱颖而出,成绩优异。她们逆流而上、勇于牺牲、极度努力,希望能够在经济上实现独立。关于那些底层女性员工为何能做出如此巨大的贡献,我们没有必要做出任何解释,因为这就是她们。

为什么大公司没能出现更多的女性领导者?原因并不是单一的,也不是简单的10项清单就可以解决的。现存的问题不计其数,有些十分微小,有些则庞大且错综复杂,种种问题叠加在一起,导致了这一现状。尽管我们已经取得一些进步,现代职场仍然充满了阻碍女性前进的有害习俗与行为。

这是一种性别歧视——会影响每位女性的成功。在某些情况下,女性可以做出完全理性的选择:要么继续前行,要么寻找其他方式养活自己。而在其他情况下,女性的信心会被偏见削弱,能力会受影响,并且从某种程度上说,她们的表现也会受此打压。我想很多人都陷入了这种厄运的循环。

偏见也迫使许多已育女性,甚至是那些正在考虑组建家庭的女性,对于是否坚持工作感到矛盾。女性必须与职场中所有微小的偏见抗衡,至少在美国是如此。除此以外,孩子要到5岁才能获准进入公立学校。面对这些并不友好的问题,很多女性会在家庭财力足够的情况下选择退出职场。有些女性会憧憬在未来的某天能够重返岗位，但是她们再也无法搭上通往顶点的火车。

有些人称这种现象为"管道泄露"，但我认为这样说是在试图削弱问题的核心。管道的问题远远不是"泄露"那么简单，而是已经坏掉了。无论如何，有足够的经验和毅力，并且能够成为市值数十亿美元公司的 CEO 候选人的女性太少了。

这么多富有天赋的年轻女性无法充分发挥自身的潜力，这才是真正的问题所在。对整体经济来说，这也是一种损失。

我一直都明白，女性在商界所攀登的梯子跟男性的相比，阻力更大、更为陡峭。

回想起我在波士顿咨询公司的日子，那时的一位合伙人从不和我进行眼神交流。他在与我交谈时，眼睛会盯着我们团队里的男性。作为一名年轻的顾问，我很想知道自己让他反感的是什么：我的衣着，我的长相，还是别的什么？几年后，一位同事告诉我，他对所有女性和有色人种的态度都是如此。与此情况类似，多年来我也无数次被叫作"宝贝""甜心""亲爱的"，我一直都在忍耐，直到我终于觉得自己在就业市场中已经有足够的能力同 ABB 的新老板一起工作后，我才离开。

即使到了职场顶端的位置，我所站立的梯子仍然是属于女性的那一把。

在担任百事总裁的十多年里，我总会在"4/3"的一间阳光明媚的转角房间里，坐在一张巨大的 U 形会议桌前主持董事会会议。董事会的成员是八男四女，会议总是以友好的问候开场，然后进入正题。我们会分析业绩、风险、战略、人才问题，以及我们在世界各地的所见所得。我很幸运能拥有一个支持我的董事会，但有一两位董事会成员，无论在公开场合还是私人场合发表的评论都非常粗鲁傲慢。我想，这样的评论，他们必定不敢对男性领导者做出。此外，我还容忍了几个自认为可以中途打断我的男人。这对我来说简直难以忍受，但我还是会调整自己，尽量不为此烦恼。有一次，在百事董事会任职近 30 年的重要成员莎朗·洛克菲勒彻底爆发了，她对其中一位男士说，他必须停止一直打断她的行为。她的态度直接、坚定、开诚布公，让所有人都明白了她的意思。每个董事会都需要一个莎朗·洛克菲勒。

另一位董事会成员在我担任 CEO 的早期，坚持每 6 周左右与我进行一次单独会面，而且几乎总是要求我去他所在的城市见他。他会向我提问，而对于我的回答，他的评价永远是"我肯定不会这样说"。我每次都会礼貌地询问他的建议，希望能从中学到一些东西，但他几乎总是一字不差地重复我刚刚说过的话。我认为，这其实是一场有趣的权力游戏。作为一位刚刚退休的企业高管，这位男士很不适应权力和地位正在离他远去，他只是想通过我保持影响力而已。这些晚餐只是浪费时间——这一切都让我抓狂。

我在百事获得晋升之后，如同许多女性高管一样，当管理团队围坐在一起讨论战略时，我成了会议室里唯一的女性。我总是准备充分，提供深刻见解，期待自己能受到尊重。但是在我提出建议的同时，经常会有人跳出来说："不，英德拉，那样太理论化了。"然而几分钟以后，如果一位男士用同样的言辞提出同样的建议，这位男士就会因为这个极其美妙而有见地的想法而受到称赞。有一次，我俯身凑向一位高级运营主管，要求由他来讲出我的一个想法。我打趣道："只有这样，这个想法才不会被视为过于理论化。"诸如"太理论化"的论调至此终于不再出现。

我认为，我没法过多地干预人们如何对待我个人的方式，但我

第一选择

会努力为公司中的其他女性提供支持。在确保公司战略团队足够优秀的情况下，我做到了让这一团队中的女性成员占比达到50%。我举办了许多仅限女性参加的员工大会，让女性员工敞开心扉，畅所欲言。我悄悄地和一些人讨论她们如何自我表现——从如何参与会议到如何讲出自己的想法。大多数人接受了我的反馈并采取了行动，也有一些人认为我过于保守并拒绝了提议，不过大家都相信我把她们的权益放在了心上。

同时，我还从女性的角度出发，对营销广告提出了建议。有一则20世纪90年代的百事轻怡可乐电视广告一直在我脑海里挥之不去。广告的背景是一场豪华婚礼，伴娘和客人们在一旁等待，现场应该是出了些问题。一个女人悄声对另一个女人说新娘的钻戒很小，然后很明显，新郎没有出现，盛装打扮的新娘开始哭泣。此时，她父亲给了她一罐百事轻怡，她在喝了一口后振作起来。

新娘看着她父亲说："这是无糖可乐吗？"

在一次内部放映中看到了这则广告之后，我告诉主创们，这个广告是一种侮辱，我不认为它能鼓励女性喝百事轻怡。没有一个人同意我的说法，他们对我的介入感到愤怒，并指出这不是我该管的事。广告继续推广。后来，百事轻怡经历了令人失望的一年后，几位主创人员开始对我躲躲闪闪，不愿意与我谈论数据。

我还促成了另外一个让人记忆深刻的变化：我让人拆掉了百事大楼之间走道上的法国鹅卵石，换成了简约高雅的平路。铺设于20世纪60年代末的鹅卵石路面对穿着商务鞋的男性来说还可以，但对穿着职业套装中必不可少的高跟鞋的女性来说则是一种威胁。这一变化激怒了于1986年退休的CEO唐纳德·肯德尔，他仍在"4/3"保留了一间办公室。在看到这项工程时，他愤怒地说："谁毁了我的走道？"我的男性同事们很长时间以来一直都知道那些鹅卵石危险重重，他们曾看到大家在上面艰难行进，甚至被绊倒和摔跤，却都只会把这个问题推给我。为什么之前不把这个问题解决掉？答案我永远不得而知。不过令人惊讶的是，唐纳德从来不敢为此与我当面对峙。

石头路面终于变了，我的女性同事们为此感谢了我许多年，包括唐纳德的妻子比姆。

美国商界对待女性的态度已经发生了翻天覆地的变化，跟我那时身着纱丽、满足于远离公众视线、在博思艾伦担任实习生时的生活完全不同。许多明显的性别歧视已经被消除。女性不用在明显具有歧视性的法律环境，或者公然贬低女性的文化环境中生活与工作。招聘广告上不再列出性别要求。在美国，这是露丝·巴德·金斯伯格、格洛丽亚·斯泰纳姆和雪莉·奇泽姆等女性几十年工作的成果，也是女权运动的成果。

近期，#MeToo 运动和 Time's Up 运动兴起，对于揭露女性所遭受性暴力和性骚扰的程度产生了深远影响。这些运动和战役为幸存者们创造了一个必要的团体。

我从来没有被侵犯过，但我早年在企业工作的时候，确实目睹并听说过很多男性的恶行，这些冒犯到了我的尊严和价值观。之后，我把制止性骚扰列入了公司的最高优先级，只要我看到或了解到任何此类行为，我会立刻采取行动。在我成为百事公司的总裁后，我指示合规部门立即处理举报热线"Speak Up Line"[①] 收到的骚扰投诉。

[①] Speak Up Line 是百事公司的 24 小时举报电话，任何可能违犯法律、违反百事公司全球行为准则或政策的问题都可以在这里提出。——译者注

第一选择

被证实的骚扰者会迅速被解雇，性骚扰的投诉数量随之下降。但我仍然会担心，会不会有女性因为害怕报复而放弃打电话。

在打造 PwP 时，我知道天才的作品最容易构思，也最难执行。我希望百事能够成为一个非凡的工作场所。我希望同事们既能养家糊口，也能实现自我价值。我还希望每个人都能成为备受尊重的个体。与此同时，我们必须拥有可量化、能与百事公司业务产出挂钩的人才机制。

因此我的计划是：做好基础工作，即毫无差别地雇用最好的员工，给他们对的任务，拓展他们的视野，并给予指导。公平地支付员工工资，鼓励他们，给予有用的反馈。对表现优异的员工予以提拔，也要让表现不佳的员工出局。而且，我们要确保人们在前进的道路上不会被成见所困，无论这些成见是故意为之，还是无心之举。

此外——源自我的内心——我希望每个人都记住，我们的员工同时也扮演着母亲、父亲、女儿和儿子的角色。当我们雇用一个人时，我们也雇用了这个人背后的家庭。我认为，公司应该与员工产生情感联结。没有适合所有人的管理模式，但我们也需要通用的员工支持体系。

毫无疑问，这一切实施起来很不容易！

幸运的是，史蒂夫·雷孟夫在 2000 年担任百事公司 CEO 时，将多元化和包容性引入了高管团队。那个时代的公司管理层明显缺乏女性和有色人种，但极少有公司对此采取行动。史蒂夫认为，百事的员工基础应该代表其消费者基础，并坚持在各级管理层招聘和提拔多元化的候选人。他坚信，只有拥有足够数量的人才，我们才能真正改变企业文化，并展现多元化的价值。他成立了顾问委员会，来指导美籍非洲裔和美籍拉美裔员工的发展。他还请来演员，把工作场所中发生的种种用戏剧的方式呈现出来，这样管理者就能意识到他们存在哪些歧视行为。在史蒂夫这样做了很久以后，那些我们现在看到的、无处不在的防歧视培训项目才开始推行。史蒂夫还将高管奖金与多元化和包容性指标挂钩。一些高级经理对此感到不满，他们觉得为了完成销售目标而做的工作已经够多了，但史蒂夫还是坚持如此。2000—2006年，公司呈现良好的发展态势，女性在管理岗位上的比例从20%左右上升到近30%。

我需要做的是把史蒂夫的倡议和PwP联系起来，并把他的努力付诸实践。我们开始检查人力资源流程，以确保每个人都有平等的晋升机会。举例来说，我们发现许多员工未能及时得到实事求是的、被准确记录的绩效评估，所以我们增加了关于如何做到这一点的培训项目。我开始仔细检查年终绩效评估，以确保经理们会花时间在审查和记录每个人的贡献上。

我还对我们的招聘程序提出了质疑，当时很多职位都不考虑女性或少数族裔候选人。有一件事至今仍让我不满，百事印度公司需要一位新的CFO，而招聘经理只面试男性候选人。我问他们，既然百事印度公司的高管层中还没有女性，他们为什么不竭尽全力挖掘候选人储备池，或许能找到一名女性来担任这一职位。答案令人震惊，有人告诉我："如果候选人是女性，在她丈夫搬家的时候，她就会辞职，我们不能冒这个险。"然后我问他们，前任CFO为什么会辞职？"他要搬家，因为他的妻子刚刚升职了。"

我们聘请了甄叔迦·纳拉辛汉担任百事印度公司的CFO，她是一个非常出色的人选。

在担任CEO期间，我制定了家庭友好型政策。百事将带薪产假增加到12周，并尽可能增加在公司内部或在公司附近的托儿所与现场医疗设施；百事的员工拥有私人的哺乳空间和健康怀孕计划；我们还创造了第一个全球弹性工作制。员工们对公司心怀感激，因为即使我们在节省开支时都并未对这些项目进行削减。我们的组织健康得分大为提高：在我离开时，有82%的百事员工认为他们对公司的工作环境感到满意，而在我接手时这一比例为74%。

许多百事员工对我们的人才福利欢欣鼓舞。其他人则认为百事不应如此慷慨，同事的私生活是他们自己的事。我没有计较这些反馈，也并未改变我的计划。我对百事的进步感到高兴。

对我个人来说，当我们征求反馈意见时，有一种批评更加让我伤心：她只关心像她这样的人，也就是女性和有色人种。

在我1994年加入百事公司时，我知道自己被叫作"凑数员工"，这意味着公司聘用我只是因为我是一位有色人种女性。但我认为，我已经证明了自己的价值。现在，当我开始倡导多元化和包容性时，我的种族和性别被推到了风暴中心。与这种情绪有关的一些事件使我感到不快。例如，如果百事北美公司雇用了一位印度裔美国人做管理工作，我听到的传言是"这人一定与英德拉有关系"。当一名女性或有色人种获得晋升时，人们通常会听到："这肯定是她关注多元化和包容性的结果。"

我们的信息技术部门曾经将工作外包给一家印度公司，该公司一直为许多美国客户做类似的项目，我对这份小合同一无所知。但有人打电话给百事的举报热线，抱怨说我的亲戚们把他们的工作抢走了。

有时候，我感觉人们把印度的所有人都设定为我的堂表兄妹，或者是我的亲戚。这令人沮丧，但是又以一种独有的干扰方式让我觉得很可笑。

多元化和包容性会一直存在，企业领导者需要习惯这种概念，并将其作为主要的业务驱动力。一些高管会谈论人才，然后表示他们期待有一天多元化和包容性的问题能得到完全的解决。我认为这种情况短期内不会发生，但只要我们保持增长、竞争力，并朝着人人共享利益的理念前进，我们总会有所收获。

我深信，我们关于如何消除偏见的想法应该不断迭代。例如，我很想知道，仅任命一名主管多元化和包容性的副总裁是否正确。我认为不能把实现多元化和包容性的希望简单地寄托在一个人身上，那其实是一种逃避。这些理应被 CEO 视为优先事项，或者人力资源部门的中心议程，而不应随着领导者对待多元化和包容性的态度摇摆。反过来，人力资源部门不能回避这些挑战，回避挑战就意味着在脆弱的地基上盖房子——根本不可能成功。

此外，任何高层的发声都至关重要，不论他来自哪个部门还是工作群组。我们需要培训一大批领导者和管理者："你如何确保公司正在招募不同类型的、有才华的合格人才？"除了显而易见的目标——公平，这一做法也有着商业上的意义：人才驱动绩效。要知道聘请和培训人才需要花费大量的时间和金钱。那为什么我们不能竭尽全力，从所有人中筛选如高层管理者一样的最优人才，并帮助他们成功？

然后，领导者必须以身作则，而不是心照不宣地接受那些固有的歧视行为。在我看来，每一次类似行为发生时，我们都应该大声叫停。当你看到有人凌驾于他人之上，尤其当受害者是经常面对这种情况的少数群体时，请叫停；当你看到一位女性被羞辱时，请叫停。我坚信，我们可以巧妙而有效地做到这一切，并且由此奠定规则。既然我们不能容忍那些针对我们女儿、姐妹或妻子的歧视行为，为什么可以允许那些行为存在于公众场合，针对那些同样身为女儿、姐妹或妻子的女性？

公司也应该重新考虑如何提供反歧视培训。许多公司在早期就会坚持对所有员工进行多元化的全面培训。我们需要让每一代员工意识到这一点，因为他们很可能并非成长于非常多元化的环境。现在千禧一代和Z世代已经陆续入职，他们更习惯于在多元化的群体中工作。然而无意识偏见仍然需要关注，对此类话题的讨论必须与听众有强关联，并根据他们的实际情况量身定制，这样才能够确保一切顺利推进。

我也相信，董事会可以在消除偏见和创造包容性环境方面发挥更重要的作用。首先，董事会必须根据候选人的能力水平和是否拥有从多元化的员工队伍中获取最佳回报的意愿来选择CEO。然后，董事会应该让CEO承担责任，并且双方应每年就公司中的歧视、包容性和性骚扰等问题进行一次全面讨论。董事会还应审查组织健康调查报告，以确保提出正确的问题，并且分析要基于性别和种族来进行。

最重要的是，董事会必须对这一问题呈现出真正的关心。如果它仅被视为公司治理改革清单上的又一事项，就永远无法取得有意义的进展。

我还认为，CEO和董事会最终必须促进薪酬平等。众所周知，女性即使与男性从事同样的工作，她们的平均工资也比男性低。这真是一种讽刺，我们需要精益求精地来解决差异问题。现在，一些公司选择公开披露自己的薪酬等级，把自己架在火上烤。我很欣赏这种做法，但我不确定是否必要。不过，我认为董事们绝对应该要求并审查完全透明化的薪酬分析报告，并让CEO为实现薪酬平等而负责。是时候这样做了。

上述的每一点都关系到公司的诚信，市场也在关注这些内容，性别、多元化，以及工作和生活的平衡问题都隶属于环境、社会和公司治理目标，这些目标已经越来越多地被投资者视为筛选标准。在未来的几十年中，那些在人事问题上最具远见的公司也将运行得最好且最成功，我认为它们的股票走势也将体现这一点。这并不是说我们应该在人力资源项目方面更加慷慨，而是应该将上述内容作为整体目标的一部分，同时追求最明智的政策组合，让员工的工作和家庭都能蒸蒸日上。

与这一切息息相关的是董事会的成员是什么样的人。

如果 CEO 的老板们不曾深入了解并推动公司解决这些问题，改变绝不会发生。不幸的是，女性在美国公司董事会的席位占比仅为 26%。在我看来，公司应该考虑将董事会成员的任期限制为 15 年，并将法定退休年龄设定为 72 岁。董事会也可以考虑扩大规模，增加一两名成员，为更了解职业女性和年轻家庭面临的问题的合格人才留出位置。

在我接管百事公司后不久，我邀请了一些大公司的女性 CEO 到我家参加晚宴。有些人彼此是朋友，有些人则在一起做生意。但是，作为同一个群体，我们以前从未以这种方式聚在一起。我希望我们能共同为美国企业界的女性发声，我还认为我们可以打造某种"智囊团"，这是一种非正式的沟通网络，我们可以在经营公司时依靠它寻求建议或支持。

促使我这么做的部分原因是，几周前，时任纽约州参议员的希拉里·克林顿对百事公司的一次令人难忘的访问。我以前从未见过她。希拉里非常友好，我们先是在我的办公室里和一小群高管坐下来，谈论百事公司的业务，以及我们在纽约州扮演的角色。然后我们前往礼堂，那里挤满了想要见到她并与她互动的员工。她的演讲乐观且细致入微，其中融合了她刚刚听到的、关于百事公司的每一项统计数据，让人惊叹不已。希拉里没有带任何笔记。这真是一堂关于如何捕获听众的大师级课程。

在希拉里离开时，我和她单独散步了几分钟。"我知道你几周后就会接手这里，"她说，"我把我的电话号码给你。如果你想找人聊聊，请给我打电话。如果联系不上我，就打电话给我的员工，他们会告知我的。成为一名 CEO 会很辛苦，我愿意随时为你效劳。"

身为参议员，她知道谁是百事公司的 CEO 非常合理，但那天下午，我从希拉里身上感受到了更多。在我担任 CEO 的第一周，收到的第一张便条就是她写的。她希望我在新的岗位上一切顺利，并写下了："祝你好运！"

那是一个美妙的夜晚，一群女性 CEO 在我家共进晚餐。杜邦公司的柯爱伦来自特拉华州威尔明顿，施乐公司的安妮·穆尔卡西来自康涅狄格州，阿彻丹尼尔斯米德兰公司的帕特·沃尔茨和卡夫食品公司（现为亿滋国际）的艾琳·罗森菲尔德从芝加哥过来，雅芳的钟彬娴则来自纽约。我们分享了职业生涯中的一些小故事，它们叠加在一起定义了我们，也把我们与男性区分开来。我们发现，尽管各自的路径截然不同，但我们彼此熟悉亲近。我们谈论了市场、产业及身为高管的压力，也讨论了女性走向领导层之路的缓慢进展，以及如何让掌权的男性相信关注提升女性地位是值得的——这是何等艰难的历程。

当每个人都穿上外套准备离开时，我们约定要定期见面并组成一个群体。9 个月后，我再次邀请了大家。切丽·布莱尔与丈夫托尼·布莱尔一同出席，彼时她的丈夫刚刚卸任英国首相。切丽一直致力于完善妇女法案，也很渴望让大家联合起来。我们更多地讨论了可以做些什么来帮助发展中的女性。我们又一次约定要尽快见面，还有一些人坚持下一次由她们来主持。

然后，再无下文。这不是谁的错，原因很简单，我们中没有一个人有多余的时间可以为女性 CEO 和那些需要保护的女性创建一个强大的支持型组织。

如果有人想了解的话，其实整个美国企业界没有一个女性高管俱乐部。

商界男性身处于有着数百年历史、与承担社会责任有关的体系中。属于男性的俱乐部和协会早已成立，无须任何额外付出。那些曾一起参战的男人间有一种亲密的情谊，这种情谊会一直延续到他们的工作与生活中。尽管一切都在进步，女性仍然像这个世界的外来者。我们进入了每一个行业协会，在非营利董事会中占有一席之地。但是，男性拥有制定游戏规则的明显优势，而且女性并非在每一处都能受到欢迎。即使在众目睽睽下，那些想扩大妇女权力和影响力的做法依然会被奇怪的争议包围。2012 年，位于佐治亚州的奥古斯塔国家高尔夫球俱乐部主办了一年一度的大师高尔夫球锦标赛，该俱乐部拒绝授予 IBM 的 CEO 金妮·罗梅蒂俱乐部会员资格，尽管这是一项悠久传统，就因为她是女性。要知道 IBM 是这项比赛最大的赞助商之一。当然，历史转折也由此开始。一年之后，俱乐部改变了已经持续 80 年的纯男性政策，并首次接纳了两名女性会员。

高尔夫和商业的故事似乎有些陈词滥调，但在 18 洞之上缔造的联系并非偶然。美国一些最吸引人的场所仍然会把女性拒之门外。2007 年，唐纳德·肯德尔力劝我加入韦斯特切斯特县的盲溪乡村俱乐部，该俱乐部成立于 1915 年，毗邻百事的采购园区。多年来，百事过去的一些 CEO，还有许多高管一直使用这个俱乐部招待客户和朋友。令我为难的是，这个俱乐部只接收男性会员。唐纳德认为绕过这一点很容易：可以让拉杰加入。毕竟他也是我们家的高尔夫球员。我回到家，问拉杰是否愿意加入盲溪乡村俱乐部并定期去打球。要知道每次我们开车沿着安德森山路往下时，他都会对那里的球场表示欣赏。拉杰震惊地看着我："为什么我们要成为一个不接收女性会员的乡村俱乐部的会员？"他说："算了吧。"而唐纳德永远不明白我为什么拒绝了他的邀请。

在成片的阴影之下，性别不平等几乎不能算作问题。

数十年来，成百上千的组织一直在努力，希望为工商界的女性创造一个更公平的竞争环境，总部位于纽约的"妇女促进会"（Catalyst）成立于 1962 年，目前有 800 家公司为其提供资金支持。谢丽尔·桑德伯格在其于 2013 年出版的《向前一步》中鼓励职场女性期待和追求更多，数百万千禧一代女性从这些信息中受益。向前一步基金会的年度职场女性报告通过细致的调查汇编而成，该报告深入剖析了阻碍女性在美国企业发展的原因。咨询公司、银行和投资公司也会报告问题所在，以及强调了解这些问题的重要性。学者、经济学家、政府、智囊团和其他非营利组织也参与其中。

女性的进步（或者缺陷）每年都在大量的女性会议上被剖析，这包括拥有众多独家嘉宾、由媒体赞助的迷人早餐会、有技术讨论和招聘摊位的大型行业会议。人们对这种聚会兴趣高涨，其中有些还吸引了成千上万的女性参与。

在过去 20 年里，我收到了许多邀请，希望我在支持和促进妇女发展的会议上发言。我尽可能多地接受了。这些活动非常重要，它们让社会不平等成为公众关注的焦点，同时也可以为女性在职业生涯中遭遇困难时提供支持。它们存在的意义远不止这些，女性之间的姐妹情谊也由此建立。女性之间应该分享。当我们听到别人的故事，与同情我们挣扎的人们会面，我们的决心也会油然而生。

与此同时，我们不应该将旨在增强女性权力、建立女性社交网络的集会与那些仍然深受最高管理层和全球权力掮客欢迎的会议和峰会混为一谈。我担心的是，这些女性的活动不会带来太大的系统性变化，因为世界上最有影响力的大多数——不管我们喜欢与否——仍然是男性。

诚然，一些专注于商业、金融、技术和经济的大型活动现在承认性别不平等和多元化问题的存在，并安排了一些特别会议，邀请女性和多元化人士出席。（我同时拥有这两种身份，难怪我会被认为是明星成员！）但我发现，这些会议的到场率往往很低。更糟糕的是，听众中的男性总会感到无聊、烦闷，只想将讨论的重点转移到与盈利紧密相关的话题上。令我失望的是，即使在一些主流大学举办的此类全球会议中，这种现象仍层出不穷。

我们需要更加慎重行事。

我们必须拓展有关未来工作的讨论边界，不再总以机器人和人工智能为主题，这样才能把我们定义成功的另一个关键维度包括在内：如何把经济发展与工作、家庭相融合，同时确保女性与男性分享权力、同工同酬。只有这样，我们才能得到确凿的证据，表明这些事项已经渗入主流的权力结构，我们变革的最大障碍也已实现突破。

12

投资我们的未来

欧洲工商管理学院（INSEAD）是法国著名的商学院，主校区位于枫丹白露森林旁，距巴黎约 1 小时车程。这所学校的 MBA 项目备受推崇，汇集了最多元化的国际化班级，学生来自 80 多个国家。INSEAD 一直吸引着我。多年前，在我申请耶鲁大学时，也曾想过申请它，但它的语言要求是英语、法语和德语，我觉得自己无法通过德语考试。

2016 年，我受进步学会（Society for Progress）的邀请，在 INSEAD 阳光明媚的大礼堂发表了一次关于 PwP 的演讲。作为学术团体，进步学会主要研究如何将资本主义与社会福祉相融合。随后的每年 6 月，我会与该协会的创始人苏巴马尼安·兰根和哲学教授迈克尔·福尔斯坦一起，为一个名为"整合绩效与发展"的研讨班授课。正如兰根教授所描述的："学生们必须做出抉择：他们是想做好一份事业即可，还是想为社会做出贡献。"这一研讨班很快就报满了，通常 60% 的学生都是女性。

当我看向讲台下的学生——那一张张来自亚洲、欧洲、中东、非洲和美洲的面孔，我仿佛看到了40年前在耶鲁的自己，看到了百事公司和其他大型跨国公司未来的领导者，还有一群拥有全球视野的科学家和企业家。我在他们身上也看到了自己的女儿们，她们现在都拥有MBA学位，也都如我一般，把这世界理解为一种社会和经济的谜题。

为期两天的研讨会以轻松、开放的对话结束，学生们与我无所不谈。在回答了许多富有洞察力的全球商业问题后，这群生气勃勃的年轻人一直问我："您是怎么做到的？您是如何在事业上取得成功的同时，也让家庭保持和谐的？"

然后，他们焦虑地补充道："我们该怎么做呢？"

我诚实地回答了他们，一切并不容易，我的生活是一场持续的"杂耍表演"，伴随着痛苦、内疚和取舍。经营一家跨国公司是我莫大的荣幸，但我也有遗憾。人生就是如此。

类似的问题我已被问过千百遍：在耶鲁大学、西点军校和其他学校，在百事公司，在拉丁美洲或中东的圆桌会议上，在主流的女性活动中，在与学者们炉边交谈后，还有和世界经济论坛的青年领袖们在一起时。我收到过数十封来自朋友、熟人和陌生人的电子邮件和信件，都是想要得到我的建议，想知道如何才能平衡好工作和家庭。

我有时候会有这样的感觉：由于自己的成功，有人会认为我手握某种秘方。事实上，我并没有。我在许多方面都很幸运——拥有亲密无间的家庭关系、受过良好的教育、父母对女儿和儿子同等重视。我也嫁给了一个与我有共同理想、可以支持彼此的男人。我们最初的生活谨慎而节俭，也曾有过分歧——事实上每段婚姻都会如此。但是，拉杰和我对彼此、对孩子们有着无比坚定的爱与承诺。

我经常获得来自亲人们的帮助，之后，在有足够的能力后，也能够聘请到工作和家庭的帮手。每逢关键时刻，我都能遇到人生导师。而且，正如许多人提醒我的那样，我有一种特殊的基因，它让我每晚睡眠时间不超过 5 个小时仍能保持精力充沛。

我也很幸运能加入朝气蓬勃的百事公司。当我于 20 世纪 90 年代加入百事时，公司的确是以男性为主导，但并没有极度保守到让我无法融入其中。后来公司任命我为 CEO，让一切都发生了翻天覆地的变化。我认为，许多同时代的美国公司董事会应该都不会选择我这样的领导者。

我不介意再说一遍。在职场的工作是全职工作，而扮演母亲、妻子、女儿和儿媳的角色也是一份全职工作。我发现，做 CEO 意味着至少同时打三份全职工。因此，尽管我付出了自己的全部心血和时间，我的成功实际上跟中彩票没多大区别。

近几十年来，社会给那些想要组建家庭的年轻人传递了这样一种明确的信息：如果你既想工作又想要孩子，那么如何平衡二者是你自己需要解决的问题。当今世界并没有这样一种模式，可以让人们在事业和家庭融合方面取得真正的进展。

我的故事并没有改变一个令人心碎的现实：对既想获得良好的生活，又想建立幸福、健康的家庭的人来说，社会并未建立起健全的、现代的体系来真正为其提供支持——无论对象是男性还是女性。事实上，美国如今的形势比我和拉杰刚开始在美国生活和工作时更为严峻。与 20 世纪 80 年代早期相比，目前医疗、托儿、教育和住房花费在平均收入中的占比更大。

令人遗憾的是，工作和家庭的压力让许多千禧一代推迟了结婚和生育的年龄，或者决定根本不要孩子。2019 年，美国生育率降至平均每名育龄妇女生育 1.7 个孩子，创下了历史新低[16]。与此同时，一些女性也在竭尽所能地抓住生育机会，包括付出巨大的经济、身体和情感代价来冻卵。现在，一些公司的福利计划也涵盖了这一需求，为那些可能在教育和工作上花费了大量时间，还没有机会怀孕和成为母亲的人提供了便利。越来越多的证据表明，职业生涯和女性生物钟因为我们的制度而直接对立。

我期盼看到千禧一代及其后的 Z 世代在未来推动我们的经济发展，并让世界变得更好。作为一名对人们的生活有着深切兴趣的 CEO，我见证了无数案例，证明大家在变化莫测的商业世界中所拥有的那些真诚、想象力和目标。但我相信，我们也需要这些女性与男性成为父母，让他们真正享受这种无与伦比的体验。

不是每个人都想要孩子，更不用说达到标准人口替代率[①]了。但是，总的来说，我认为我们需要做得更多，重视有孩子的家庭，并且把孩子们抚养成受过教育的、有生产力的公民。

这些孩子也是必要的。人口统计图很清楚：在美国，每天有一万名婴儿潮一代年满 65 周岁，这种模式预计将持续到 21 世纪 30 年代[17]。这些人，以及他们之后出生的人，将比之前的任何一个群体寿命更长。到 2060 年，美国老人的数量预计将翻一番。我们将需要稳定而强劲的经济系统。随着时间的推移，数百万新工人将向该系统付款，以支持老龄化人口。面临以上局面的并非只有美国一国，世界各地的发达国家及越来越多的发展中国家都出现了类似的情况。

我不是第一个这么说的人，但对我来说这也是一种悲剧。年轻

---

① 人口替代率，指为使一个国家或某个区域在人口上出生与死亡达到某种相对的平衡而产生的比率。联合国推算指出，标准的人口替代率为 2.1。——译者注

人，无论男女，无论是在欧洲工商管理学院这样的学校、在印度的家族企业，还是在印第安纳州的工厂里多么努力地工作，他们仍然需要处理源于过去且无法反映现实生活的规则与期望。而他们是历史上技能最强、最有创造力、彼此之间联系最紧密的群体，他们有着巨大的潜力。

我们不能让他们反复地被"我们应该怎么做"阻碍。

我担任《财富》50强公司的领导者有一段时间了。计算投资收益率是我的第二天性。通过PwP，百事公司承认商业和社会之间的界限其实并不清晰。我们面临的挑战不是要否认这些模糊之处，而是如何接受它们。我们为公司设定了一条可以为股东带来巨大收益的道路。在经过反复试验之后，百事公司正在发展成为可持续资本主义的典范。

现在，我也有同样的天性，想把工作与家庭的平衡在商业经济中提到更重要的位置。我们必须完全接受这样一个事实，即男女都会外出工作，孩子们需要悉心对待，年迈的父母需要温柔的照护。政府、公司、社区和个人需要一个共同的方针，来解决那些大量而复杂的、可以使生活更轻松的社会问题。

还有什么比照顾好我们所爱的人、促进性别平等，以及（我确信会）获得巨大的经济效益更好的目标呢？

从长远来看，回报将会是非凡的。

通常，人们会以一个故事作为开场，与我谈论他们在工作和家庭中的挣扎，或者寻求我的建议。一些女性说，她们在事业和照顾孩子之间左右为难。单亲父母说，他们既要照顾生病的孩子，又要担心自己失去唯一的收入来源。有些人提到了患有阿尔茨海默病的年迈父母，或是即将生育的成年子女。有些人则谈论让他们为家庭付出更多的文化期待，但这种期待与他们所需要承担的有薪工作的义务并不一致。我发现，这些问题往往是关于"照护"这一主题。照护是一个温暖而模糊的词语，但人们在提起它时带着如此多的痛苦，这总会触动我。不知何故，我希望能为他们铺平道路。

如今，我们有与新型冠状病毒感染相关的共同经历：数十亿人在孩子不上学、家人和朋友生病或前所未有的被隔离的情况下，努力平衡着生计和家庭义务，上述情况为我的这项工作增添了新的紧迫感。随着全球秩序对我们在新冠疫情期间所了解到的情况做出反应，我们也迎来了一个独特的变革时刻。

首先，我们必须认识到，帮助那些家庭成员，特别是支持在有薪工作和家庭中承担母亲与照护者角色的女性，对所有人来说都至关重要。对全球的每种文化来说，这种重要性都显而易见。我认为我们没必要再花太多的时间和精力在重新界定这一信息上。

在我看来，问题在于谁在接收信息，以及谁有能力和足够的影响力做出有意义的回应。这是每个人都应该为此沮丧的问题所在。由于担任领导职务的女性少之又少——无论是在公司还是政府部门，我们不得不依靠男性。

我知道，那些在社会中真正手握实权的男性，其实都深爱他们的母亲、妻子和女儿。他们看到过大量的证据，证明如果能为女性在组织中获得成功提供帮助，他们自己也能收获更多。他们也明白，争取女性平等意味着21世纪的进步。

尽管如此，许多男性（包括CEO和其他人）一直在工作与家庭的交锋中左摇右摆。部分原因是他们不愿打破那些对他们意味着轻松、舒适和有利可图的社会惯例。我注意到，那些更年轻一些的、与伴侣一样压力重重的男性，无论是已婚还是已为人父，也会避免这种讨论。或许他们害怕自己的前途会因此受到影响。

我深信，男性需要认识到，有多少女性的职业生涯因受到阻碍而戛然而止，还有多少处于经济阴影下的女性正在努力支撑我们的整个体系。男性需要明白这其实也应是他们的负担。如果没有男性，尤其是那些手握权力的男性去推动讨论并促成改进，那么工作和家庭达到平衡的改变就不会发生。

我认为，想成为上市公司 CEO 或想要获取在权力、薪酬和责任方面与 CEO 相近的职位的女性，也需要现实地看待事情的发展。我赞赏女性领导者的雄心壮志，也毫不怀疑她们所遭遇的歧视。但是，无论你的性别是什么，向组织金字塔的顶端冲刺都是一段很难的竞争之路。一旦接近 CEO 办公室——哪怕是还有两三层的距离，平衡工作与除此之外的正常生活的想法就变得不现实。根据我的经验，这些工作永无止境，几乎可以占据你的每分每秒。这并不是说女性 CEO 不应该拥有孩子和幸福的家庭，她们当然应该如此。我做到了这一切，但是，毫无疑问，作为这样的最高层领导需要极其巨大的系统支持，也要做出极大的牺牲。如果想找到一种具有广泛性的解决方案来帮助大多数人更好地平衡工作与家庭，这是不大可能实现的。

2019 年，我开始大量阅读书籍和研究报告，关于如何平衡工作和家庭、女性在经济中扮演的角色，以及为什么一些女性能晋升到管理岗位，而其他很多女性却无法做到。这是我一直以来处理重大问题时的风格。我开始更多地与学者、倡导者和企业家交谈，研究世界各地的政府和企业对这些问题进行干预的方式。有一天，我甚至用等式来组织我的思维，一边是"职业女性＋系统性偏见＋家庭＋社会压力"，另一边是一长串可能抵消其负面影响的方式。

这期间，我常常想起自己的故事。我很高兴，从百事公司离职后，我终于有时间去更好地理解偏见、性别、家庭、雇主和全球权力结构之间如何相互作用。我还想到了美国伟大的多元化社会价值观，这个国家是如何欢迎我，让我茁壮成长，让我扬名立万。虽然道路的早期有一些坎坷，但是我在世界上的其他国家都不可能达到这样的高度。尽管美国是一个建立在人人机会平等理念上的国家，尽管我们仍在为如何革新与成长而奋斗，我还是为已经取得的成就和我们下一步的目标感到自豪。这是一条非常个性化的道路。

我的结论是，如果三个相互关联的领域——带薪休假、弹性与可预期工作制，以及照护体系能得到关注，那我们的社会就可以在平衡工作和家庭的难题上取得突破。

我们必须认识到，这三个关于我们如何照护彼此的要素必须共同发挥作用。我相信，对每个要素采取统一行动，将为我们的经济和社会转型奠定基础。因为最终下一代的家庭一定会拥有合理且系统化的基础体系，让他们可以蓬勃发展。

首先，美国政府必须尽快推行强制的带薪产假和陪产假。产妇和儿童的健康每天都在受到损害，因为无法承受无薪休假，女性不得不很快地在产后返回工作岗位。美国是全世界唯一一个，由于一些州政府的行动，最近才开始将和新生儿相关的带薪休假纳入法律范畴的发达国家。这是远远不够的。我们需要的是全国上下的真正推行，所有的联邦政府雇员也应该被包括在内。

一些人可能会抱怨，政府和企业会为这项基本社会福利付出代价，这完全是过时的想法。众所周知，在孩子出生后的几周，母亲和孩子建立联结，进行产后康复，对母亲和孩子的身体与精神都有很多好处。从长远来看，带薪产假和陪产假是创造健康生活、建立强大国家的链条中必要的一环。

事实上，这是投资，并非支出。休带薪产假的女性比没有休带薪产假的女性在孩子出生 12 个月后仍在职场的可能性高出 93%[18]。而且，长期来看，休陪产假的父亲更有可能与他们的女性伴侣公平地分担育儿和家务责任，并且对家庭需求有更强的同理心。这些都是显而易见的。

我会先给母亲或主要照护者 12 周的带薪假期，给父亲或次要照护者 8 周的带薪假期。有些人可能争辩说时间可以更多或更少，但设定这个标准会是一个良好的开端，而且我相信许多雇主都能接受。如果重要员工离开几个月，小企业确实会度过一段艰难时光，不过我认为，这是一个可以用更有创造力的方式来解决问题的领域。在社区资源集中的情况下，如果让一群退休人员参与进来并提供帮助会怎么样？哪些私人、公共或慈善资源应该得到使用？科技适合用在哪里？只要我们用心，这个压力点是可以解决的。

美国带薪休假的争论包括是否应该将这一福利扩大，把对生病家人的照顾或处于康复期的员工都包括进去。这些都是非常重要的内容。在我早期的职业生涯中，如果不是这三种带薪假期的帮助，我就不可能成为百事公司的 CEO：波士顿咨询公司在我父亲生病时和我出车祸后的恢复期间都给我发了薪水，我还在波士顿咨询公司和 ABB 公司各获得了一次带薪产假。

然而，当我们讨论如何在更广泛的照护经济中扩大这一福利的支出和相关参数时，我认为没有理由不立即实施所有与新生儿息息相关的带薪休假。

当然，就算父母在休完产假或陪产假后回到工作岗位，他们的孩子仍然很年幼。不过我们也知道，对许多职位来说，那些对工作时间、地点的绝对限制已经不复存在。

我支持将弹性工作制变成一种常态，这除了能给整个经济发展带来优势，也可以给家庭一些喘息空间。男性和女性都可以因此获得照顾孩子和年迈的父母，以及处理现代生活中的其他重担的时间。此外，在新冠疫情期间，我们也迅速了解到，我们在经济方面装备齐全，这使得许多行业与岗位对于实行远程工作制都已具备充分的条件。

平心而论，我也认为办公室将继续存在。人们渴望在同一空间中一起工作，当彼此面对面交谈，共享人际关系时，创造力也由此而生。但是，总的来说，我们的工作日安排还是应该围绕效率进行，而不是依据时间和地点。

至少，我们应该让那些工作主要在办公桌前的员工选择，让他们去想去的地方——家里、共享办公空间或中央办公室都行。评估方式也应该进行相应的调整，这样一来，员工就不会因为在办公室时间长短的差异而遭遇差别对待。我们不想把员工划分为不同阶层，也不想再一次让背负家庭责任的人陷入不利的位置。

工厂或零售店的轮班工人们则必须在同一地点工作，因此他们所面临的困难完全不同。对这些类型的职位来说，工作灵活性是非常有限的，但我们需要确保这些员工了解自己短期内的工作安排，至少让他们了解两周内的时间表。这一点至关重要，也涉及对员工的尊重。许多工人都感觉时间管理极其困难，尤其对那些身负照顾家人的重任的员工来说，他们更加需要可预知的工作时间。与此同时，事实证明，那些拥有可预知时间表的轮班工人效率更高，对雇主也更加忠诚[19]。如今，每家公司都可以使用复杂的调度技术。那为什么不用它来让最需要的工人的生活更轻松呢？

我在职业生涯的早期缺乏变通——感觉自己就是无法简单明了地以对我来说有意义的方式安排时间，这些成为我生活中最大的压力。当普利萨和塔拉还小的时候，我选择跟着我熟悉的老板格哈德一路从摩托罗拉到ABB公司，这是我渡过难关的唯一途径。因为格哈德了解我的家人，也非常理解我。在百事公司时，我已经资深到可以随心所欲地分配工作时间。但是，考虑到公司的一切，我几乎把所有时间都分配给了百事。

不久前的一个下午，我开车到我家附近，看到几辆校车把孩子们送到街角，他们的父母在那里等着迎接他们。在家工作的父母可以短暂地休息一下，远程办公使得他们有机会自己接送孩子。我羡慕地看着他们，这一幕也再次提醒我，我在那个时期的工作让我都错过了什么样的体验。受新冠疫情期间的经验推动，灵活工作变得越来越普遍。我很高兴能看到越来越多的父母有时间在孩子放学时迎接他们。

我相信，弹性工作制的想法可以更进一步。工人们应该能够为了家庭暂停更长时间的职业生涯，而不会遭受仍然常见的社会歧视和经济惩罚。这并不是要求雇主把一份工作保留数年，或者为员工休假的额外几个月支付工资，但我们应该鼓励更多的、让人们进入和退出有偿工作的选择机会。一些公司推出了一些项目，让归国员工有时间熟悉新的工作要求和企业事务优先顺序。对那些将这一点融入其商业模式的公司来说，它们的优势将会十分明显：这些拥有机构知识和人脉的"海归"，完全能够成为非常有价值的雇员。为什么不充分利用他们的专业知识呢？

最后，我们必须解决最重要的照护问题。

我认为，对于未来人口的最大投资应该是建立一系列可靠、高质量、安全且能负担得起的基础护理设施，重点关注从出生到5岁的儿童保育工作，并逐渐将我们的思路扩展到涵盖整个生命周期。

新冠疫情让美国照护经济的困境浮出水面。它的后果之一是，数十万名一直在同时兼顾工作和孩子的女性认为自己不得不辞职。由此我们还惊觉，许多必不可少的员工，包括那些照顾儿童和老人的人，挣的钱连维持生活都不够。

是时候将照护问题提上日程了。解决这个问题将为女性和年轻家庭消除工作障碍，并帮助许多女性实现经济独立。这是对子孙后代的承诺，也将为更健康、更繁荣的人口奠定基础。

尽管如此，我相信，对照护问题的关注还将起到更大的作用。作为一位曾成功经营一家美国大公司数年的商业人士，我可以证明，这将成为每家公司、每个社区和每个州的竞争优势。

让我们从孩子开始入手。无论带薪休假的时间长短，以及父母的时间灵活度如何，婴儿和年幼的孩子都需要在父母工作时得到照顾。对现在的许多父母来说，在离家或工作场所近的地方找一个好的日托中心几乎是不可能的——不是没有足够的位置，就是价格太贵。这个问题还不包括那些父母上夜班，或在其他方面需要援助的孩子。

当然，也有人说我们也许可以单独雇用保姆来照顾孩子。但这种方式通常更昂贵，而且引发了更多的问题：雇用谁？多少钱？如何监督？底线是什么？

许多父母现在仍然会被这种临时的照护方式困扰。35年前，当普利萨还是个婴儿的时候，我和拉杰在芝加哥依靠的就是这种临时照护方式。我们在一个社交场合遇到了某人，把我们的宝贝女儿交给了她。瓦姗塔很棒，她独自带大了她的四个孩子，但她只是我们的熟人，并非受过专业训练的保育人员。她在那个冬天很好地扮演了普利萨保姆的角色，但这一切真的全凭运气。如果我们不喜欢她，就只能花费大量的时间和精力去寻找其他人，这会让我们的工作动力消失殆尽。几年后，我们在康涅狄格州所面对的情况就是如此，即使我们在一家保姆中介机构花了更多的钱，情况并没有明显改善。

我们需要联邦政府、州政府、私营公司、儿童早期教育专家，还有社区建设专业人员共同努力，建立起一个面面俱到、设计新颖的儿童保育系统，使所谓的儿童保育荒漠得到彻底的治理。我赞扬那些几十年来一直致力于解决此类问题的人，他们主导了"开端计划"及其他学前教育项目，这些项目为孩子们未来的学校时光做了大量的准备工作。但我建议我们可以走得更远。现有的项目应该扩大，将它们与家庭照护方案联网，与社区组织的现有建筑物联结起来——从宗教机构到图书馆——以创造新一代的超级方案。

我们还需要为育儿服务供应商和员工提供全面授权和培训计划，同时支付照护者与他们伟大责任感相匹配的工资。儿童早期教育是一个不断发展的领域，对每个孩子的一生都至关重要。为什么不鼓励年轻人从事这类工作呢？

令人振奋的是，拜登政府把照护服务视作国家关键基础设施的一环。我为财政部长珍妮特·耶伦欢呼，她最近宣称："我们的政策制定没有考虑到这样一个事实，即人们的工作和私人生活是不可避免地联系在一起的。如果一方受到影响，另一方也会被波及。"但是，白宫任何决策的后续行动都将至关重要。例如，向各州提供大笔资金来解决照护问题，这是良好的开端。重要的是，要预先明确优秀照护网络的模板，并监控支出的细节。我们值得为这一问题做出可延续数十年的历史性承诺。

在政府制定如何让这一大型计划最好地得到实施时，大公司和其他雇主也应该加快步伐。在可能的情况下，公司应该为员工增加位于工作现场或附近的儿童保育设施。如果孩子的数量无法让这项投资得到维系，公司就应该与其他公司合作，在办公室附近或住宅区集中提供托儿服务。在百事公司，我们把总部的一层改造成儿童保育设施的总成本约为200万美元。尽管周遭的人都对此表示怀疑，我坚持认为这笔支出非花不可。我们聘请了一家育儿先驱机构"光明地平线"为这个中心提供员工和运营，并支付了保险和维护费用。就忠诚度和现有员工的安心程度而言，这笔支出带来了难以置信的回报。这项服务不仅能帮助员工节省通勤时间，如果孩子有紧急情况，家长也会在附近。同时这是一个很好的招聘工具。虽然这项服务对员工不是免费的，但是不到一年，"百事之始"就已经被超额预定。

中小企业或拥有更灵活员工的企业应该考虑成立联合托儿所，或与现有的社区网络合作。在一个越来越多的父母在家工作或使用社区工作空间的经济体中，我们应该将儿童保育与共同工作地点相结合。

我把这些称为"登月计划"，但我们并不是与未知的东西对赌。已经有一些拥有全面儿童保育网络的国家的确做到了让母亲们继续工作。在法国，国家提供的儿童保育服务从婴儿出生两个半月就开始了。怀孕的职业女性明白，自己在产后有托儿服务可供选择。加拿大魁北克省为所有5岁以下的儿童建立了照护系统，并给予大量补贴[20]。在过去20年里，事实证明该省有更多的妇女重返工作岗位，并促进了经济增长。

我们还必须把对老年人的照护纳入讨论和建议的范围。家庭的照护责任不会随着最小的孩子离家而结束,这不仅因为父母对孩子有着永无止境的爱,更因为许多人在 80 岁左右会更需要帮助。大多数人将依赖家人和朋友的无偿照护,而这些提供无偿照护的人大多是女性,她们中的许多人都是"三明治一代",被夹在了孩子和年长的亲人之间。考虑到世界老年人口数量不断增长,重新设计老年护理中心的架构和位置也很重要。

老年护理中心的一个补充是多代生活。我在一个三代同堂的家庭中长大,毫无疑问,这给我的姐姐、弟弟和我带来了巨大的好处。随着越来越多的人成为曾祖父母,甚至高祖父母,世界各地的老龄化现象也在唤醒多代家庭的概念。老龄化常常被描述为一个日趋严重的问题:人口定时炸弹、难以承受的养老金、过重的医疗负荷。我们必须扭转局面,要知道人口老龄化可能是一件好事。

老一辈是家庭的重要支柱。在美国,照顾孩子的是许许多多的祖父母。但是,同样,我们还没有做出调整,使这些重要的家庭架构更易于运作。例如,美国的许多规划和分区法都停留在 20 世纪,房屋不允许拥有多个独立厨房或入口,也禁止多家庭住房。这是另一条革新之路:我们需要到当地去,评估这些法律,并汇聚力量来改变它们。当我们这样做时,我们应该充分借助公共空间——公园、人行道、长椅、操场——打造一种社区设计,把人类关爱他人的本能真正利用起来。

离开百事之后,我加入了亚马逊的董事会。现在我可以近距离接触这家我所遇到过的最具创新性、最以客户为中心的公司的理念。我最近还担任了飞利浦的董事,这家荷兰公司正在改变医疗保健领域的面貌。这个董事会席位,以及我在斯隆-凯特琳癌症中心董事会和麻省理工学院执行委员会的成员资格,让我看到了未来技术的一个窗口。更具体地说,让我看到了未来几年医疗保健领域将如何转变。

我还接受了邀请,担任 1951 届美国西点军校领导能力研究会的主席。每年我都会花几个星期的时间与那里的教员和学生分享我的知识。我在西点军校深受感动与鼓舞,我所遇到的每个人都很无私,尤其是那些致力于为国家做出贡献、将被派去捍卫我们的自由的年轻人。

与此同时,我继续在国际板球理事会任职,我是该管理机构中唯一的女性成员。从 1973 年我穿着白色球衣走进马德拉斯的球场开始,这是一段相当长的旅程!

2019 年 2 月,在我的耶鲁同学、康涅狄格州州长的内德·拉蒙特的邀请下,我同意担任 Advance CT 的联合主席,这是一个与州政府在经济问题上密切合作的组织。新冠疫情暴发时,我加入了康涅狄格州咨询委员会,与耶鲁大学公共卫生学院的阿尔伯特·柯博士合作,讨论如何在疫情之后重新开放该州。我们必须小心地处理生命和生计的平衡问题,工作非常紧张。但康涅狄格州是我们的家园,我们也希望能够在这场前所未有的危机中帮助州长做出正确的决定。多年来,这个国家给予我的家庭如此多帮助,我非常愿意做出回报。

在这段时间里,拉杰、我、两个女儿还有我的母亲一起在家。当时新冠病毒在纽约肆虐,普利萨从布鲁克林回到家中,这是几年来她第一次住在家里。没过多久,她就发现我每天的工作时间长达 18 个小时。"我以为你退休了,"一天早上,她惊呼起来,"我们应该玩桌游增进感情!"但她也知道责任在召唤,她妈妈也并没什么变化。有趣的是,普利萨很快加入了 4-CT,这是一个支持急救人员、食品银行和提供一线新冠感染救援的州立组织。

有一天，我在视频软件上开完所有的会，花了几个小时阅读和写作，然后我把注意力转移到家务上。这时，母亲走近我。

"你知道，"她说，"你是一个想帮助世界的人，像你这样的人不多。我认为你不用那么担心家里的事，你必须尽可能多地回馈社会。请坚持下去。"

她让我大为惊讶。

我知道我是一个受使命感驱动的人，这一切都来自我内心最深的某处。从儿时作为女童子军，为获得徽章而努力，到长大后设想娇爽卫生巾将如何帮助印度女性——这样的信念一生都在指引我。我会从自己的每一份咨询工作中寻找目标。在摩托罗拉，我看到了帮助人们无线联络的巨大价值。在百事公司，我被委以重任，带领大家完成一项被我们称为"目的性绩效"的变革。我至今为此感到非常荣幸，尽管同时也有点儿震惊。不知为何，这就是我的内心世界。

在我生命的此时，驱动我的是感恩之心，尤其是对我的学校、老师和我的社区，以及我生活过的两个国家的衷心感激。在我心中，我从未远离圣天使学校和MCC。几年前，我彻底重建了这两所学校的科学实验室，并在MCC新建了一个女性休息室。我希望这些学校里有更多像我一样对科学感兴趣的女孩有机会展翅高飞，因为她们现在有了追逐梦想的硬件条件和来自外界的鼓励。

我与耶鲁的关系依然深厚。2002年，我被邀请加入耶鲁委员会，该委员会由16名受托人组成，负责管理这所大学。会议在一张深色的大会议桌旁举行，在我看来，这张桌子散发着美国几个世纪历史的光辉。耶鲁成立于1701年。我第一次走进那间会议室时，就立刻注意到桌旁的一把厚重的棕色皮革椅子的背面有一块刻有我名字的铜牌。当我首次坐上那把椅子时，内心激动不已。我的思绪被带回了进入耶鲁大学的第一天，满心敬畏。现在，我在耶鲁接受的教育帮助我达到了大学的最高水平。这一切真是如梦似幻。

拉杰和我对于能够为所有曾经教育、支持过我们或孩子们的机构、社区回馈我们的时间与资源感到非常自豪。2021年6月，拉杰同意担任全球人权组织国际计划（Plan International）的临时CEO，为全世界最需要帮助的儿童群体，尤其是女孩提供支持。几年前，拉杰曾担任印度计划（Plan India）的董事会成员，他也是他们邀请担任这一职位的第一人。我知道拉杰会竭尽全力帮助年轻女孩摆脱困境——这是他非常关心的问题。

在强烈的使命感的推动下，我人生的下一步行动是：尽我所能帮助那些一直把照护视作人类共同利益的基础的个人和组织，他们一直在为开发伟大想法并将其付诸现实而不懈努力。我相信，这样做将减轻年轻人组建家庭的压力、帮助女性取得进步，包括帮助她们崛起，成为公司的掌门人。

拉杰90岁的母亲和他的兄弟住在一起，2020年11月初，她在厨房摔倒，两条腿都摔断了。我在拉杰的手机上看到了我亲爱的婆婆在医院里的照片，身材矮小的她躺在一张有金属栏杆的大床上，床单和枕头都是白色的，房间里有几台仪器。她没事，但是看起来有点儿孤独和害怕。

拉杰立即行动起来，他打算把母亲安置到班加罗尔，这样她能离她的姐妹和其他亲戚更近，拉杰也可以在我婆婆康复期间照顾她。此时全球旅行都因新冠疫情而受到限制，但拉杰最终找出了从康涅狄格州到印度的方法。两周后，他离开了。

在拉杰离开家的3个月里，我待在格林尼治的家里照顾我的母亲。拉杰和我都是父母的主要照护者。我母亲已经 80 多岁，但身体很好，头脑也很敏捷。她非常自律，坚持按照特定的方式做饭菜，每天在同一时间开饭。她总想知道我在哪里。如果我比预期晚到 15 分钟，她就会焦虑地给我打电话。我知道我应该放轻松，但事实上并不容易。

那位在马德拉斯的大房子里照顾我们，并以身作则让我知道如何照顾长辈的女性，现在自己也需要被我们照顾了。我和我的姐姐、弟弟无论取得了什么成就，或曾许下了什么承诺，都把照顾母亲视为首要义务。

当我和母亲及成年的女儿们在一起时——我会坐在她们中间，我时常反思自己生命中曾经历的照护周期。我已经告诉普利萨和塔拉，在她们结婚生子后，我将会提供帮助，做一位乐于为下一代奉献的祖母和老师。当我的女儿们追寻这世上属于自己的道路时，我将会成为她们的后盾和最坚定的支持者。我也将尽我所能地帮助点亮照护体系的未来，以帮助那些无法得到此类支持的家庭。

这是我的承诺。

致 谢

写这本书对我来说是一种新的体验——一段旅程、一份爱的付出、一种别样的艰苦工作。起初，我并未打算把自己的故事写得这么详细，我本想只写几篇充满论据与数据的文章，以此来说明我们必须以何种方式为女性、年轻的家庭建设者，以及集体的幸福提供支持。

但是鲍勃·巴内特，一位备受尊敬的法律专家和图书出版奇才，说服了我以另一种方式写这本书。他是本书的幕后推手，在过去的两年里，他积极参与了制作本书的每个环节。他是一个非常关心客户的人，我每天都能感受到。谢谢你，鲍勃。

本书是由最具天赋的丽萨·卡森纳塑造与统稿的。她把我所有的故事、事实、轶事和我写下的文字编织成美丽的章节，每个章节都有核心的反思和经验。她是真正的宝藏，我对她的才华感到敬畏。每个作者都需要一位丽萨来实现他们的想法。

阿德里安·扎克海姆和尼基·帕帕佐普洛斯——感谢你们的智慧，感谢你们起初便被这些想法吸引，也感谢塔拉·吉尔布莱德、金伯利·梅伦、玛丽·凯特·斯凯恩,以及该项目的整个团队,感谢你们的专业知识让本书得以问世。我还要感谢印度阿歇特出版社的托马斯·亚伯拉罕和普洛米·查特吉,以及皮亚克斯出版社的佐伊·博姆和你们的团队,感谢你们对本书的热情与关心。

能被安妮·莱博维茨拍摄是我的荣幸,她的眼光为这本书增光添彩。谢谢你,安妮,还有你无私奉献的团队。很高兴和你们共事。感谢安娜·温图尔,感谢你的友谊,谢谢你把我介绍给了安妮。感谢斯特凡诺·普契尼和叶塞尼亚·里韦拉对封面设计的帮助。

我也非常感谢我信赖的公关人员和数字合作伙伴:朱丽安娜·格洛弗,她在这方面做得简直太好了,还有普丽缇·瓦利,我很喜欢她安静平和的态度。非常感谢你们把本书作为特别项目并为它喝彩。你们给予我的支持是世界级的。我还要感谢那些在这一过程中支持你们的人,简·考德威尔、伊莎贝尔·金、阿里·麦昆、凯拉尼·萨卡古奇。感谢哈里·沃克经纪公司的唐·沃克、埃米莉·特里维尔和伊丽莎白·普拉特,他们高效地处理了我的对外演讲安排。

几位研究人员为本书做出了贡献,我非常珍视他们的洞察力和奉献精神:杰出的菲尔·柯林斯,我十多年来的思想伙伴;艾莉森·基米希,她很早就意识到我需要一个写作搭档,于是把丽萨带进了我的生活;谢谢玛莎·莱因、凯特·奥布赖恩、露丝·法托里和莫莉·奥罗克,我知道本书对你们每个人都是独一无二的。

我也很感谢那些为我付出如此多时间和精力,阅读我的手稿并提出细致入微的建议的人:普里斯卡·贝、阿曼达·贝内特、菲尔·柯林斯、亚当·弗兰克尔、泰德·汉普顿、布兰德·杰克曼、A. J. 卡森纳、艾莉森·基米希、琳达·洛里默、安东尼奥·卢西奥、里奇·马蒂内利、埃丽卡·马修斯、艾玛·奥布赖恩、凯特·奥布赖恩、莫洛·普契尼、罗帕·普鲁舒塔曼、苏巴马尼安·兰根和安娜·温图尔。斯瓦蒂·阿达卡和安·奥莱利,感谢你们对政策相关内容的贡献。

感谢我出色的行政助理布伦达·玛格诺塔,她在百事公司工作了很长一段时间后加入我们,她使我们在格林尼治的办公室团结一致,也让我的生活井然有序。感谢我在印度的助理斯里莱卡,她为我提供了回忆早年生活所需的信息,并精心处理了与新书发行有关的事宜。感谢拉胡尔·巴蒂亚、塞巴斯蒂安·罗佐、西米·沙和乔·弗瑞克,感谢你们在幕后帮助我完成这本书。

感谢我的朋友们,没有你们,我就无法保持专注:艾伦和简·巴特金——你们是最重要的。二十多年来,你们一直陪伴着我,倾听我的心声,向我提供建议。我无比珍惜我们之间的紧密联结。

尼米·约翰、索尼·辛格、奇特拉·塔瓦尔、苏加塔·基布、珍妮·斯托姆斯、奥夫拉·施特劳斯、安妮·杨、斯克里夫纳、凯西、泰、尼尔·弗里曼、普拉卡什和普拉迪普·斯蒂芬诺斯,你们知道我是多么珍视我们的友谊。

布兰德·杰克曼,很高兴你能走进我的生活,感谢你在每次机会来临时对我的关照,也感谢你处理了这么多和本书有关的事务,你是我们大家庭的一员;还有莫洛·普契尼,感谢你在本书设计上提供的智慧;马哈穆德·康恩,没有你,PwP 就不可能成为现实;拉里·汤普森,感谢你多年来给我的睿智且冷静的建议。

感谢约翰·斯图金斯基、汤姆·希利和弗雷德·霍赫贝格,感谢你们的坚定支持和明智建议。

比姆·肯德尔和简·卡洛韦,感谢你们多年来的友谊。

我也想在此深深感谢那些曾鼓励我的良师,诺曼·韦德、S.L.拉奥、拉里·艾萨克森、卡尔·斯特恩、格哈德·舒尔迈、韦恩·卡洛韦、罗杰·恩里科、史蒂夫·雷孟夫、唐纳德·肯德尔和鲍勃·德特默。

感谢亨利·基辛格,您除了在地缘政治方面指导我,还在公开会议上明确支持我,提高了我的可信度,同时在我跌倒时向我伸出援手。我永远不会忘记您的恩情。

雅克·阿塔利——我的导师、朋友和顾问,以及杰夫·索南菲尔德,你们总能时刻给我提出宝贵的建议,感谢你们出现在我的生命中。

我还要感谢希拉里·罗德姆·克林顿——一位良师益友、一位伟大的支持者、一位睿智的顾问和沟通专家。大家都知道您曾是美国国务卿、美国第一夫人、纽约州参议员。您是我见过的最具智慧的人之一。

波士顿咨询公司,感谢你教会我有关战略咨询的一切,最重要的是,通过实例教会我什么是诚实守信、符合道德的咨询。

感谢2006—2019年间的百事公司董事会成员,感谢你们的坚定支持,这使公司能够实现转型并真正将PwP落地。对塞萨尔·康德、伊恩·库克、迪娜·杜布隆、阿尔贝托·伊巴圭恩、鲍勃·波拉德、莎朗·珀西·洛克菲勒和达伦·沃克来说,我们的关系已经超越了董事会会议室,很高兴能把你们称作亲爱的朋友。

感谢我在百事公司的所有下属,你们为公司多年来的成功做出了巨大的贡献。谢谢!你们使所有艰苦的工作都变得有趣,你们也挺过了挑战。

感谢那些在CEO办公室里支持我并仍与我保持联系的年轻高管——约翰·西加洛斯、亚当·卡尔、亚当·弗兰克尔、埃丽卡·马修斯和里奇·马蒂内利,感谢你们的奉献和辛勤工作。我非常想念你们。

感谢罗伯·鲍德温、帕特·坎宁安、理查德·德马里亚、珍妮·弗里西亚、蒙蒂·凯利、尼尔·鲁滨逊、查克·斯莫尔卡、乔·厄索恩、乔·瓦隆诺斯基,以及百事航空的其他员工。感谢多米尼克·卡雷利、弗兰克·塞尔维迪奥、罗伯特·辛诺特,你们让我的空中办公室和旅途舒适又温暖。因为你们,旅途中少了许多疲惫,我对此不胜感激。

感谢美国西点军校行为科学和领导力系主任埃弗雷特上校和系里所有的教员,感谢你们欢迎我,并把我当作你们中的一员。我对你们为国家所做的一切感到钦佩。

耶鲁大学公共卫生学院的系主任阿尔伯特·科和康涅狄格州 The Reopen CT Task Force 的所有成员,很高兴与你们一起在新冠疫情期间为康涅狄格州提供建议。我从你们身上学到了很多。

我还要感谢早年帮助过我的许多人。尚卡尔一家,谢谢你们邀请我去你们家,并帮助我在纽黑文安顿下来。还有我的耶鲁同学霍莉·海耶斯,我和拉杰永远不会忘记你的热情好客以及我们的友谊。

感谢纽约洋基队的迈克尔·图西亚尼,是你帮助我和我最喜欢的球队保持联系。谢谢你!

那些过早地离开这个世界的人——我最亲爱的朋友杰茜·辛格,我永远不会忘记源自你的爱和友谊,生命中有你是我的幸运,以及萨阿德·阿卜杜勒·拉提夫,你的忠诚和温暖将永远陪伴着我。

我要感谢我的父母——尚塔和克里希纳穆尔蒂,感谢我的萨萨——纳拉亚纳·萨尔马,你帮我打下基础,予我信心和飞翔的翅膀。感谢我的婆婆利拉和公公 N.S. 拉奥,谢谢你们把我当成自己

致 谢

的女儿，给予我无与伦比的支持。我也要感谢我的大家庭的其他成员：姐姐钱德瑞卡和她的丈夫兰詹、我的弟弟南杜和他的妻子拉姆亚、我的大伯谢卡尔和他的妻子沙利尼，还有我所有的侄子、侄女、外甥、外甥女、阿姨和叔叔们。谢谢你们，你们的存在让我心安。

最后，也是最重要的，感谢我的丈夫拉杰，你是我的靠山、我最大的支持者、我的灵魂伴侣，我深深地爱着你。还有我的孩子们——普利萨和塔拉，你们教会了我什么是发自内心深处的爱。我爱你们胜过世界上的一切，你们三个让我拥有完整的人生。

注　释

第一部分　家庭是我的资本，亦是我的动力

1. **In fact, working women's kids:** Rachel Dunifon et al., "The Effect of Maternal Employment on Children's Academic Performance" (working paper, National Bureau of Economic Research, Cambridge, MA, August 2013), https://www.nber.org/system/files/working_papers/w19364/w19364.pdf.
2. **see their mothers as valuable role models:** Kathleen L. McGinn, Mayra Ruiz Castro, and Elizabeth Long Lingo, "Learning from Mum: Cross-National Evidence Linking Maternal Employment and Adult Children's Outcomes," *Work, Employment and Society* 33, no. 3 (June 2019): 374–400, https://journals.sagepub.com/eprint/DQzHJAJMUYWQevh577wr/full.
3. **More women in the workforce makes:** Jonathan Davis Ostry et al., "Economic Gains from Gender Inclusion: New Mechanism, New Evidence" (International Monetary Fund, October 2018), https://www.imf.org/en/Publications/Staff-Discussion-Notes/Issues/2018/10/09/Economic-Gains-

From-Gender-Inclusion-New-Mechanisms-New-Evidence-45543.

第二部分　过完整而有意义的人生

4. **cultures where multigenerational living is common:** Peter Muennig, Boshen Joao, Elizabeth Singer, "Living with Parents or Grandparents Increases Social Capital and Survival: 2014 General Social Survey-National Death Index," *SSM Population Health* (April 2018), https://www.ncbi.nlm.nih.gov/pmc/articles/PMC5769098/.

第三部分　做艰难而正确的决定

5. **"Pepsi-Cola hits the spot":** chris1948, "Pepsi Cola 1940's," March 10, 2012, YouTube video, 0:21, https://www.youtube.com/watch?v=-PU1qeKGVmo.
6. **"A typical investor looks us over":** WorthPoint, "1994 PepsiCo Annual Report Cindy Crawford," https://www.worthpoint.com/worthopedia/1994-pepsico-annual-report-cindy-504948360.
7. **"make big changes to big things":** Patricia Sellers, Suzanne Barlyn, Kimberly Seals McDonald, "PepsiCo's New Generation Roger Enrico, PepsiCo's New CEO, Has Traveled a Career Path as Curious as They Come. But Then, He Says, 'I Think "Career Path" Are the Two Worst Words Invented.'" CNN Business, April 1, 1996. https://money.cnn.com/magazines/fortune/fortune_archive/1996/04/01/210991/index.htm.
8. **We know that, on the whole, women's median:** Thomas B. Foster et al., "An Evaluation of the Gender Wage Gap Using Linked Survey and Administrative Data" (working paper, Center for Economic Studies, November 2020), https://www.census.gov/library/working-papers/2020/

adrm/CES-WP-20-34.html.

9. **We were an "odd couple":** Nanette Byrnes, "The Power of Two at Pepsi," Bloomberg.com, January 29, 2001, https://www.bloomberg.com/news/articles/2001-01-28/the-power-of-two-at-pepsi.

10. **"feisty candor":** Melanie Wells, *Forbes*, "Pepsi's New Challenge," January 20, 2003, https://www.forbes.com/forbes/2003/0120/068.html?sh=2f4c09a72f41.

11. **Twelve years after I laid out PwP:** Business Roundtable, Statement on the Purpose of a Corporation, August 2019, https://system.businessroundtable.org/app/uploads/sites/5/2021/02/BRT-Statement-on-the-Purpose-of-a-Corporation-Feburary-2021-compressed.pdf.

12. **We committed to remove at least 1.5 trillion:** Shu Wen Ng, Meghan M. Slining, and Barry M. Popkin, "The Healthy Weight Commitment Foundation Pledge, Calories Sold from U.S. Consumer Packaged Goods, 2007-2012," *American Journal of Preventive Medicine* (May 2014), https://www.ajpmonline.org/article/S0749-3797(14)00248-7/fulltext.

第四部分　进退取舍之道

13. **Net revenue jumped 80 percent:** PepsiCo, 2018 Annual Report, 2018, https://www.pepsico.com/investors/financial-information/annual-reports-and-proxy-information.

14. **The number of female CEOs in the Fortune 500:** Catalyst, Historical List of Women CEOs of the Fortune Lists: 1972–2020, May 2020, https://www.catalyst.org/wp-content/uploads/2019/06/Catalyst_Women_Fortune_CEOs_1972-2020_Historical_List_5.28.2020.pdf.

15. **more than 130 years:** World Economic Forum, "Global Gender Gap Report 2021: Insight Report," March 2021, http://www3.weforum.org/docs/

WEF_GGGR_2021.pdf.

16. **In 2019, the US fertility rate:** Brady E. Hamilton, Joyce A. Martin, Michelle J. K. Osterman, Births: Provisional Data for 2019 (Division of Vital Statistics, National Center for Health Statistics, May 2020), https://www.cdc.gov/nchs/data/vsrr/vsrr-8-508.pdf .

17. **The demographic picture is clear:** America Counts Staff, "2020 Census Will Help Policymakers Prepare for the Incoming Wave of Aging Boomers," United States Census Bureau, December 10, 2019, https://www.census.gov/library/stories/2019/12/by-2030-all-baby-boomers-will-be-age-65-or-older.html.

18. **Women who take paid leave are 93 percent:** Linda Houser and Thomas P. Vartanian, "Pay Matters: The Positive Economic Impacts of Paid Family Leave for Families, Businesses and the Public" (New Brunswick, NJ: Rutgers Center for Women and Work, January 2012), https://www.nationalpartnership.org/our-work/resources/economic-justice/other/pay-matters.pdf.

19. **Meanwhile, shift workers who have:** Joan C. Williams et al., "Stable Scheduling Increases Productivity and Sales" (San Francisco: University of California Hasting College of the Law; Chicago: University of Chicago; Chapel Hill: University of North Carolina Kenan-Flagler Business School, March 2018), https://worklifelaw.org/publications/Stable-Scheduling-Study-Report.pdf.

20. **In Quebec, Canada, a heavily subsidized:** Pierre Fortin, Luc Godbout, Suzie St-Cerny, "Impact of Quebec's Universal Low-Fee Childcare Program on Female Labor Force Participation, Domestic Income, and Government Budgets" (Quebec City: Université du Québec, 2008), https://www.oise.utoronto.ca/atkinson/UserFiles/File/News/Fortin-Godbout-St_Cerny_eng.pdf.